Dutch

The Dutch Language Learning Guide for Beginners

© Copyright 2020

All Rights Reserved. No part of this book may be reproduced in any form without permission in writing from the author. Reviewers may quote brief passages in reviews.

Disclaimer: No part of this publication may be reproduced or transmitted in any form or by any means, mechanical or electronic, including photocopying or recording, or by any information storage and retrieval system, or transmitted by email without permission in writing from the publisher.

While all attempts have been made to verify the information provided in this publication, neither the author nor the publisher assumes any responsibility for errors, omissions or contrary interpretations of the subject matter herein.

This book is for entertainment purposes only. The views expressed are those of the author alone, and should not be taken as expert instruction or commands. The reader is responsible for his or her own actions.

Adherence to all applicable laws and regulations, including international, federal, state and local laws governing professional licensing, business practices, advertising and all other aspects of doing business in the US, Canada, UK or any other jurisdiction is the sole responsibility of the purchaser or reader.

Neither the author nor the publisher assumes any responsibility or liability whatsoever on the behalf of the purchaser or reader of these materials. Any perceived slight of any individual or organization is purely unintentional.

Contents

PART 1: DUTCH FOR BEGINNERS	1
INTRODUCTION	3
SECTION 1 – THE VERY BASICS	4
THE DUTCH ALPHABET	4
COUNTING	7
THE DAYS OF THE WEEK	9
THE MONTHS OF THE YEAR	10
WATCHES AND CLOCKS	11
COLORFUL LIFE – VOCABULARY OF COLORS	12
ARTICLES AND NOUNS/PRONOUNS	13
PREPOSITIONS	19
ADJECTIVES	19
SECTION 2 – GRAMMAR	21
BASIC DUTCH VERBS	21
MODAL VERBS	30
VERBS IN A QUESTION	32
TENSES	33
SIMPLE PAST TENSE	33
IRREGULAR VERBS	34
PAST PARTICIPLE	39
PAST PERFECT	43

PASSIVE FORM 43
SECTION 3 – CONVERSATION 47
INFORMAL 47
FORMAL 54
BUYING THINGS 57
GREETINGS 62
ASKING QUESTIONS 64
BUYING AND ORDERING 67
AT WORK 79
AT SCHOOL/COLLEGE 84
ANY QUESTIONS? 89
SPECIAL DAYS, EVENTS, AND FACTS 97
TRAVELING AND SIGHTSEEING 100
SOME SAYINGS AND PROVERBS 110
TINY TASKS ANSWERS 113
CONCLUSION 116
ACKNOWLEDGEMENTS 117
PART 2: MASTERING DUTCH WORDS: 118
INTRODUCTION 119
CHAPTER 1 124
CHAPTER 2 153
CHAPTER 3 182
CHAPTER 4 211
CHAPTER 5 240
CHAPTER 6 269
CHAPTER 7 298
CHAPTER 8 327
CHAPTER 9 356
CHAPTER 10 385
CHAPTER 11 414
CHAPTER 12 443
CONCLUSION 472

Part 1: Dutch for Beginners

A Comprehensive Guide for Learning the Dutch Language Fast

NOTE: The vocabularies of this book are spread over the content. Each vocabulary is with the conversation or topic it belongs to. This prevents having a long list at the end of the book. Moreover, the learning of new words will be more gradual, and therefore, more pleasant. You might find some overlap, but that is just part of the learning process.

Introduction

So, you want to learn Dutch—and fast! Well, although the learning process will be fun, be prepared, too, because Dutch grammar and spelling are mostly illogical. Do not despair, though; you will learn to shrug and move on. Plus, the Dutch admire people who try to speak their language, and they want to practice their English with you. They pride themselves on speaking several languages, which is a necessity since relatively few people speak Dutch. Straightforwardness is also part of their culture, so be sure to take the lead in a conversation. Be bold, but in a pleasant way!

In this book, you will not only discover the basics of the Dutch language but also learn more about the Dutch people, such as their habits and behaviors. Make sure to be open-minded with the correction of your pronunciation, words, and conjugations. Ask your family, friends, or fellow students to test you as you go.

Before long, you will have mastered *Dutch for Beginners*!

SECTION 1 – The Very Basics

The Dutch Alphabet

The Dutch alphabet is like the English alphabet, but with different names to spell each letter, like when you have to do that on the phone, e.g.:

- A – Anna, Anton
- B – Bernard
- C – Cornelis
- D – Dirk
- E – Eduard
- F – Ferdinand
- G – Gerard
- H – Hendrik
- I – Isaak, Izaak
- J – Jan, Johannes
- K – Karel
- L – Lodewijk

M - Maria, Marie

N - Nico

O - Otto

P - Pieter

Q - Quotiënt, Quirinus

R - Rudolf

S - Simon

T - Teunis, Theodoor, Tinus

U - Utrecht

V - Victor

W - Willem

X - Xantippe

Y - Ypsilon

IJ - IJsbrand

Z - Zaandam, Zacharias

Some letters in Dutch are pronounced differently than they are in English:

A - English: "ay" Dutch: "aaa"

B - English: "beee" Dutch: "bay"

C - English: "see" Dutch: "say"

D - English: "dee" Dutch: "day"

E - English: "ee" Dutch: "ey"

F - the same

G: English: "gjeee" Dutch: "guh", with a throat sound (as if you have to cough or there's pressure on your windpipe)

H - English: "8tsh" Dutch: "haa"

I - English: "eye" Dutch: "ee"

J - English: "jay" Dutch: "yay"

K - English: "kay" Dutch: "kaaa"

L - the same

M - the same

N - the same

O - the same

P - English: "pee" Dutch: "pay"

Q - English: "cue" Dutch: "cu"

R - English: "are" Dutch: "eerrr"

S - the same

T - English: "tea" Dutch: "tay"

U - English: "you" Dutch: "uuu"

V - English: "vie" Dutch: "vay"

W - English: "double U" Dutch: say "wey" (although Dutch are known for "Double Dutch," they don't double in the alphabet)

X - English: "ex" Dutch: "ix"

Y - English: "why" Dutch: "i grèck"

IJ - English: - Dutch: "ei"

Z - the same

See? Not hard at all! Try to speak the letters of the alphabet out loud a few times, to get the hang of it. They should not be twisting your tongue—yet—so you can grow accustomed to them pretty fast.

Counting

Small children are very proud when they can count in their own language—and even prouder when they can throw in a few numbers in another language. It is time to make you proud as well:

1. een - "eyn"
2. twee - "twey"
3. drie - "drea"
4. vier - "vear"
5. vijf - "veif"
6. zes - "cès"
7. zeven - "zayven"
8. acht - "agggt"
9. negen - "naygggen"
10. tien - "tean"

Did you observe that 8 has a ch, a double consonant? CH is pronounced like the G, so cough and you will pronounce it correctly. There are some more of these doubles, but they are detailed later on.

Continue counting:

11. elf - "elv"

12. twaalf – "twaalf"

13. dertien – "dairteen"

14. veertien – "veerteen"

15. vijftien – "veifteen"

16. zestien – "cèsteen"

17. zeventien – "zayventeen"

18. achttien – "agggteen"

19. negentien – "naygggenteen"

20. twintig – "twintigggg"

Don't give up! From now on, it is as easy as pie...

21 – eenentwintig – "eynENtwintiggg" and so on...

22 – tweeëntwintig

23 – drieëntwintig

24 – vierentwintig

25 – vijfentwintig

26 – zesentwintig

27 – zevenentwintig

28 – achtentwintig

29 – negenentwintig

30 – dertig

It is easy to break down the way you count over 20. However, the Dutch do it the other way around, so different from what you are used to in English. So, 23 is like 3 and 20 = 3 en 20; 26 is 6 and 20 = 6 en 20. It goes on like that up to 100.

The tens:

10 – "teen"

20 – "twintiggg"

30 – "dèrtiggg"

40 - "faertigggg"

50 - "veiftiggg"

60 - "cèstiggg"

70 - "zayventiggg"

80 - "taggtig" (mind the t!)

90 - "naygggentigg"

100 - honderd = "hondurt"

101 - honderdeen

102 - honderdtwee

130 - honderddertig

165 - honderdvijfenzestig

200 - tweehonderd

300 - driehonderd

1000 - "duycent"

Of course, once you see the logic of it, you can learn this by heart. Test yourself to see if you really know how to count:

Tiny task #1:

13 = 8 = ; 27 = ; 63 = ; 78 = ; 104 = ; 12 = ; 140 = ; 549 = ; 636 = ; 244 = ; 82 = . How to say it in Dutch? Check the answers at the end of the book!

The Days of the Week

Unlike in English, Dutch does not use a capital letter for the days of the week.

Monday - maandag "maandaggg"

Tuesday - dinsdag "dinzdaggg"

Wednesday - woensdag "wunzdaggg"

Thursday - donderdag "dondurdaggg"

Friday – vrijdag "vreidaggg"

Saturday – zaterdag "zaturdaggg"

Sunday – zondag "zòndaggg"

The day has a morning, afternoon, evening, and night.

Morning – ochtend or morgen "morgggen"

Afternoon – middag "middaggg"

Evening – avond "afont"

Night – nacht "nagggtt"

Dutch glues the two words together when they want to indicate a specific part of the day: Monday evening – maandagavond; Saturday afternoon – zaterdagmiddag.

The Months of the Year

January – januari "jànywari"

February – februari "fèbrywari"

March – maart "maaart"

April – april "àpril"

May – mei "meiii"

June – juni "juuniii"

July – juli "juuuliii"

August – augustus "ouwgustus"

September – september

October – oktober

November – november

December – december "deycember"

Did you spot a resemblance with the days of the week? Yes! No capitals used for the months, either! And... some of the months have the same pronunciation in both English and Dutch.

Dutch use dates a bit differently than English. Dutch gives the day first, then the month.

For instance: April 14 = 14 april; June 8 = 8 juni

You can take this a bit further: 2020, April 14 = 14 april 2020; 2020, June 8 = 8 juni 2020

Watches and Clocks

You need the time every moment of the day, so telling the time is very important. Trains, buses, planes, work, school—everything works with time and punctuality (hopefully). So, it is vital to know all about the time!

To start, the Dutch do not use a.m. and p.m. Timetables run on a 24-hour scheme, so a train may leave the station at 14:12 hours, 02:12 p.m. Dutch also don't say "14 hours"; they say, "the train leaves at 12 past two." Only when it is not clear if it's the afternoon or the middle of the night, do they say: the train leaves at 12 past two this afternoon (vanmiddag) or tonight (vannacht). Of course, now, with digital clocks taking over, Dutch keeps on counting till 24. 24:00 hours is also 00:00 hours. And although the digital watch or clock is telling you it is 14:15, Dutch people say, "het is kwart over twee" ("it is a quarter past two.") Confused? Don't be—you will get the hang of it!

Here are some digital examples:

10:05 - het is vijf over tien (it is five past ten)

10:15 - het is kwart over tien (it is a quarter past ten)

10:25 - het is vijf voor half 11 (it is 25 past ten)

10:30 - het is half 11 (it is half past ten)

10:40 - het is tien over half 11 (it is 20 to 11)

15:00 - het is drie uur (it is three o'clock p.m.)

15:10 - het is tien over drie (it is ten past three)

15:20 - het is tien voor half vier (it is 20 past three)

15:35 – het is vijf over half vier (it is 25 to four)

15:45 – het is kwart voor vier (it is a quarter to four)

Notice the Dutch use "over" for the first 15 minutes after the whole hour, then go to "voor" towards the half hour. The same goes for the first 15 minutes after the half hour and the last 15 minutes towards the whole hour. Once you notice how it works, it is simple!

Some practical lines:

Ik zie je om drie uur – I will see you at three

Hij is (te) laat – He is (too) late

Jullie zijn alwéér te laat – You are late again

Zij is altijd precies op tijd – She is always right on time

Weet jij/u hoe laat het is? – Do you have/Can you tell me the time?

Kom niet te laat! – Don't be late!

Colorful Life – Vocabulary of Colors

What would life be without any color? Boring, dull, depressing? Fortunately, there are a lot of colors to paint one's days and experiences with.

To start, here are the colors of the Dutch flag: red/white/blue.

rood – red

donkerrood – dark red

lichtrood – light red

wit – white

crème – off white

blauw – blue

donkerblauw – dark blue

lichtblauw – light blue*

*You get it, right? "donker" - dark and "licht" - light (in any color, except for black and white).

beige - beige/caramel

bruin - brown

geel - yellow

grijs - gray

groen - green

khaki - khaki

lila - violet

olijfgroen - olive green

oranje - orange

paars - purple

roze - pink

turquoise - turquoise

zwart - black

You now know enough colors to buy anything in any color you like, from T-shirts to cars and anything in between. If the color is not quite the same, you can add "-achtig" or "-ig" like the English language has -ish. So, a dress is "groenachtig" or "groenig" (greenish). A car may be "grijzig," "bruinig," or "zwartachtig."

Articles and Nouns/Pronouns

Now some more serious stuff. For many foreigners, the *articles* are a mystery they never solve. If it is any comfort, though, very few Dutch people know the exact grammar rules... Yet there are some simple rules for the articles:

The - **de** "duh" OR **het** "hèttt"

A or an - **een** "eyn"

To start with the easy part: **een** is used for every singular noun.

Then you have **de** and **het**: **de** is used for all male and female nouns. Yes, Dutch has male and female words, or at least they used to because nowadays, this distinction is not made anymore.

The article **het** is used for neutral words. Dutch has several—not countless, but still. You cannot tell whether a word is neutral or not, except for one kind of word: *the diminutives*. Whether that goes for male or female or neutral words, they are all treated the same: they get **het** as an article.

For plurals, the article is always **de**.

For instance:

The boy - **de** jongen "youngèn;" the little boy - **het** jongetje "youngetjuh"

The woman - **de** vrouw "vrau;" the little woman - **het** vrouwtje "vrautjuh"

The house - **het** huis "hoeys;" the little house - **het** huisje "hoeysjuh"

The boys - **de** jongens; the women - **de** vrouwen

So, how will you know when to use **het**, apart from the diminutives? Simple—you learn these words by heart. Here are a few of them you will use regularly:

bed - bed; **gebouw** - building "gggeboeyww;" **gras** - grass "gggras;" **huis** - house "hoeys;" **kind** - child "kint;" **lichaam** - body "licham;" **oog** - eye "oogg;" **oor** - ear "ohrr;" **schip** - ship "sggggip;" **vliegtuig** - plane "fleegggtoeyggg;" **zand** - sand "zantt."

Nouns

In Dutch, you call a noun *zelfstandig naamwoord*. Looks like a tongue twister? Don"t worry—you will not use this term in your day-to-day conversations. Nouns are all the words you use to describe an object, a person, a situation...

house - huis, mother - moeder, at work - aan het werk.

huis "hoeys;" moeder "muderrr;" werk "werk"

Pronouns

A pronoun is called *voornaamwoord* in Dutch. Pronouns have the same function as their English counterparts: indicating a specific object or person or referring to a person or object you mentioned before.

Pronouns in Dutch are **het, dit** and **dat** (it, this, and that). Indeed, **het** plays a role here as well! Quite a multitasker...

The pronouns often replace a certain noun. They refer to the word that means something that was mentioned before...

For instance, when you talk about a festival, you name the festival and the place where it is held. Then you can say: "**It** started last Saturday..." – "it" meaning: the festival.

Dutch does the same: they talk about the festival, where it is held, and then say: "**Het** begon zaterdag" (it started on Saturday)

Continue talking about the festival... and then you say: "This is more fun than the Efteling (Dutch theme park)" (**Dit** is leuker dan de Efteling)

By doing so, you avoid saying "festival" every two or three sentences. Check this in your own language. You do the same without really noticing it.

Mary has done some research. Hers is a lot better than **that** by Peter.

Mary heeft wat onderzoek gedaan. **Dat** van haar is veel beter dan **dat** van Peter.

Thus, avoiding repeating the word "onderzoek" – "research" ...

You also have, of course, the **personal pronouns,** which can be changed into several forms: the subject, the indirect object, or the possessive pronoun.

Here they are in a row:

Pers. Pronoun (1)/ subject (2)/ indirect object (3)/ possessive pronoun (4)

1.   2.   3.   4.

I: ik - mij/me - mij/me - mijn

you: jij/je - jou/je - jou/je - jouw /u - u - u - uw

he: hij - hem - hem - zijn

she: zij - haar - haar - haar

we: wij/we - ons - ons - ons/onze (p)

you: jullie - jullie - jullie - jullie /u - u - u - uw

they: zij - hen - hen - hun

ik geef jou mijn boek (I give you my book)

ik - personal pronoun, jou - indirect object, mijn boek - subject, mijn - possessive pronoun

or

Ik geef mijn boek aan jou - in this case "aan jou" is the indirect object

NOTE: The Dutch also have a personal pronoun for people you don't know and are supposed to be polite to. In English, both forms are "you," but in Dutch, they have the polite personal pronoun "u." This "u" is conjugated the same way as "jij" in singular and as you - jullie in plural.

The only exception is when you are asking a question. If you ask a "je" question, you say, "**drink** jij veel water?" (Do you drink a lot of water?) When you talk to an older or unknown person, you ask, "**drinkt** u veel water?" (Do you drink a lot of water?) Then you give the u-form a "t" at the end of the verb.

Examples:

Hoe gaat het met u? - How are you?

Hebt u honger? - Are you hungry?

U hebt mooi gezongen! – You sang beautifully!

Drinkt u vaak wijn? – Do you drink wine often?

Of course, there are some exceptions to the rule—as always—but you will get to know them.

You may have noticed some words that are written with two or three vowels after another, but not the same ones. Dutch has several:

au, eu, oe, ui, ou, oei

Of course, there is a way to pronounce them; otherwise, the Dutch language wouldn't have these glued vowels. Foreigners can find it hard to pronounce them correctly, though. It depends where you are from since Dutch is not the only language with difficult pronunciations. Again, don't worry—you will get the hang of it!

Au – "ahw" >> blauw – blue "blahww"

Ou – "ahw" >> fout – mistake "fahwt"

Eu – "Ø" >> deur – door "dØr"

Oe – "u" >> moe – tired "mu"

Ui – "oey" >> huis – house "hoeys"

Oei – "uj" >> knoei – spill "knuj"

Ohh... there is a little mean thing in these vowels! Have you spotted it? The Dutch have both "au" and "ou," and their pronunciation is the same! Why do they do that? Well... it just is what it is. Centuries of writing, spelling, and grammar are all mixed into the current language. Also, remember: You learn Dutch to speak Dutch, not to write a thesis in Dutch. Since both glued vowels are pronounced the same, do not worry about it.

Tiny task #2:

If you live in an area where Dutch words are everywhere, try to find ten Dutch words with these double vowels, write them down, learn how to pronounce them, and look up what they mean.

Now that you know a bit about pronouns, you have a list of the sorts of pronouns Dutch has. You will also notice it has grammatically the same pronouns as the English language:

The *demonstrative pronoun*: die & dat - this & that

Ik vind **die** jurk in **dat** patroon leuk - I like **this** dress in **that** pattern

The *relative pronoun*: die & dat

de auto, **die** te koop staat, ziet er geweldig uit - The car, the one **that** is for sale, looks great

The *indefinite pronoun*: iedere, elke, alle - each/every, all

Elke dag is anders - **Each** day is different

The *personal pronoun*:

I am not crazy; you are! - **Ik** ben niet gek; **jullie** zijn gek

The *exclamatory pronoun*: Wat - what

Wat een mooie dag! - **What** a beautiful day!

The *interrogative pronoun* - wie, welk, wat - who, what, what

Welke bloemen ga je plukken? - **What** flowers will you pick?

The *reflexive pronoun* - singular: me, je, zich; plural: ons, je, zich

Ik heb **me** niet gerealiseerd dat je gewond was - **I** did not realize you were hurt

Whenever a verb indicates it has something to do with the person speaking or described, the Dutch use this reflexive pronoun:

Ik zal **me** opfrissen en met je meegaan - I will freshen up and come with you

Hij moet **zich** schamen - He should be ashamed of himself

The *reciprocal pronoun*: elkaar - each other

We ontmoeten **elkaar** voor de bioscoop - We will meet each other in front of the cinema

Tiny task #3:

Can you make three sentences of every pronoun from the list above? With the examples given, it should not be too hard...

Prepositions

Prepositions (in Dutch: *voorzetsels*) are related to a noun. They are a group of words with a noun in it. They usually are put before the noun. Here are some examples of prepositions:

op (on), **voor** (in front of), **bij** (near), **achter** (behind), **door** (through), **in** (in), **aan** (at/on), **onder** (under)

Het boek ligt **op** de bank - The book is on the sofa

De bal viel **achter** het hek - The ball fell behind the gate

het kind slaapt **onder** het laken - The child sleeps under the sheet

And so on...

Adjectives

You know, of course, that you can make conversations as flowery as you like. With adjectives, you can describe something you love or hate and everything in between. However, when you talk to Dutch people, you will find they are quite down to earth. They like to call a spade a spade, without too much fuss about it. This does not mean they are rude... oh no! But they are not so "flowery" when they describe something or someone. Unless, of course, you talk to a poet!

To describe someone or something, you put the adjective before the noun—simple. Here are some examples:

de **rode** auto - the red car

de **ronde** tafel - the round table

de **dronken** vrouw - the drunk woman

het **hoge** gebouw - the tall building

het **groene** gras - the green grass

de **zilveren** ring – the silver ring

Now go a step further in the description:

de **mooie rode** auto – the beautiful red car

That is two for the price of one!

This way you can build quite a description. However, do not take it too far. As mentioned, the Dutch like it straight forward. If you think of more adjectives describing the car, people might think there is something fishy about it...

Tiny task #4:

Now form some Dutch sentences with what you just learned. Write down ten simple sentences with: an article, a noun, an adjective, and a preposition. Keep it simple, no verbs yet! For instance:

A nice book under the sofa – wow, two articles, two nouns, one adjective, and one preposition! Bingo!

Ten sentences in Dutch, of course... (Suggestion: Feel free to look up words in the dictionary that don't come to mind).

SECTION 2 – Grammar
Basic Dutch Verbs

No sentence is complete without a verb, and by using real, correct, and simple constructions, with one or two verbs in them, you will begin to *show off* your knowledge!

For starters:

zijn - to be

hebben - to have

These two verbs are the hardest to learn since they are irregular in the present tense. The remaining verbs will be a piece of cake.

ZIJN ("zɛin") to be

Singular: (S)

ik ben - I am

jij/u bent - you are

hij/zij/het is - he/she/it is

Plural: (P)

wij zijn - we are

jullie zijn - you are

zij zijn – they are

HEBBEN ("hɛbən") to have

Singular: (S)

ik heb – I have

jij/u hebt – you have

hij/zij/het heeft – he/she/it has

Plural: (P)

wij hebben – we have

jullie hebben – you have

zij hebben – they have

WILLEN ("willɛn") – to want

Singular: (S)

Ik wil – I want

Jij/ u wil – you want

Hij/zij/het wil – he/she/it wants

Plural: (P)

Wij willen – we want

Jullie willen – you want

Zij willen – they want

There is little to explain about the two verbs ZIJN and HEBBEN. WILLEN it is a bit different since "jij," "u," and "he/she/it" in singular DON'T get a -t. It's just a matter of learning these three verbs by heart, which is not that difficult.

The rest of the basic verbs are easy to compose once you know how to do it. Each verb has a so-called **root**, which is simple to find:

Lachen – to laugh – root = lach, so the -en is dropped.

Now that you have the root of lach, you can conjugate the verb lachen:

Ik lach -

Jij/u lacht - t

Hij/zij/het lacht - t

Wij lachen - en

Jullie lachen - en

Zij lachen - en

Summary: -nothing, -t, -t, -en, -en, -en

Easy? Yes!

Drinken - to drink - root = drink (drop the -en)

Here we go:

ik drink -

jij drinkt - t

hij/zij/het drinkt - t

wij drinken - en

jullie drinken - en

Zij drinken - en

Kijken - to look/watch - root = kijk

Fill in the conjugation yourself.

Some examples:

bedoelen - to mean

bouwen - to build

branden - to burn

drinken - to drink

huilen - to cry

poetsen - to clean

kijken - to look/to watch

lachen - to laugh

rijden - to drive
vloeien - to flow
voeren - to feed
wandelen - to stroll

Tiny task #5:

Can you conjugate all these Dutch verbs? If so, you are already doing great...

Here are some verbs that are conjugated in the same way, but have a *tiny thing* to pay attention to:

Eten - to eat - root = **eet**

Ik eet, jij eet, hij/zij/het eet, wij eten, jullie eten, zij eten

Slapen - to sleep - root = **slaap**

Ik slaap, jij slaapt, hij/zij/het slaapt, wij slapen, jullie slapen, zij slapen

Did you notice that the root and the conjugations in the singular are slightly different? The plural is easy, though. These are all verbs with one vowel in the verb. The root gets two vowels, to prevent the verb from getting a totally different meaning (in some cases) or making it hard to pronounce.

Here are some verbs you will regularly encounter in Dutch conversations:

dromen - to dream - root = droom

eten - to eat - root = eet

koken - to cook - root = kook

lopen - to walk - root = loop

menen - to mean - root = meen

slapen - to sleep - root = slaap

spelen - to play - root = speel

NOTE: Only the singular uses the root indicated. The plural uses the same old way: wij lopen; wij koken; wij menen, etc. Simple as that!

There are also verbs with a *tiny different* thing to pay attention to:

wassen - to wash - root = was (drop one consonant)

plassen - to pee - root = plas

krabben - to scratch - root = krab

leggen - to place - root = leg

Plus:

lezen - to read - root = lees (one extra e; z changes into s)

schrijven - to write - root = schrijf (change v into f)

Did you notice that the plural is the same as the original verb: wij wassen; wij krabben; wij lezen, etc.?

And there are other verbs with, again, a *tiny different* thing to pay attention to:

gaan - to go - root = ga (drop one vowel + n) - plural: wij gaan

slaan - to hit - root = sla - plural: wij slaan

staan - to stand - root = sta - plural: wij staan

Did you notice that the plural of these verbs is the same as the verb itself: wij/jullie/zij staan?

You do not have to be a language expert to learn how these different kinds of verbs should be handled. Once you see the logic of it—and there is a logic—you will easily master the use of them. Besides that, it is a matter of learning by heart, step by step...

Below, the above verbs have been listed alphabetically, so you can now use them in a conversation!

bedoelen - to mean

bouwen - to build

branden - to burn

drinken - to drink

dromen – to dream – root = droom (root gets two vowels)

eten – to eat – root = eet (root gets two vowels)

gaan – to go – root = ga (drop one vowel + n) – plural: wij gaan

huilen – to cry

kijken – to look/to watch

komen – to come – root = kom

koken – to cook – root = kook

krabben – to scratch – root = krab

lachen – to laugh

leggen – to place – root = leg (drop one consonant)

lopen – to walk – root = loop (root gets two vowels)

lezen – to read – root = lees (one extra e; z changes into s)

menen – to mean – root = meen (root gets 2 vowels)

plassen – to pee – root = plas (drop one consonant)

schrijven – to write – root = schrijf (change v into f)

slaan – to hit – root = sla – plural: wij slaan

slapen – to sleep – root = slaap (root gets two vowels)

spelen – to play – root = speel (root gets two vowels)

staan – to stand – root = sta – plural: wij staan

rijden – to drive

vloeien – to flow

voeren – to feed

wandelen – to stroll

wassen – to wash – root = was (drop one consonant)

If you like statistics: This list contains 28 verbs for everyday use, apart from "hebben," "willen," and "zijn,"—these three are used so often that you will lose track. Together, that is 31 verbs! If you feel like learning them by heart, you are welcome to do so. It would certainly help you moving forward...

Time to make some sentences that make sense!

Now that you have mastered a lot of verbs, you can use them in a logical Dutch sentence.

To construct sentences, you must take notice of the normal word order in Dutch. In simple sentences, the order is simple as well:

subject, verb, object: ik lees een boek

or: subject, verb, adjective, object: ik lees een mooi boek

Hij drinkt een kopje thee - He drinks (is drinking) a cup of tea

Wij kijken samen televisie - We watch (are watching) television together

Ik heb een nieuw boek - I have a new book

Jullie komen hier vaak - You come here often

Zij is heel serieus - She is very serious

Wij zijn heel tevreden - We are very satisfied

Jij speelt geweldig piano - You play the piano marvelously

Hij is een slechte kok - He is a bad cook

Ik droom bijna elke nacht - I dream almost every night

Het huis brandt helemaal af - The house burns down completely

Tiny task #6:

Below are some nouns, adjectives, articles, and verbs for you to construct Dutch sentences with. You can make one sentence/conjugation with each line, or conjugate the whole verb!

Eten - maaltijd - hij - lekkere - een

Planten - bloemen - wij - allerlei

Lezen - krant - jij - een - goede

Wassen - kleren - ik - vuile

Drinken - thee - zij (s) - warme

Strijken - overhemd - jullie - het - blauwe

Schrijven - lange - brief - ik - een

Geven - cadeau - klein - jij - een

Hebben   hond - zij (p) - grote - een

Kopen - schoenen - ik - nieuwe

Okay, how did that go? Easy? Or did you spend way too much time trying to form nice short sentences? It is all a matter of practice, of course. Practice makes perfect, so do not despair if this did not quite go according to your expectation... You will get there!

Vocabulary - miscellaneous

afbranden - to burn down

allerlei - all kinds of

bijna - almost

de bloem* - flower

het boek - book

de brief - letter

het cadeau - present/gift

dromen - to dream

geven - to give

geweldig - marvelous

goed - good/well

groot - big/large

heel - very

heel - whole

hier - here

de hond - dog

klein - small

de kleren - clothes
de kok - cook
de kop - cup
het kopje - small cup
de krant - newspaper
lang - long
lekker - nice/tasty
lezen - to read
de maaltijd - meal
mooi - beautiful
de nacht - night
nieuw - new
het overhemd - shirt
de piano - piano
planten - to plant
de plant - plant/shrub
samen - together
de schoen - shoe
schrijven - to write
slecht - bad
strijken - to iron
de televisie - television
tevreden - satisfied/happy
de thee - tea
vaak - often
vuil - dirty
wassen - to wash

For your convenience, the articles "de" and "het" have been out before any noun in the vocabularies. Also, leave them out in the English translation, as they are all the same! This way, you learn the various articles as you go, without making too much of a fuss about it.

So far, you have encountered a **whole lot of words and verbs**. If you organize those words for yourself, such as in a notebook, by going over the pages, you learn them simultaneously.

Writing things down has a funny consequence. By writing the words in a notebook, your brain does two things at once. It sees the word you are copying and takes notice of it, AND while you are writing the word down, it takes notice of it again! So, your brain actually *sees* the word twice, which makes it easier for you to remember.

Have you ever made a shopping list before going to the supermarket or grocery store? And then left the list at home? Well, as it turns out, you still remember about 80 percent of what you wrote on the list when you are loading your shopping basket. How come? You wrote everything down!

Summary: The more you write down, the easier you remember!

NOTE: The brain really likes to be busy... Scientific research shows that the more your brain must do, the better and longer it stays intact. Lazy brains can be activated at any time and any age. A busy brain at an old/older age is a thing to cherish, so start *working out* that brain of yours!

Modal Verbs

The world of verbs is a big one! Just as you thought you were well on your way, you get another type of verb to tackle... But you will be fine. Once you know these few **modal verbs**, you will be able to form many more sentences that will impress every Dutch person you meet. And one other thing—it is not very hard to master...

Many verbs need something extra. For instance, if you need to see a doctor, you can say: "I go to the doctor." However, you do not go there *voluntarily*; you go because there is a medical problem. So, the correct sentence would be: "I **have to** go to the doctor." In Dutch, that would be: "Ik **moet** naar de dokter (gaan)."

The modal verb is a little helper, an *auxiliary verb*. It helps express more accurately what you want to say. The modal verbs in Dutch are:

hoeven, kunnen, moeten, mogen, willen, zullen

hoeven - to need/want/like - root = hoef

kunnen - to can/be able/be possible - root = kan

moeten - to have/ought/should to/to must - root = moet

mogen - to may/to like/have the right/are allowed - root = mag

willen - to want/desire/wish/shall - root = wil

zullen - to shall/ought to/will - root = zal

In Dutch, you put the modal verb at the beginning of a sentence. The infinitive verb comes at the end of the sentence. Like this:

ik **kan** nooit op zaterdag **komen** - I can never come on Saturdays

jij **mag** met je speelgoed **spelen** - you may play with your toys

wij **moeten** boodschappen **doen** - we have to run some errands/we have to shop for groceries

zij **wil** concertkaartjes kopen - she wants to buy tickets for the concert

hij **zal** morgen even **komen** - he will come by tomorrow

jij **hoeft*** niet te **koken** - you don't need to cook

*the verb **hoeven** is only used in denials. *Mind the v change into an f!*

The conjugation of these verbs is, in a few cases, like the normal verbs. This goes for the modal verbs:

moeten and hoeven

For the other verbs, the conjugation is a bit different:

kunnen – ik kan, jij **kunt**, hij/zij/het **kan**, wij/jullie/zij kunnen
mogen – ik mag, jij **mag**, hij/zij/het **mag**, wij/jullie/zij mogen
willen – ik wil, jij **wil**, hij/zij/het **wil**, wij/jullie/zij willen
zullen – ik zal, jij **zult**, hij/zij/het **zal**, wij/jullie/zij willen

Verbs in a Question

The Dutch language has exceptions, just like any other language. One very important exception is the verb in a question when **jij** is involved. Then, the conjugation changes.

What happens? The **-t** will be left out; that is, if there is a -t to start with. For example:

Jij loopt naar school – **loop jij** naar school?

Jij droomt elke nacht – **droom jij** wel eens?

For all verbs or auxiliary verbs, the direct verb is placed first, then the subject. The same applies in English:

Will *you* come to the cinema? – Ga *je* mee naar de bioscoop?

Do *you* eat meat very often? – Eet *jij* vaak vlees?

Are *they* staying at home alone? – Blijven *zij* alleen thuis?

Does *he* wash his own clothes? – Wast *hij* zijn eigen kleren?

You may notice that the English language often uses an auxiliary verb to ask a question. In Dutch, you go straight to what you want to know... As mentioned, Dutch people are quite direct in their language. There is no fuss—just say what you have to/want to say.

Tiny Task #7:

Remember the ten sentences you made with articles, adjectives, nouns, and verbs? Good! Now, get those sentences and put them in question form! Write them down again, keeping in mind what was said earlier about that busy brain of yours...

Tenses

There is no use getting tense over tenses. Every language has them, and Dutch is no different. When you can use the tenses correctly, you are on the way up!

So, it is time to tackle these tenses, which have a certain logic to them—and for the ones that don't, it's just a matter of learning as you go.

Simple past tense

So far, you have only used the present tense.

Now, you continue with the **simple past tense**. You use the past tense to describe something that happened in the past. In Dutch, the simple past tense is called: *onvoltooid verleden tijd (ovt)*. Yes, it is quite a mouthful, so the abbreviation **ovt** is used.

Simple past tense - ovt

For all the verbs that you have learned, you first had to identify the root. That goes for the ovt as well.

The regular verbs:

Lachen - root = lach - ovt = lach**te**/lach**ten**

Ik/jij/hij/zij/het lach**te** - wij/jullie/zij lach**ten**

Duwen - root = duw - ovt = duw**de**/duw**den**

Ik/jij/hij/zij/het duw**de** - wij/jullie/zij duw**den**

Simple. Right? Just add **-te** or **-ten** to the root, or **-de** or **-den**.

Ah, but what do you see? Some verbs end in **-te** in the ovt and others end in **-de**! Correct. The reason for that has to do with pronunciation. Rest assured: Most verbs have -de in the ovt, but a handful has -te. However, many Dutch people misuse these two forms, especially in the past participle—which will be detailed shortly.

For now, you will learn an old trick to help you deduce what verbs get a -t in the ovt and the past participle...

It is called **K O F S C H I P.**

This is a word without any meaning—a word for a trick. Skip the vowels o and i and you have **KFSCHP**. The verbs with the root ending in one of these letters or a combination of them (ch) get a **t** in the ovt and the past participle. Easy...

Examples:

kussen - to kiss - root = kus - ovt: ku**ste**

pakken - to get - root = pak - ovt: pa**kte**

wippen - to hop - root = wip - ovt: wi**pte**

blaffen - to bark - root = blaf - ovt: bla**fte**

coachen - to coach - root = coach - ovt: coa**chte**

The conjugation of these verbs in ovt is the same as with verbs that have -de in ovt:

ik kuste, jij kuste, hij/zij kuste, wij/jullie/zij kusten

Tiny task #8:

Write down the past tense (ovt) of these ten verbs (Tip: Look up the verbs you don't recognize):

koken; wonen; fietsen; rollen; draaien; fotograferen; graaien; lachen; sjouwen; drinken

Irregular verbs

There is no escape possible! The Dutch language also has irregular verbs—as most languages do. And when it comes to the irregulars, there is no sense in looking for a meaningful explanation. It is what it is. Therefore, you must learn them by heart.

(Tip: Write down five irregular verbs on a piece of paper and peek at any time. If you review them several times a day, you should remember them the next day. Once you remember them, great!

Move on and write five more down on a piece of paper, and so on. If you can't manage to name all five, just give it an extra day! Take your time—you will master them!)

NOTE: The list below is not complete; only verbs used in a normal Dutch conversation have been included. The *past participle (pp)* has also been added, of which will be detailed shortly...

The three major verbs:

zijn - to be - ik/jij/hij/zij was; wij/jullie/zij waren was/waren/geweest (= pp)

hebben - to have - ik/jij/hij/zij had; wij/jullie/zij hadden had/hadden/gehad

worden - to be (will be) - ik/jij/hij/zij werd; wij/jullie/zij werden werd/werden/geworden

Now it is continued alphabetically (Tip: Look up the verbs you don't recognize):

A

B

brengen - bracht/brachten/gebracht; bedriegen - bedroog/bedrogen/bedrogen; blijven - bleef/bleven/gebleven; bidden - bad/baden/gebeden; bijten - beet/beten/gebeten; binden - bond/bonden/gebonden; blazen - blies/bliezen/geblazen; breken - brak/braken/gebroken; beginnen - begon/begonnen/begonnen; buigen - boog/bogen/gebogen;

C

D

drinken - dronk/dronken/gedronken; denken - dacht/dachten/gedacht; dragen - droeg/droegen/gedragen; duiken - dook/doken/gedoken;

E

eten - at/aten/gegeten;

F

fluiten - floot/floten/gefloten;

G

genezen - genas/genazen/genezen; geven - gaf/gaven/gegeven; genieten - genoot/genoten/genoten; gieten - goot/goten/gegoten; grijpen - greep/grepen/gegrepen; glimmen - glom/glommen/geglommen;

H

houden (van) - hield/hielden (van)/gehouden; helpen - hielp/hielpen/geholpen; hangen - hing/hingen/gehangen

I

J

jagen - joeg/joegen/gejaagd;

K

klimmen - klom/klommen/geklommen; komen - kwam/kwamen/gekomen; kiezen - koos/kozen/gekozen; kijken - keek/keken/gekeken; knijpen - kneep/knepen/geknepen; kruipen - kroop/kropen/gekropen; klinken - klonk/klonken/geklonken;

L

lopen - liep/liepen/gelopen; liegen - loog/logen/gelogen; lezen - las/lazen/gelezen; liggen - lag/lagen/gelegen; lijken - leek/leken/geleken;

M

moeten - moest/moesten/gemoeten; meten - mat/maten/gemeten;

N

nemen - nam/namen/genomen;

O

P

prijzen - prees/prezen/geprezen;

R

ruiken - rook/roken/geroken; roepen - riep/riepen/geroepen; rijden - reed/reden/gereden;

S

slapen - sliep/sliepen/geslapen; schenken - schonk/schonken/geschonken; schieten - schoot/schoten/geschoten; schrijven - schreef/schreven/geschreven; spreken - sprak/spraken/gesproken; schrikken - schrok/schrokken/geschrokken; stelen - stal/stalen/gestolen; smelten - smolt/smolten/gesmolten; spijten - speet/speten/gespeten; springen - sprong/sprongen/gesprongen; sterven - stierf/stierven/gestorven; stinken - stonk/stonken/gestonken;

T

trekken - trok/trokken/getrokken;

U

V

vergeten - vergat/vergaten/vergeten; vragen - vroeg/vroegen/gevraagd; vallen - viel/vielen/gevallen; verliezen - verloor/verloren/verloren; vinden - vond/vonden/gevonden; vliegen - vloog/vlogen/gevlogen; vangen - ving/vingen/gevangen;

W

winnen - won/wonnen/gewonnen; weten - wist/wisten/geweten; wegen - woog/wogen/gewogen; wijzen - wees/wezen/gewezen;

Z

zwijgen - zweeg/zwegen/gezwegen; zien - zag/zagen/gezien; zingen - zong/zongen/gezongen; zwemmen - zwom/zwommen/gezwommen;

zeggen – zei/zeiden/gezegd; zitten – zat/zaten/gezeten; zoeken – zocht/zochten/gezocht;

Quite a list, right? And that is not even half of the irregular verbs, roughly speaking. However, these verbs are a great start. You will certainly encounter other irregular verbs once you get to talk regularly with Dutch people. If you do, try to write them down with the correct forms (ask for them) and add them to your list of verbs!

Past participle

You have seen the present tense and past tense, so now you continue with the **past participle (pp)**. In Dutch, this is called *voltooid deelwoord*. "Voltooid" meaning "done." After all, once you have done something, it is done! Dutch has regular pp's and—of course—irregular pp's. Here are the regular ones:

The past principle is formed by putting **ge-** in front of the past tense in singular and dropping the **-e** at the end:

werken - werk**te** (s) - **ge**werkt = have worked

duwen - duw**de** (s) - **ge**duwd = have pushed

The auxiliary verb used for the past principle is "hebben" (to have) or "zijn" (to be). The auxiliary verb "hebben" is used most often... You conjugate that verb and the pp is the same for all conjugations.

ik **heb geknipt** - I have cut

jij **hebt gehuild** - you have cried

zij **heeft gewandeld** - she has strolled

hij **heeft gewerkt** - he has worked

wij **hebben geduwd** - we have pushed

jullie **hebben gedanst** - you have danced

zij **hebben gekookt** – they have cooked

Basically, it is simple to do—once you know how. If you make mistakes with the -t or -d at the end of the pp, keep in mind that most Dutch people do, too. That is, most young Dutch people, up to thirty (or even a bit older). Why? This is one explanation:

In the "olden" days, roughly 40 to 50 years ago, the Dutch were taught how to spell with the trick word: KOFSCHIP. They swore by it, and then, at a certain point, they didn't need the trick word anymore—they were just doing it out of habit.

Then, suddenly, the trick word was not used anymore. This perhaps occurred at the same time pocket calculators entered the classrooms... And what happened? The kids at school could not spell as well.

You think that correct spelling is part of your education. Nowadays, though, you stand out if you send in a *correctly* written letter or resume. The *you* in this book clearly comes from the "olden" days!

Another explanation could be that correct spelling is not so "hip" anymore. If you get the meaning of what people want to say, don't whine over a misspelled word or grammatical mistake. The message comes through, doesn't it? It is the same with the calculators—who cares if kids cannot count, subtract or add up properly anymore? There are calculators, computers, and plenty of software to help them out.

Do you want to terribly confuse a young cashier? Ask him or her when you pay, e.g., the item is $15.30 and you give a note of $20, "Shall I add 30 cents?" The poor cashier will get totally flustered and think: *What the heck do you mean?* His or her cash register will tell them to return $4.70—don't mess with the money or the software!

There is a bit more to learn about the past particle. Remember that Dutch has irregular verbs... which also goes for the past particle. In the list of the irregular verbs, both the past tense and past particle were included. Scroll up and you will see them again. You have probably been memorizing them without realizing it. If so, well done! If not, you have got your verbs cut out for you...

As mentioned, the auxiliary verb is usually "hebben," except when that sounds strange. E.g., groeien (to grow) - groeide - ik **heb** gegroeid = wrong. It is "ik **ben** gegroeid." Growing is something you yourself cannot influence.

Here are a few examples:

zijn - was - ik ben geweest

worden - werd - ik ben geworden

beginnen - begon - we zijn begonnen

vallen - viel - ik ben gevallen

bijten - beet - ik ben gebeten

There are also verbs in which you can use both auxiliaries. BUT they have a different meaning, which you will see in these examples:

bijten - beet -   ik **heb** gebeten - I am active, I bite in an apple

Ik **ben** gebeten - I am passive, a dog bit me, or an insect

bedriegen - bedroog   ik **heb** bedrogen - I am actively cheating (friend, partner)

Ik **ben** bedrogen - I am passive, I was cheated on

vergeten - vergat   Ik **heb** vergeten - I did not do all I was planning to

Ik **ben** vergeten - nobody remembers me

With "vergeten," people tend to use "ik ben vergeten" when they forgot to do something. Although it is technically wrong, it's generally accepted nowadays.

verliezen - verloren   ik **heb** verloren - I lost something

Ik **ben** verloren - I am lost. Nothing can save me anymore

vinden - vond   ik **heb** gevonden - I found something

ik **ben** gevonden – they found me, when I was lost

knijpen – kneep   ik **heb** geknepen – I pinched someone, or something

ik **ben** geknepen – someone pinched me, it hurts

This is not a thorough list of all the verb possibilities. These are just a few examples to show you that you must sometimes think twice before you use an auxiliary. For the real language knacks, it is fun to find more verbs that have a double meaning. For everyone else, it is just another fact to deal with when mastering Dutch.

Vocabulary – Some Extra Verbs (both in the text above ↑ and in the text below ↓ from here...)

bedriegen – to cheat

beginnen – to begin/to start

behandelen – to treat

bijten – to bite

dansen – to dance

duwen – to push

eten – to eat

knippen – to cut

knijpen – to pinch

koken – to cook

scheren – to shave

slapen – to sleep

vallen – to fall

vergeten – to forget

verliezen – to lose

vinden – to find

werken – to work

Tiny task #9

Write down ten Dutch sentences in which you use the past participle, with the auxiliary verb "hebben." Then write five sentences using the past participle with the auxiliary verb "zijn."

When you are done, give yourself a compliment for writing and knowing so much Dutch already! Try to talk as much as possible and don't forget: Practice makes perfect!

Past perfect

The past perfect is not hard to learn; it is quite simple. You use the verb "hebben" in the simple past as an auxiliary verb and the past particle.

Like this:

Ik **heb** al gegeten - I have eaten already (present)

Ik **had** al gegeten - I had eaten already (past)

Ik **heb** lekker geslapen - I have slept well (present)

Ik **had** lekker geslapen - I had slept well (past)

Etc. That is it!

Passive form

Dutch also uses the passive form of many verbs. These verbs indicate something is "happening" to you, him, us. If you want, you can transform these sentences into active ones, but sometimes passive is the best way to go.

Example:

Ik **word behandeld** voor xxxx - I am being treated for xxxx

Ik **ben behandeld** voor xxxx   - I have been treated for xxxx

Ik **word geschoren** - I am being shaved

Ik **ben geschoren** - I have been shaved

As you can see, the verbs "worden" and "hebben" are being used. They are auxiliary verbs for what you really mean to say: I am being **treated**. That is what you want to tell someone else. And for that, you need a few verbs.

Since you are "being treated," here are some common ailments, terms, and phrases:

Vocabulary - Ailments

de buikpijn - bellyache, stomachache

de hoest - cough

hoesten - to cough

de hoofdpijn - headache

de keelpijn - throat ache

de kiespijn - toothache

de migraine - migraine

misselijk - nauseous

de oorpijn - earache

overgeven - to throw up, to vomit

de pijn - hurt, ache

de rugpijn - back pain

ziek - ill, sick

pijn in: - pain in:

enkel - ankle

de borst - chest

de hand - hand

de heup - hip

de knie - knee

de vinger - finger

de voet - foot

Ik heb daar al eerder last van gehad - I had problems with that before

Ik ben daarvoor behandeld - I have been treated for that

Het is erger dan gisteren - It is worse than yesterday

Ik heb dat elk jaar een paar keer - I have this a few times a year

debronchitis -bronchitis

Ik ben zwanger - I am pregnant

hoge bloeddruk - high blood pressure

Ik ben hartpatiënt - I am a heart patient

Ik heb diabetes - I have diabetes

Ik kan moeilijk ademhalen - I have difficulty breathing

deastma - asthma

Ik ben longpatient - I am a lung patient

Ik ben allergisch voor xxx: =-I am allergic to xxx:

de allergie: - allergy:

de antibiotica - antibiotics

bloemen - flowers

huisdieren - pets

hete peper - hot pepper

de jodium - iodine

de penicilline - penicillin

pollen - pollen

het stof - dust

vogels - birds

de wol - wool

Vocabulary - Healthcare

de afspraak - appointment

het alarmnummer – emergency number

de ambulance – ambulance

de dokter – doctor

de pijnstiller – pain killer

het recept – prescription

terugkomen – return visit, follow-up visit

de verpleegkundige – nurse

spreekuur – office/consultation hours

de wachtkamer – waiting room

zonder recept – over the counter

Kan ik een recept krijgen? – Can I get a prescription?

Kan ik pijnstillers krijgen? – Can I get pain killers?

Kan ik dit zonder recept kopen? – Can I buy this over the counter?

Wanneer moet ik terugkomen? – When will you see me again?

Ik wil graag een afspraak maken – I would like to make an appointment

U kunt in de wachtkamer wachten – You can wait in the waiting room

Heeft de dokter een vrij spreekuur? – Does the doctor have office hours?

Bel een ambulance, snel! – Please, call an ambulance! Quickly!

Wilt u 112 bellen? – Please, call 112 (emergency number)

Snel, bel het alarmnummer! – Quickly! Call the emergency number!

112 Alarmnummer

112   Emergency number for the Netherlands

SECTION 3 – Conversation

It is time to practice everything that you have learned so far. Then, you can go out and meet some Dutch people to share your excellent new vocabulary with.

Informal

1 Hallo, goedemiddag. Mag ik twee bier van de tap?

2 Goedemiddag. Welke wil je?

3 Uh... doe maar Heineken/Amstel/Hertog Jan/Jupiler (whatever brand is on the knobs of the beer handles).

4 Twee bier. Alsjeblieft.

5 Dank je wel.

(Walk away from the bar and take a seat or stay near the bar and grab a bar stool.)

That was fun, wasn't it? But what did you do and say?

1 Hello, good afternoon. Can I get two beers from the tap?

2 Good afternoon. Which one would you like?

3 Uh... I would like a Heineken/Amstel, etc.

4 Two beers, here you go.

5 Thanks.

A similar conversation can also occur when you order coffee or wine.

Red wine - rode wijn

White wine - witte wijn >> dry wine - droge wijn

Rosé or pink wine - rosé wijn

Koffie - coffee

Cappuccinno - cappuccino

Now that you have your coffee or wine, you want to socialize. In small cafés, the patrons are open to chatting to strangers. You are clearly new, not a local, so they want to get to know you. In the more urban cafés, the grand cafés, and very modern cafés in the city center, people come in and have a drink to meet friends and coworkers. Their attention does not go to visitors who walk in and ask—in their best Dutch—for a drink. They go with the in-crowd, and you are definitely not one of them.

On the other hand, a hotel bar is a perfect place to socialize as well. Just beware of the nice, beautiful women in the bar of a big hotel. There is a fifty-fifty chance that they are not there to "chat" but to earn a living. Of course, you cannot bring up that topic, in case the beautiful woman is a hotel guest, just like you, or an innocent visitor. It is best is to avoid the "lonely ladies." Unless you have other plans, of course...

So, small cafés and hotel bars are some good places to practice the Dutch language.

You: Leuk café, dit - Nice café, this one

The other: Jahaa... best wel - Yeah... it's nice

You: Ik kom hier voor het eerst - This is my first time here

Other: Ah... dacht ik al... - Ah... I thought so

You: Ik ben hier xxx dagen/weken - I will be here for xxx days/weeks

Other: O ja?... goed zo, mooi - Really? Good, fine

You: Ik kom uit xxxxx - I am from xxxx

NOTE: If you come from a city that Dutch people might know, mention the city—like New York, Madrid, Barcelona, Londen, etc. If not, just mention your country.

Other: Oh. En hoe bevalt het hier? - Oh. And how do you like it here?

You: Prima. Leuke stad, mooi land - Just fine. Great city, beautiful country

Other: Ja, het is hier prima - Yes, the city is okay

Other: Ben je al in xxxxx geweest? - Have you been to xxxxx?

You: Ja, dat was prachtig!/Heel leuk - Yes. It was awesome/Very nice!

You: Nee, maar daar willen we wel heen - No, but we want to go there

You: Nee, daar hebben we helaas geen tijd voor - No, unfortunately, we don't have the time.

(Tip: Never talk negatively about a Dutch city, village, the country in general, or an attraction. The Dutch criticize everything and everybody, but no stranger or tourist is allowed to tell them something in their "beloved" country is not okay! You can have a different opinion, of course, but use discretion. Instead, just say something like, "It was very nice - het was (wel) leuk." Stay on a neutral subject and move on to discuss your plans while in the country, or what you have seen already that you enjoyed! That way your conversation will last a bit longer.)

Here, you may or may not shake hands. Remember, though, that you are in a small café, so formal manners are not required.

Other: Ik ben Karl, trouwens - My name is Karl, by the way

You: Dag, Karl. Leuk je te leren kennen. Ik heet Peter – Hi, Karl, nice to meet you. My name is Peter

You: Woon je hier in xxx? – Do you live here in xxxx?

Other: Jaaa, mijn hele leven al – Yeah, all my life.

You: Leuke plek om te wonen – Nice place to live

You: Wil je iets drinken? – Can I get you a drink?

NOTE: Only suggest this last question if you have enough money on you. Do not offer a drink and have an awkward situation afterward. If you happen to be short on cash or don't have a (credit) card on you, don't offer anything. However, only accept one drink from the other person. You do not want to give your new friend the impression that you are a freeloader...)

(Tip: Do not stretch the conversation if it is dragging. Dutch people in a café or bar tend to move around to chat with folks and friends loosely, no strings attached. So, let them go. If you like the ambiance, stay. If your thirst is quenched and you feel kind of lost, move on...)

If things go smoothly, you can talk about this or that by asking questions and sharing things about yourself. Do not make it an interrogation, though.

You: Is het hier altijd zo druk/zo rustig? – Is it always this crowded/quiet here?

Other: Naahh... meestal drukker/rustiger – Nah... usually more crowded/quieter

Other: Ja, zo is het hier meestal wel, ja – Yeah, this is the usual, yes

You: Elke dag? – Every day?

Other: Hm... drukker in het weekend – Hmm... more people on the weekend

You: Natuurlijk, dan zijn mensen vrij – Of course, people are off, then

Other: Yep! - Yep!

You: Ik werk in xxxx* - I work in the xxxx*

Other: Oh... goed, man! -Oh... right on, man!

You: En jij? Wat voor werk doe jij? - And you? What do you do?

*Here, mention your actual job, in general, but not in detail. If it is a job in a specific industry, just mention the industry, not the job itself.

Ik werk in - I work in:

de gezondheidszorg - health care

als - as a:

de arts - doctor

de laborant - lab assistant

de operatieassistent - operation assistant

de specialist - specialist

de verpleegkundige - nurse

de verzorger - caretaker, orderly

de autobranche - the car industry

Ik ben autodealer - I am a car dealer

In de fabriek - in the factory

Ik ben monteur - I am a mechanic

Ik ben verkoper - I am a salesperson

Notice that you use an "a" in English when you describe yourself or someone else? I am **a** salesperson... In Dutch, you do not do that. Just: "ik ben," "hij is," and then the description you want to give.

<u>A few jobs/professions:</u>

de accountant - accountant

de boekhouder - bookkeeper

de bouwvakker - construction worker

de consultant - consultant

het hotelkamermeisje – hotel maid

de leraar – teacher

de loodgieter – plumber

de officemanager – office manager

de receptionist – receptionist

de schilder – painter

de telefonist – phone operator

de timmerman – carpenter

And so on.

Once you are getting friendly, you can discuss the pros and cons of your job or profession. That also goes for the person you are talking with as well. That can give you something to chat about. If the job or profession is not worth talking about, you can change the subject.

Talking about sports might be an idea. Remember: The Dutch word for "soccer" is "voetbal." If you want to talk about football with your new Dutch friend, you speak of "rugby."

Some common sports in a handy list:

atletiek – athletics

honkbal – baseball

rugby – rugby/football

schaatsen – ice skating

tennis – tennis

voetbal – soccer

wielrennen – cycling

zwemmen – swimming

Be aware that most Dutch people are crazy about "voetbal." The country changes into an orange-colored world whenever the national soccer team participates in the European or World Championship.

Banners, flags, crazy hats, funny hats, garlands, etc.—everything is orange and red-white-blue. Voetbal is serious business.

The same goes for ice skating. The Dutch have several fantastic skaters. Throughout the decades, people have been metaphorically glued to their television sets, so they never miss a race. Take notice because if you happen to know a bit about it, the Dutch will appreciate you even more!

NOTE: Why all this orange as the festive color? Well, as it happens, the kingdom of the Netherlands is ruled by The House of Oranje (Orange), a royal name that goes back for centuries. Besides the red/white/blue national flag, the Dutch also have an orange pennant. On national holidays, you can see both on official buildings, with the pennant flapping above the flag. Hence, all the orange when sports are getting "serious."

Then there are the cycling races. A few are very popular, but it is the Tour de France that really stands out. At the end of the afternoon, around 5:00 p.m., the cyclists reach the finish of that day's race. If you do not like cycling, then don't enter most cafés at that time. At around 6:00 p.m., you are safe as there are other popular races, like the Giro d'Italia and the Vuelta in Spain, but "de tour," as the Tour de France is fondly called, is at the top.

Talking about family is a good idea, too, once you get acquainted. The Dutch are not quick to show off their family, except for grandparents who always tend to carry pics of their grandkids. So be mildly modest with "digging" into the family of someone else.

Vocabulary - Family

de jongen - boy

de dochter - daughter

de familie - family

de grootouder - grandparent

het kind/de kinderen - child/children

het kleinkind – grandchild

het meisje – girl

de moeder – mother

de oma – grandmother

de oom – uncle

de opa – grandfather

de schoonfamilie – in-laws

de schoonmoeder/vader – mother/father-in-law

de schoonzus – sister-in-law

de tante – aunt

de vader – father

de zoon – son

de zwager – brother-in-law

Remember: Do not go into too much detail concerning a family tale, as you don't know the people you are talking with very well yet.

Formal

It is time to get more formal. Suppose you are going to meet one or more Dutch people for business. In this case, do not buy them a drink, dress appropriately (anything from smart casual to suit plus tie, which is contingent on where you are going), and behave politely. Depending on whether they need you or you need them, you act accordingly. There is a slight difference...

You enter a building and walk up to the reception desk:

You: Goedemorgen, ik heb een afspraak – Good morning, I have an appointment

Recep: Wat is uw naam? – May I have your name, please?

You: xxxx – xxxx

Recep: U hebt een afspraak met...? - Whom do you have an appointment with?

You: Met meneer/mevrouw xxxx - With Mr/Ms xxxxx

Recep: Oké, ik bel even - Okay, I will give them a call.

Recep: U kunt daar even wachten - You can wait over there

You: Dank u wel - Thank you

Some polite phrases can get you a long way...

Other: Alstublieft/alsjeblieft - Here you are

You: Dank u wel - Thank you

Other: Wilt u een kopje koffie of thee? - Would you like a cup of coffee/tea?

You: ja, graag/nee, dank u wel - Yes, please/no, thank you

Other: wilt u melk en suiker? - Do you want/take cream and sugar?

You: nee, dank u, ik drink het zwart - No, thank you, I'll have it black

You: ja graag/alleen melk/alleen suiker/allebei - Yes, please/just cream/just sugar/both

NOTE: A simple "ja" or "nee" when you are offered a drink, is not considered polite. Some countries or languages do it that way, but in Dutch, you add a few words...

Are you looking to get a job? Then you need your résumé, and some examples of your work if possible. Even if you already sent everything digitally, still bring a hard copy with you. That will make you look proactive, which Dutch people will respect.

In another scenario, say you walk with one or two people into an office. When invited, you sit down (and not beforehand!) and wait until the other party starts the conversation. No small talk on your part unless someone else initiates it.

Other: Fijn dat u kon komen, mevrouw xxx - Glad you could come, Ms xxxx

You: Geen probleem, fijn dat u me uitnodigde - No problem, I am glad you invited me

Other: Eens kijken... - Let me see...

Other: U hebt dit werk al vaker gedaan? - You have done this work before?

You: Ja, al een aantal jaren/al een paar keer - Yes, for several years/a few times

Other: Wat vindt u leuk aan dit werk? - What do you like about this job?

You: de zelfstandigheid/creativiteit/teamwork - The independence/creativity/ teamwork

You: Ik houd er van om... - I like to...

You: Samen te werken/alleen te werken - to work together/work on my own

You: als team verantwoordelijk te zijn - being responsible as a team

Other: Ah... ja... dan zit u hier goed - Oh yes, well, you are at the right place then

You: Dat denk ik ook, ja - I think so, too, yes

From here, the conversation will probably go into more detail. Every job interview is different, but be sure to let the interviewers know when you do not understand their Dutch. There is no shame in indicating your limits. Also, tell them that you are a quick learner and will pick up the necessary words and lingo fast. Here is how you can tell them:

You: Ik kan u niet meer goed volgen, sorry - I'm not following anymore/any longer, sorry

You: Ik volg het Nederlands niet meer, sorry - I cannot understand the Dutch anymore, sorry

Other: Dat is niet erg, we gaan verder in Engels, oké? - That is no problem, we'll continue in English, all right?

You: Heel graag, dank u wel - Oh yes, please, thank you

You: Ik pik dingen snel op - I am a quick learner

You: Ik leer de nodige woorden en vaktermen snel - I learn the necessary words and technical terms quickly!

You: Dat weet ik zeker! - I know for sure!

Buying Things

When in the Netherlands, or someplace else where the people speak Dutch, you will need to go shopping at some point, at least for food. A grocery store would be the easiest option. There, you collect your items and then check out. However, what if you cannot find all the things you need? Who do you ask?

Usually, there are some employees in the store, either stocking shelves or advising customers. Be polite and let them finish any current conversations that are having with another customer. Of course, when employees are talking amongst each other, you may interrupt...

You: Hallo, waar kan ik de melk vinden? - Hello, where can I find the milk?

Other: Tweede rij, rechts, mevrouw/meneer - Second row to the right, ma'am/sir

You: Oké, dank je wel! - Okay, thanks!

Waar vind ik: - *Where do I find:*

het bier - beer

de boter - butter

het brood - bread

het broodbeleg – sandwich fillings

de eieren – eggs

de frisdrank – soda drinks

het fruit – fruits

de groenten – vegetables

ingeblikte vis – canned fish

de jam – jam

de kaas – cheese

de koffie – coffee

de kruiden – herbs

het meel – flour

de melk – milk

de ontbijtgranen – breakfast cereals

de pasta – pasta

de peper – pepper

de pindakaas – peanut butter

de shampoo – shampoo

de schoonmaakmiddelen – cleaning products

de thee – tea

het toiletpapier – toilet paper

de verse vis – fresh fish

het vlees – meat

de vleeswaren – cold cuts

het wasmiddel – laundry detergent

de wijn – wine

de yoghurt – yoghurt

de zeep – soap

het zout – salt

When you have found all these items and paid for them, you will probably survive until your next shopping experience. You might also go to a specialized shop, like a butcher, bakery, greengrocer, etc. Then, you must know a thing or two about weight and pieces.

English weights are different from Dutch weights. The Dutch have a kilo (1,000 grams), a pond (half a kilo = 500 grams), and an ons (100 grams)

Roughly, 1 ons (100 grams) = 3.5 ounces; 1 kilo = 35 ounces.

De slager – the butcher

Mag ik van u: – May I have:

Twee ons biefstuk – Seven ounces of steak

Een pond rundvlees – Half a kilo of beef

Een kilo spare ribs – A kilo of pork spare ribs

Drie ons half-om-half gehakt – Ten and a half ounces of mixed minced meat

Betalen: – to pay:

You: Hoeveel krijgt u van me? – How much will that be?

Other: twintig euro dertig (€20.30) – Twenty euros and thirty cents

You: kan ik pinnen? – Can I use my bank/debit card?

Other: jazeker, maar geen creditcard – Yes, sure, but no credit cards

You: kan ik cash betalen? – Can I pay cash?

Other: natuurlijk – Sure

You: kunt u vijftig euro wisselen? – Do you have change for a fifty?

Other: nee, helaas niet =–No, I am afraid not

You: oh, dan moet ik toch pinnen – Oh, then I need to use my bank/debit card

In the Netherlands, the currency is the euro, just like in the rest of the EU (European Union). This is the symbol of the euro: €. Dutch uses the metrical system, so 1 euro has 100 cents.

The banknotes are €5.00, €10.00, €20.00, €50.00, €100.00, €200.00, and €500.00.

NOTE: No shop will accept banknotes larger than €100.00, as they are afraid of counterfeit money. Even a €100,00 note is viewed suspiciously. So, if you change money before entering the Netherlands (or any other country of the EU), make sure you only get the smaller banknotes.

The euro has coins of €2.00, €1.00, €0.50, €0.20, €0.10, €0.05, €0.02, and €0.01. Although they are official coins, the Netherlands does not use the 1 and 2 cents anymore. The total amount you pay in a shop or market is rounded up or down to 5 cents. Here, sometimes you win, sometimes you lose... In the end, it all evens out!

However, in many other European countries, where the euro is used, the two smallest coins are still in circulation. So they might end up in your wallet anyway—you just cannot spend them in all countries.

De bakker – the bakery

het brood – brood

het broodje – roll

de croissant – croissant

een half bruin brood – half a loaf of brown bread

een heel bruin brood – a loaf of brown bread

een heel volkorenbrood – a loaf of whole wheat bread

het harde broodje – hard roll

de krentenbol – a currant bun

een wit brood – a loaf of white bread

De groenteman – the greengrocer

de aardbei – strawberry

de andijvie - endives

de appel - apple

de banaan - banana

de bloemkool - cauliflower

de boerenkool - kale

de broccoli - broccoli

de champignon - mushroom

de druif - grape

het erwtje - pea

het fruit - fruits (singular in Dutch)

de kers - cherry

de kiwi - kiwi

de knoflook - garlic

de kool - cabbage

de mandarijn - tangerine/mandarin

de peer - pear

de pruim - prune

de sinaasappel - orange

sla - lettuce

spinazie - spinach

de ui - onion

de wortel - carrot

de zuurkool - sauerkraut

Tiny task #10:

Try to come up with ten small conversations in Dutch involving bread, meat, vegetables, and fruits. Ask for the items, the price, and order a certain amount. Write them down and repeat them out loud several times, to get used to these everyday things. You will need them daily. So, start chewing on them...

Greetings

If you are continuously frequenting places, such as apartment buildings, offices, workshops, or building sites, you will naturally get to know some people. Therefore, you need to greet them before striking up a conversation.

Hé, hallo - Hey, hello

Hallo, hoe is het? - Hello, how are you?

Hallo, alles goed? - Hello, you're okay?

Hé, lang niet gezien - Hey, long time no see

Ja joh, hoe is het met je? - Yeah, man, how are you?

Goed wel, en met jou? - Just fine, you?

Met mij gaat het goed - I am fine

Lekker weer, hè? - Nice weather, huh?

Wat een rotweer - Such lousy weather

Ik haat die regenbuien - I hate rainstorms

Ik heb een hekel aan harde wind - I really dislike a hard/severe wind

Tot ziens - See you later

Tot morgen = Until/see you tomorrow

Ik zie jullie morgen - See you guys tomorrow!

Tot zaterdag - See you Saturday

Tot volgende week - See you next week

Dààg! (or: dag) - Bye

Doei (more popular) - Bye

Fijne avond - Enjoy your evening

Fijn weekend = Enjoy your weekend

Veel plezier straks! - Have fun (later on)

Welterusten - Good night

Slaap lekker - Sleep well

Hé, ik heb je gemist! - Hey, I have missed you!

Waar was je? - Where were you?

Ik was ziek - I was ill/sick

Ik was met vakantie - I was on vacation

Ik had een cursus - I was taking a course

Goed dat je er weer bent! - Nice to have you back again

Het is fijn om weer terug te zijn - It is nice to be back

Ik had wel langer willen wegblijven - I could have stayed away longer

More formal:

Goedemorgen - Good morning

Goedemiddag - Good afternoon

Goedenavond - Good evening

Goedemorgen allemaal - Good morning all!

Fijn u te zien - Good to see you

Tot ziens - Goodbye

In general, Dutch people are not that formal. Yet they do not want you to get the impression that they don't care about formality. They do. However, as soon as formalities are over and done with, they shift into a more laidback way of dealing with each other.

The big question is: When are the formalities over? Well, that is hard to say. It all depends on the situation. Sometimes, formalities are never over. For example, when you deal with people much older than you, or "higher" in society than you.

There are people you meet who you pay respect to by being polite. Think of the people who keep society going: community workers, medical workers, social workers, garbage workers, (street)cleaners, firefighters, police, housekeeping in hotels, and so on.

Out of respect for what they do, you could politely approach them. People who are not that high on the social ladder because of their profession or job will appreciate your politeness. After all, you do not know them, and they don't know you... but they provide you with a service you should be grateful for.

Back to the informal Dutch way... Once you are familiar with your coworkers, you will call them by their first name. You will say "jij" instead of "u." This might happen on day one, or in week two, depending on the culture of the company or institution you are working for. Sometimes the head of the department is always addressed as "meneer," "mevrouw," and "u." The same might go for the *big boss*, the owner of the company. However, firms and companies usually have a more informal approach, which does not suggest any lack of respect. Informal does not equal (≠) a lack of respect!

Asking Questions

In this section, you won't find answers to the most important questions in your life; however, it will help you formulate them and other questions in Dutch.

Here are some interrogative pronouns. That is how you form a question, to which you hope to get an answer:

hoe - how

waar - where

waarom - why

wanneer - when

wat - what

welk(e) – what/which

wie – who

It does not matter whether the question implies a person or an object, and even the adverbs "wanneer" and "hoe" can be used freely. They remain adverbs but don't worry about that here.

Unlike the English language, Dutch does not have an auxiliary verb in some questions, like "to do." For instance:

Wie is die man? – Who is that man?

Wie gaat er mee vanavond? – Who is coming along, tonight?

Wie heeft mijn zoon gezien? – Who has seen my son?

Wie komt daar binnen? – Who is coming in?

Wat eten jullie vanavond? – What do you eat/are you eating tonight?

Wat heb jij gisteren gezien? – What did you see yesterday?

Wat hoor ik? – What do I hear?

Wat hebben jullie besproken? – What did you talk about?

Welk boek vind jij mooier? – Which book do you like best?*

Welke kleur heeft jouw auto? – What color is your car?

Welk shirt staat mij beter? – Which shirt looks best on me?

Van welke muziek houd jij? – What music do you like/love?

*When "what" is used in a very general sense, it is the equivalent of the English "what." If there is a choice involved, the English use "which." The Dutch do not make that distinction.

Waar gaan zij naar toe? – Where do they go (to)?

Waar heb jij mijn kleren gelegd? – Where did you put my clothes?

Waar vind ik hier nog wilde bloemen? – Where do I find wildflowers here?

Waar gaat de reis naar toe? – Where does the trip take you/us/him

Waarom zijn wij hier en nu? – Why are we here and now?

Waarom houdt hij niet van mij? – Why doesn't he love me?

Waarom is de trein zo laat? – Why is the train late?

Waarom weten wij van niets? – Why don't we know anything?

Wanneer komen jullie hier? – When will you come over?

Vertel me wanneer ik klaar moet zijn – Tell me when I have to be ready

Wanneer vertel je me de waarheid? – When are you going to tell me the truth?

Wanneer komen de kinderen thuis? – When will the children be/come home?

Hoe heeft dit kunnen gebeuren? – How could this happen/have happened?

Hoe moet ik u nu noemen? – How should I call you, then?

Hoe werkt dit computerprogramma? – How does this computer program work?

Hoe red ik me uit deze situatie? – How do I get out of/escape from this situation?

Tiny task #11:

Questions, questions, questions... Now, you can ask several of them, using the interrogative pronouns you just learned. And while you are at it, how about forming an answer to them as well?

Example:

– Hoe werkt dit keukenapparaat? Dat kun je beter aan mijn vader vragen.

– Hoe laat vertrekt de trein naar Amsterdam? De volgende trein vertrekt om kwart over vier.

Not that hard, huh? Write down ten of these sets and call yourself an advanced speaker of Dutch!

Buying and Ordering

People buy a lot during their lives. They consume and consume; sometimes, they like to, need to, or just cannot resist.

Many of these things can now be purchased online, and usually, Dutch websites also have an English version—or they are so straightforward that you can navigate them without much difficulty. In this section, though, you will only learn how to buy items from physical stores, and later, how to order at a restaurant.

In many shops, you can browse without a shop attendant at your side. If an attendant does approach you when you enter, you can simply make it clear that you would like to look around by yourself.

You walk in...

Attendant: Goedemiddag, kan ik u helpen? - Good afternoon, may I help you?

You: Ik wil graag even rondkijken - I would like to have a look around

Att: Natuurlijk, gaat uw gang - Of course, please do

You: Dank u wel - Thank you

Att: Kunt u het vinden? - Can you find what you are looking for?

Att: Wat zoekt u precies? - What exactly are you looking for?

You: Hmm... moeilijk te zeggen – Hmm... hard to say

You: Hmn... weet nog niet – Hmm... don't know yet...

You: Ik kijk nog even verder... – I will continue browsing...

If you need assistance due to not knowing quite what you want, this is the moment to ask for it.

You: Ik zoek een overhemd – I am looking for a shirt,

You: Niet te formeel, niet te casual – Not too formal, not too casual

You: Iets er tussenin, eigenlijk... – Something in between, really...

Att: Aan welke kleur denkt u? – What color should that be?

You: Geen idee – No idea

Att: Wat is uw boordmaat? – What is the size of your collar?

You: Um... 43, geloof ik – Um... 43, I think

Att: Ik meet het even op... – I will take your measurement

You: Oké... – Okay...

After the attendant gets you the right item, if you do not like it:

You: Ik vind dit niet echt mooi – I really don't like this

You: Er zit niet echt iets tussen – There is nothing you showed me I really like

You: Misschien moet ik even verder kijken – Maybe I should look someplace else

You: Ik denk dat ik even verder kijk – I think I'll look elsewhere

You: Dank u wel voor de moeite – Thank you for your assistance

You: Dank u wel voor uw hulp – Thank you for your help

There are hundreds of things to shop for in a shopping area. Sometimes you might walk around such a place, with your partner, friend, or child, without really having something in mind to purchase. Just browsing is fun! In Dutch, you call that: Winkelen – shopping.

"Winkelen" is spending time in a shopping mall or shopping area without a plan. The chances are that you go home with nothing, or go home with a few items you may or may not need... Arriving home with several bags could be the moment you regret spending all that money...

If that is the case, you should not open or use whatever you don't need or want. Leave the tag on, don't remove it from its packaging, and return it to the shop as soon as possible with the receipt. You have a right to return purchased items within fifteen or 30 days from the day they were purchased. However, the condition of the item(s) must be unused or uneaten for food products.

Some shops will give you your money back; however, most shops will offer a voucher to redeem in the store. Beware, though, as most vouchers have an expiration date.

You: Ik kom dit terugbrengen - I would like to return this item

You: Het past niet goed - It doesn't fit well*

You: De kleur is niet goed - The color isn't right*

You: Mijn man/vrouw vindt het niet mooi - My husband/wife doesn't like it*

Att: Wil u iets anders uitzoeken? - Do you want to exchange it for something else?

You: Nee, niet nu. Ik wil mijn geld terug - No, not now. I would like my money back, please

Att: Sorry, wij geven geen geld terug - Sorry, we don't give refunds

Att: Ik kan u een waardebon geven - I can give you a voucher

Att: Die kunt u bij uw volgende aankoop gebruiken - You can use it with your next purchase

You: Kunt u echt geen geld teruggeven? - You really cannot give me my money back?

You: Ik kom hier niet vaak. Ik woon in xxxx - I don't come here often. I live in xxxx

Att: Het spijt me, dat gaat echt niet. - I am sorry, that is not an option

You: Nou, wel vervelend... - Oh, that's a bummer...

*NOTE: In most cases, you do not have to explain why you are returning an item to the shop. However, REMEMBER to keep the receipt and return the item within the exchange or refund purchasing window; otherwise, the retailer can refuse to take it back. If you don't have the time to return a purchase, call the shop and inform them. Tell them when you can return it. If the employee or manager agrees, ask for their name so that you have a reference when you return to the shop.

Vocabulary - Clothing

de bh - bra

de bikini - bikini

de blouse - blouse

de broek - pair of trousers

de hoge hak(ken) - high heel(s)

het jasje - jacket

de jeans/spijkerbroek - jeans

de jurk - dress

de korte broek - shorts

de korte mouw - short sleeve

de laars/laarzen - boot(s)

de lange mouw - long sleeve

de legging - leggings

de onderbroek - briefs/boxers

het ondergoed - underwear

het overhemd - shirt

het shirt - shirt

de rok – skirt

de schoen(en) – shoe(s)

het slipje – knickers/undies/panties

de sok(ken) – sock(s)

de stropdas – tie

de sweater – sweater

de top – top

de trui – sweater/pullover/jumper

het t-shirt – T-shirt

zonder mouwen – sleeveless

de zwembroek – swimsuit/swimming trunks

Vocabulary – Miscellaneous Items

het accessoire – accessory

het boek/de boeken – book/books

de broodrooster – toaster

de droger – dryer

de drogisterij – drugstore

het eetcafé – bistro/diner

de elektronica – electronics

de handtas – bag/ladies bag

het huishoudtextiel – linens

het keukenapparaat – kitchen appliance

de keukenspullen – kitchen equipment/tools

de koffiebar – coffee corner

de spullen – stuff/things

de lederwaren – leather goods

de parfumerie – perfumery

de wasmachine – washing machine

de waterkoker – electric kettle

Taking a cab...

Tired from shopping? Want to get home or to your hotel or apartment to take a well-deserved rest? Well, in the Netherlands, you cannot hail a cab (in Dutch, a "taxi"). Instead, you must walk to the nearest taxi stand/rank and select the first taxi in the line, or wait in a queue. Make sure the taxi driver puts the meter on (the starting rate is relatively high, compared to other countries).

There is Uber, but at the current time (spring, 2020), the Uber grid is not that well established, except for the bigger cities like Amsterdam. It is possible to get a driver from several miles away, but be aware that the cost will go up significantly since the driver needs to cover his/her costs.

At Schiphol Airport and some of the bigger train stations in the country, non-licensed taxi drivers try to hustle rides. While this is understandable—everyone needs to make a living—these so-called "snorders" (crawlers) are disliked by taxi drivers who have an expensive *license* to renew every year. If you select a "snorder," you might end up in a confrontation between them and the taxi drivers.

Entering a restaurant...

Staff: Goedenavond mevrouw, meneer – Good evening, madame, sir

You: Goedenavond, heeft u plaats voor twee? – Good evening, do you have a table for two?

Staff: Hebtt u gereserveerd? – Do you have a reservation?

You: Nee, we hebben niet gereserveerd – No, we don't have a reservation

Staff: Eens kijken... ik heb hier nog een tafeltje – Let me see... I have a table over here

You: Fijn, dank u wel – Great. Thank you

You: Hebtt u geen tafel bij het raam? - Don't you have a table near the window?

You: Mogen we iets rustiger zitten? - May we have a quieter place?

Staff: Natuurlijk. Komt u maar mee - Of course. Come with me, please

Staff: Helaas, dit is nog de enige tafel - Sorry, this is the only table left

You: Wij hebben gereserveerd - We have a reservation

You: Onder de naam xxxx - The name is xxxx

You: Wij zijn met één persoon meer/minder - We are with one person less/more

Staff: Oh, dat hindert niet - Oh, no problem

You: Fijn - Good

Staff: Wil u alvast iets drinken? - Can I get you something to drink?

Staff: Kan ik iets voor u inschenken? - May I pour you a drink?

You: We wachten even tot we bestellen - We will wait until we order

You: Ja graag.... Doet u maar een pilsje - Yes, please.... I will have a beer

You: En een... droge witte wijn - And a... dry white wine

Staff: Komt er aan - Coming right up

Staff: De menukaarten, en de wijnkaart - The menus, and the wine list

Staff: De weekspecialiteiten staan op het bord - This week's specialties are on the board

While you sip your aperitif, you might browse the menu, the board on the wall, and check the wine list. You can also decide to have something else to drink. However, just tap water is not enough.

Restaurants expect you to order something from the bar, whether alcoholic or non-alcoholic. If you want wine, you can order it by the glass or bottle, with some wines only by the bottle, as indicated on the wine list.

If you order a bottle of wine, you will usually first be asked to taste it—unless you are in a simple bistro with a choice of only two or three wines. In this case, the bottle will just be placed on the table.

When wine tasting...

Staff: wie gaat de wijn proeven? – Who is going to taste the wine?

You: Ik/mijn vrouw/vriend/man doe(t) dat – I/my wife/friend/husband will

You: Mmm... lekker. Prima. U kunt inschenken – Mmm good. Fine. You can pour the wine

You: Hmm... uh... hij is een beetje wrang – Hmm... uh... it is a bit sour

Staff: Echt waar? Ik haal een andere fles – Really? I'll get you another bottle

Staff: Het is een erg droge wijn – It is a very dry wine

Staff: U raakt zo aan de smaak gewend – You will acquire the taste real fast

You: De wijn heeft kurk – The wine is corked

You: De wijn is te warm – The wine is too warm

You: Hmm... ik vind hem niet lekker – Hmm... I don't really like it

NOTE: In a bistro, the wine can easily have too high a temperature as there is no wine fridge. You are not supposed to fuss over the wine temperature, though. Corked wine is another thing, of course. The glass in which the wine is served might be basic as well.

However, when the wine's price is over 25 euros a bottle, expect an appropriate glass and temperature. In high-end restaurants, you do not refill your glass; the waiter does. So, sit back and enjoy it!

Most Dutch restaurants, even the small bistros, have an English version of the menu, or an English translation under the various dishes or courses. Here are some main terms:

Vocabulary - Restaurant Food

de aardappelpuree - mashed potatoes

het appeldessert - apple dessert

de appeltaart - apple pie

de biefstuk - steak

de crème brulée - crème brûlée

doorbakken - well done (i.e., for a cooked steak)

de eend - duck

frietjes - chips/French fries

het gevogelte - fowl

het filet - fillet

de groenten van het seizoen - seasonal vegetables

het hoofdgerecht - main course

de maaltijd - meal

het kaasplankje - cheese plate

het kalfsvlees - veal

het kalfs/varkensmedaillon - medallion of veal/pork

de kip - chicken

de lamsbout - leg of lamb

het lamskarbonaadje - lamb chop

het lamsvlees - lamb

medium gebakken - medium done (i.e., for a cooked steak)

roze – pink

het nagerecht/toetje – dessert/sweet

de salade – salad

de soep – soup

de soep van de dag – soup of the day

de varkenshaas – pork tenderloin

de varkenskarbonade – pork chop

het varkensvlees – pork

het visgerecht – fish course

de visgraat – fish bone

het voorgerecht – appetizer

het ijs – ice cream

Smakelijk eten! – Enjoy your meal!

Alles naar wens? – Everything fine?

Bent u klaar? – Are you done?

Was alles naar wens? – Was everything fine?

And how does your meal taste?

Mmm... lekker – Mmm... good

Wow, dit is lekker! – Wow, this is delicious!

Proef eens – Here, have a taste

Mag ik eens proeven? – Can I taste it?

Hmm... wel een beetje zout – Hmm... a bit salty to my taste

Er zit veel peper in, lekker! – It has a lot of pepper, yummy!

Jakkie... knoflook, dat lust ik niet – Ew... garlic, I don't like garlic

Woohoo, dit is echt heerlijk – Woohoo... this is really delicious!

De soep is koud... bah – The soup is cold... yuck/ugh

Ik vind dit niet lekker ruiken – I don't think it smells nice

Er moeten meer kruiden in – It needs more herbs

Jij weet niet wat lekker is – You don't know what's good

Ik houd niet van vet aan het vlees – I don't like fat on my meat

After you finish your meal:

Wil u de kaart nog zien? – Would you like to see the menu again?

Voor het dessert? – For dessert?

Wil u de dessertkaart? – Would you like the dessert menu?

Koffie? – Would you like some coffee?

Mag ik de rekening? – May I have the check/bill, please

Ik wil graag contant betalen – I would like to pay in cash

Ik wil graag pinnen – I would like to use a card, please

As for tipping the staff... Dutch staff members of restaurants, cafés, and the like are paid according to a collective labor agreement, just as most employees in the Netherlands. There is no percentage of the service charge added to the restaurant check. Yet their wages are not very high, either. Many staff members work at minimum wage but provide excellent service. So, if you are happy with their service, leave a few euros for the so-called "fooienpot" (tip jar). Whether there is a jar or the staff member may keep the tip for him/herself, is not your concern... So, the happier you are, the more you tip. Also, if the amount you must pay is over 100 euros and you leave them 50 cents, that is considered an insult. Tip at least five percent.

Vocabulary - Eating Out

alvast – in the meantime/already/meanwhile

bah – yuck/ugh

het bier – beer

het bord – the board (on the wall)

het bord – the plate (on the table)

contant (betalen) – (to pay) cash

de dessertkaart - dessert menu
droog/droge - dry
de fles - bottle
de flessenopener - bottle opener
heerlijk - delicious
hinderen - to be a problem
inschenken - to pour
heeft kurk - is corked (wine)
de knoflook - garlic
kruiden - herbs
kurk - cork
lekker - nice/delicious
meer - more
de menukaart - menu
minder - less
de opener - bottle opener
het pilsje/biertje - beer (from the tap)
de peper - pepper
pinnen - to charge/to use a card
proeven - to taste
het raam - window
de rekening - bill/check
ruiken - to smell
reserveren - to reserve/to book
de reservering - reservation
rustig - quiet
de specerij - spice/condiment

de specialiteit - specialty

de tafel - table

het tafeltje - small table

te warm - too warm (wine)

te - too

het vet - fat

de weekspecialiteit(en) - weekly specialty/specialties

wennen aan - to acquire

de wijnkaart - wine list

witte wijn - white wine

wrang - sour

zó (= snel) - (real) fast

het zout - salt

At Work

At your workplace, you need to be able to greet, converse, or generally chat with your employer, colleagues, and clients. Thus, it is time to get sociable, work together, and have a meeting...

Goedemorgen/middag/avond, allemaal! - Good morning/afternoon/evening, everybody!

Ik ga koffie halen. Wil iemand iets? - I am going to the coffee machine. Anybody?

Hé, ga je naar de koffieautomaat? - Hey, are you going to the coffee machine?

Wil je voor mij een dubbele espresso meenemen? - Could you bring me a double espresso, please?

Dank je wel. Je bent geweldig... - Thanks. You are great...

Ga je naar de voorraadkamer? - Are you going to the supply room?

Ik moet ook die kant op. – I have to go there, too

Zal ik met je meelopen? – Mind if I join you?

Kun je voor mij printpapier meenemen? – Can you bring me paper for the printer?

Ja zeg, ik ben je knechtje niet... – Come on, I am not your servant...

Natuurlijk, net zo makkelijk – Of course, no problem

Wie weet hoe de printer werkt? – Does anyone know how the printer works?

De inkt is op! – The ink ran out!

De kopieermachine loopt vast. Help! – Oh help! The copying machine got jammed!

Houd eens op met dat gezeur – Stop whining, please

Het is altijd hetzelfde met jou – It is always the same story with you

We hebben het allemaal druk, hoor – We are all busy here, though

Jij bent niet de enige – You are not the only one

Als je problemen hebt, ga je naar de teamleider – If you have problems, you go to the team leader

Laat ons gewoon ons werk doen, alsjeblieft – Please, let us do our job, okay?

Ga je mee lunchen? – Are you coming for lunch?

Even dit afmaken, ik kom zo – I want to finish this. I'll be there shortly

Nee, ik lunch buiten de deur – No, I am having lunch someplace else

Aha... leuke afspraak? – Aha... a date, maybe?

Huh, bemoei je er niet mee... – Mind your own business, huh...

Ja...! Ik weet het zeker – Yes!... I am sure of it!

Joh, houd op, nou... - Get out of here...!

Ik lunch met iemand van de voetbalclub - I am having lunch with someone from the soccer club

Moeten we dat geloven? - You want us to believe that?

Ja, doei! - Yeah, right...

Hoi, kun je me even helpen? - Hi, can you give me a hand, please?

Ik loop vast op dit probleem - I am stuck on this problem

Ik weet niet hoe ik dit moet oplossen - I have no clue how to solve this

Ik heb al van alles geprobeerd - I have tried several options already

En er is haast bij deze klus - And this job is an urgent one

Er is geen haast bij, hoor - There is no rush

Kan het wachten? - Can it wait?

Wacht even, ik kom zo - Hold on, I'll be right with you

Dat kun je beter aan xxx vragen - You'd better ask xxx

Hallo, klantenservice - Hello, customer service

U spreekt met xxx - My name is xxx

Waar kan ik u mee helpen? - How may I assist you?

Wat is het bestelnummer? - What is the order number?

Wat is het referentienummer? - What is the reference number?

Wat is uw BSN? - What is your social security number? BSN = Burger Service Nummer

Wat is uw polisnummer? - What is your policy number?

Een ogenblik, alstublieft - Hold on, please

Ik moet u doorverwijzen naar - I must refer you to

Een andere afdeling/systeembeheer – Another department/system management

Er zijn nog acht wachtenden vóór u – There are eight people waiting

Bedankt voor het wachten – Thank you for waiting

Wil jij met mij een dienst ruilen? – Are you willing to swap a shift with me?

Ja hoor, om welke dag gaat het? – Sure, what day are we talking about?

Oh, je wil een avond kwijt? – Oh, you want to get rid of an evening?

Balen... maar goed, ik heb ja gezegd – Bummer... but fine, I agreed to swap...

Volgende keer kom ik bij jou! – You owe me one!

Nee, ik wil niet ruilen – No, I don't want to swap.

Ik heb nou net eens een fijn rooster – I happen to have a roster that suits me well...

Je wil altijd ruilen met me – You always want to swap with me

Probeer maar eens iemand anders – Try someone else, for a change

Vocabulary – At Work

de afdeling – department

afmaken – to finish

balen – bummer

bemoeien – to mind one's business

het BSN – social security number

de bestelling – order

de dienst – shift

doorverwijzen – to refer

druk zijn - being busy

geloven - to believe

zeuren - to whine

helpen - to assist/to help

iemand - anyone/someone

ja, doei - yeah, right...

die kant op moeten - to have to go there

de klantenservice - customer service

het knechtje - servant

koffie halen - to get some coffee

de koffiemachine - coffee machine

de kopie - copy

de kopieermachine - the copying machine

kwijt raken/kwijt willen - to lose/to get rid of

meegaan - to come for

meelopen (letterlijk) - to walk along (literally)

meelopen/meeloper (figuurlijk) - to follow/the follower (metaphorically)

meenemen - to take/bring/get me

het nummer - number

het ogenblik - hold on

ophouden! (vrolijk) - get out of here (friendly, jokingly)

ophouden (serieus) - to stop (seriously)

op zijn - to run out

de polis - policy

proberen - to try

de referentie - reference

het rooster – roster

ruilen – to swap

het systeembeheer – system management

de voorraadkamer – supply room

wachten – waiting

wachtenden vóór u – x number of people waiting

werken (arbeid) – to work (as in a job)

werken (functioneren) – to function

zeker – sure

At School/College

If you are trying to better your position at work by completing a course, or are spending a year in the Netherlands for education, you will mingle with classmates, teachers, professors, and tutors. So, here are some phrases that will help you as you learn:

You: Goedemorgen, ik zoek lokaal 12 – Good morning, I am looking for classroom 12

You: Waar kan ik dat vinden – Where do I go?

Other: Je neemt de trap naar de eerste etage, dan ga je linksaf – You take the stairs to the first floor, then you take a left

You: Dank u wel – Thank you

You: Hoi, is dit lokaal 12? – Hi, is this classroom 12?

Other: Ja, klopt. Kom binnen – Yes, it is. Come in

You: Hoi, ik ben Karl – Hi, I'm Karl

Other: Hoi, Karl, ik ben Sophie – Hi, Karl, I am Sophie

Other: En dit is Freddie – And this is Freddie

You: Hallo, Freddie, Sophie – Hello, Freddie, Sophie

You: Zijn jullie hier ook nieuw? – Are you new here as well?

Sophie: Freddie wel, ik heb hier al een cursus gedaan - Freddie is, I already took a course here

You: Vind je het hier leuk? - Do you like it here?

Sophie: Oh ja, dit is een geweldige school - Oh yeah, this is a great college

You: Ik ga hier drie cursussen volgen - I am going to do three courses here

Freddie: Oei! Wat een ijver! Ik maar een - Oh! What diligence! I only do one

Sophie: Daar komt de leraar - The teacher is here

Sophie: Laten we gaan zitten - Let's take a seat

Sophie: Oh, er zijn negen cursisten - Oh, there are nine students

You: Fijn, gelukkig geen grote groep - Good, fortunately not a big group

Freddie: Er zitten hooguit zestien mensen in een groep - There are at most sixteen people in a group

You: Hmm... meer moeten het er niet zijn - Hmm... that's really enough

Sophie: Ach man, wat kan het je schelen? - Come on, who cares anyway?

Sophie: Het meeste doe je toch thuis - Most of the studying you do at home

You: Ik vind het vervelend als mensen maar blijven hangen in vragen - I don't like it when people keep asking questions

Freddie: Wie zegt nou dat ze dat doen? - Who knows if they'll do that?

You: Nou, met een grotere groep is die kans ook groter - Well, in a bigger group, chances are bigger as well

Freddie: Kom op, we zijn hier om te leren - Oh well, we are here to learn, aren't we?

Teacher: Dames, heren, ik ben Theo - Ladies, gentlemen, my name is Theo

Teacher: Ik ben jullie leraar de komende twaalf weken - I am your teacher for the next twelve weeks

Teacher: Ik begin telkens strikt op tijd - I start strictly on time, every time

Teacher: Dus kom op tijd - So, be on time, please

Teacher: Halverwege pauzeren we twintig minuten - There's a twenty-minute break halfway

Teacher: Anders houd je geen drie uur vol - Otherwise you won't last three hours.

Teacher: We gaan beginnen! - Let's start!

Vocabulary - School/College

anders - otherwise/different (noun)

de cursist - student

de cursus - course/class

de etage - floor

gaan zitten - to take a seat

de groep - group

halverwege - halfway

hooguit - at most

de leraar - teacher (male or female)

de lerares - teacher (female)

leren - to learn

leuk vinden - to like

linksaf - to take a left

het (klas)lokaal - classroom

nieuw - new

op tijd komen – to be on time

pauzeren – to take a break

schelen – to care

de school – school/college

strikt – strict(ly)

volhouden/uithouden – to last

de vraag – the question

wat kan het je schelen – who cares

de trap – stairs

de ijver – diligence

ijverig – diligent

There you go! Your first course has just started. Of course, it will be hard to be follow a course in the Dutch language. But what a challenge! Make that brain of yours work!

Once you get settled in, things will be easier. Remember: Always ask people around you if you get stuck because of the language barrier. Although you have come a long way, practice makes perfect.

Take a look at another situation...

You: Dat was niet zo heel moeilijk – That wasn't too hard

You: Maar ik heb wel nieuwe dingen geleerd – But I did learn some new things

Other: Ik vond het best moeilijk, hoor – Well, I thought it was pretty hard

Other: Allemaal nieuw voor mij – Everything was new for me

You: Heb je alles begrepen? – Did you understand all of it?

You: Als je wil, help ik je wel – If you want, I can help you

You: Dan leg ik je uit wat je niet snapt – I can explain what you don't get

Other: Dank je! Dat is heel aardig van je - Thanks, that is really nice of you

You: Geen probleem, ik doe het graag - No problem, I will be glad to

The best way to get acquainted with some of your fellow students is to help someone with something they do not understand or vice versa.

You: Poeh, dat was pittig vandaag - Ouch, that was kind of tough today

You: Ik kon de helft niet volgen - I couldn't follow half of it

You: En ik kon geen vraag stellen - And I couldn't ask one single question

You: Iedereen had zo veel vragen - Everybody had so many questions

Other: Ik kan je wel wat uitleggen, als je wil - I can explain a few things, if you'd like me to

You: Zou je dat willen doen? Geweldig! - Would you really do that? Fantastic!

You: Wanneer heb je tijd? - When will it suit you?

Other: Vanmiddag kan wel - I can do it this afternoon

Other: Dan kun je goed verder leren - Then studying will be a lot easier

You: Dat is echt te gek! Heel erg fijn! - That's really awesome! Great!

All this helping is a perfect way to get to know each other. After the serious business, you can get a coffee together, for instance. The next time you see each other, you can also chat much easier.

Another way to get acquainted with a fellow student is to suggest studying together, be it in the library or at somebody's home. Dutch students are very sociable and willing to help someone in the early stage of their learning. And, of course, you yourself can figure out some ways to connect with other students. Remember: It is always a bit harder for the solo person to mingle with others. It really takes some effort, especially when you notice people have already befriended each other. Then it is harder to get included in the already established group. That does not mean you have to become "chummy" with the "goofball" of the group. Just tread carefully, and don't lose patience too soon. You will get there.

Any Questions?

You will likely have questions for your teacher or professor during class. It is simple: when you have questions, you ask them. But at the right time. This is important. You cannot interrupt a lecture in an auditorium. At the end of the lecture, usually, there will be an opportunity to ask questions. So, write your question(s) down and fire away when the time is right.

When the course or class is less formal, there is typically enough room to ask the teacher questions. It is important here, too, not to interrupt while the teacher is speaking about the subject. Wait for a break in his/her teaching, then ask. Interrupting while someone else is speaking is not polite, and certainly not in situations where you are more or less dependent on someone (i.e., a teacher, professor, etc.).

Another thing to remember is the difference between asking a question and initiating a discussion. Of course, you know that difference! However, sometimes one forgets in the heat of the moment. When something is unclear to you, you can ask about it—at the appropriate moment. You ask, and hopefully, the teacher will explain it to you.

Sometimes there is a discussion on a certain matter in class. Through discussion, you can learn a lot—if you are open-minded enough. Here you can also discuss the point of view of the teacher/professor... after all, it is a discussion time! Only narrow-minded teachers will not be amused when their point of view is "criticized." It is up to you to judge if your teacher is one of them.

Whenever you criticize someone's point of view or opinion, whether it is a student's or a teacher's, always be kind and civil. The old saying: "treat everyone the way you would like to be treated yourself" is certainly applicable here!

You: Mevrouw, meneer, ik begrijp iets niet - Excuse me, madam, sir, there is something I don't understand

Teacher: En wat is dat? - What is it?

You: Karl, ik heet Karl - Karl, my name is Karl

Teach: Oké, Karl, wat begrijp je niet? - Okay, Karl, what is it you don't understand?

You: U had het over xxxx, maar ik snap niet hoe u daartoe komt. - You mentioned xxxx, but I don't understand how you got to that?

You: De formule/benadering, bedoel ik - The formula/approach, I mean

Teach: Ah, ik begrijp het. Laat me het nog een keer uitleggen - Ah, I see. Let me explain it to you again

Teach: Zijn er anderen die het ook niet begrijpen, misschien? - Is there anyone else who doesn't understand this?

Teach: Kijk eens aan, je bent niet de enige, Karl - Well, well, you are not the only one, Karl

Teach: Goed, nog een keer... - Okay, here we go again...

NOTE: It is always better to mention your name first if the group exceeds eight students... That makes it easier for the teacher!

After the explanation, you hopefully understand. If not, let the teacher know, but specify what you do not get exactly. A response like, "I still don't get it" isn't helpful... Stipulate and make it simpler for your teacher to help you understand everything.

When all the explaining is over:

You: Dank u wel, het is me nu duidelijker - Thank you, I understand it better now

You: Dank u wel, ik snap het nu - Thank you, I get it now

You might also need to approach the teacher/professor after class to ask or tell them something. Depending on time, all questions should be short and answered in a minute. Such as:

You: Ik ben er vrijdag helaas niet - I will not be here on Friday

You: Ik moet naar de dokter - I must see my doctor

You: Ik moet voor een onderzoek naar het ziekenhuis - I have to go to the hospital for some tests

You: Ik heb privé-omstandigheden waardoor ik niet kan komen - I have private business to attend

You: Wanneer moeten we de planning voor de scriptie inleveren? - When must we hand in our planning for the thesis?

Teach: Vóór het eind van de maand - Before the end of the month

Teach: Uiterlijk 5 april - April 5 at the latest

You: Mag ik een week uitstel voor xxx - Can I get a week's extension for xxxx

Teach: En waarom dan wel? - And why is that?

You: Ik loop met alles wat achter - I am behind schedule with everything

Teach: Hoe komt dat? - How come?

You: Het gaat niet zo goed allemaal - Things aren't going that well

Teach: Heb je problemen? - Are there any problems?

You: Nee, nee, ik vind het alleen erg moeilijk allemaal, in een vreemde taal - No, no, it is just kind of hard for me in a foreign language

Teach: Ik begrijp het. Je bent toch ook wel Nederlands aan het leren? - I see. You are studying Dutch as well, aren't you?

You: ja, ja, dat doe ik inderdaad. Dat is extra werk boven op de rest - Yes, I do indeed. That is extra work added to the rest

You: Het is soms wat veel - It is a lot sometimes

Teach: Ja, dat is logisch. Je moet een goede planning maken, zodat je niet vastloopt op den duur - Yes, that is understandable. You must make a solid planning, so you don't get overwhelmed

Teach: Vooruit, ik geef je tien dagen extra! - Okay then, I'll give you an additional ten days!

Teach: Gebruik ze goed! - Make good use of them!

Teach: En luister goed: als je het niet redt, ga naar je mentor. Die is er niet voor niets... - And listen, if you don't manage, go to your mentor. We have mentors for a reason, you know...

You: Dat doe ik. Dank u wel! - I will do that. Thank you!

Vocabulary - School and Questions?

aardig - nice

achterlopen - to be behind schedule

de benadering/aanpak - approach

best gemakkelijk - pretty easy

best moeilijk - pretty hard

begrijpen - to understand

de formule - formula

inleveren - to hand in

leren - to learn

moeilijk - hard

de planning - planning

pittig - tough

pittig/e voedsel/kruiden - spicy food/herbs

het probleem - trouble

snappen - to get it

specificeren - to specify

te gek - awesome

uitleggen - to explain

uiterlijk - at the latest

het uitstel - extension

het uiterlijk - looks

de vraag - question

een vraag stellen - to ask a question

de vreemde taal - foreign language

vreemd - strange, odd

redden - to manage

redden (levens) - to rescue (lives)

As in everyday life, a school, college, university, or an educational institution has social issues and problems. However, you do not have to condone anything that takes place and hurts you in any way—theft, racism, condescending or sexist behavior, abuse, or sexual abuse. No society, however small, is immune to any of these unwanted behaviors.

If this happens to you, make sure you report it to the manager, dean, or a confidential counselor. The latter is best to talk to as they must keep everything confidential. Every college or university has at least one counselor on campus.

You: ik zoek de vertrouwenspersoon - I am looking for the counselor

Counselor: Je hebt hem/haar gevonden! - You found him/her!

You: Hebt u tijd voor mij? - Do you have a moment?

Couns: Natuurlijk, kom binnen - Of course, come in

Couns: Nu niet, over een uur wel - Sorry, not now, in an hour I have time

You: Ik heb een probleem. Ik zit in de problemen - I have a problem. I am in trouble

Couns: Vertel maar, ik luister - Tell me, I am listening

You: Het is nogal um... vervelend - It is kind of um... awkward

Couns: Je kunt hier vrijuit praten - You can talk freely here

You: Ik word lastiggevallen - I am being harassed

You: Ik denk omdat ik anders ben - I think because I am different

Couns: Anders, wat bedoel je? - Different, what do you mean with that?

You: Nou, ik ben... uh... niet hetero - Well, I am... uh... not straight

Couns: Dus je bent homoseksueel - So, you are a homosexual

Couns: Nou en? Dit is de 21e eeuw! - So what? This is the 21st century!

You: Uh... niet iedereen denkt zo - Uh... not everyone thinks that way

Couns: En hoe word je lastiggevallen? - And how are you being harassed?

You: Ze schelden me uit, halen dingen uit mijn tas en gooien die gewoon in het rond - They are calling me names, they take things out of my satchel and throw them around

Couns: Dat is onaanvaardbaar gedrag! - That is unacceptable behavior!

Couns: Wie doet dat? - Who is doing this?

You: Er zijn er drie - There are three of them

You: Maar ik kan u niet zeggen wie - But I cannot give you names

You: Dan wordt het alleen maar erger - Then it will only get worse

You: Maar ik voel me er heel lullig onder - But it makes me feel really bad

Couns: Dat kan ik me voorstellen - I can imagine

Couns: In welke groep gebeurt dit? - In which group does this happen?

You: Europese Studies - In European Studies

Couns: Hmm... oké, als je geen namen wil geven, moeten we het anders aanpakken - Hmm... okay, since you don't want to give me names, we must approach this differently

Couns: Maak je geen zorgen, ik ga er achteraan! - Don't worry, I'm on it!

You: Dank u wel, mevrouw/meneer - Thank you, madame/sir

Vocabulary - Confidential Counselor

aanpakken - to act

aanpakken/aannemen - to accept

aanvaardbaar - acceptable

accepteren, goedkeuren - to condone

(er) achteraan gaan - to be on it

anders - different

de diefstal - theft

de eeuw - century

het gedrag - behavior

hebt u tijd? - do you have a moment?

hetero - straight

de homoseksueel - homosexual

ik voel me lullig* - I really feel bad

lastigvallen - to harass

lullig* - really bad (*"lullig" is a word used in informal conversations only!)

maak je geen zorgen - don't worry

de maatschappelijke problemen - social issues

melden - to report

de mishandeling - abuse

neerbuigend - condescending

onaanvaardbaar - unacceptable

het probleem - trouble/problem

het racisme - racism

rondgooien - to throw around

seksistisch - sexist

seksueel misbruik - sexual abuse

de tas - satchel

uitschelden - to call names

de vertrouwenspersoon - confidential counselor

vervelend - awkward

voorstellen - to imagine

voorstellen (aan iemand) - to introduce (to someone)

voorstellen (een plan) - to propose (a plan, a suggestion)

vrijuit - freely

zich zorgen maken - to worry

de zorg - worry

Of course, these kinds of situations do not only happen at college, university, or other educational institutions. Everywhere in society, narrow-minded people think they can bully others—even in the Netherlands, although known for its laid-back mentality. You can never expect a whole country to be in tune with the correct code of behavior.

It might happen in your job. Any company or firm of any size has a confidential counselor to take care of these kinds of things. If you are working in a small company and there is no such person, talk to your coordinator, or a coworker you trust. Don't bottle it up; speak up. You are within your full rights to do so.

Special Days, Events, and Facts

April 27 is the king's birthday: *Koningsdag* - King's Day. On this day, Koning Willem-Alexander will visit a town or city in the Netherlands. His wife, Queen Maximá, and his three daughters will join him, as will some other members of the royal family. This is quite an honor for the town and a big deal for everybody living there. The entire population of the city or town will assemble in the streets, where all kinds of performances occur. Everyone else can watch the event on television if they are interested.

Also on this day, children sell their toys, books, and knick-knacks on an old sheet or blanket. They claim a spot in a park, on the street, or anywhere these so-called "vrijmarkt" markets are permitted (*vrijmarkt* - garage sale). Along with King's Day, this is also allowed on Liberation Day (*Bevrijdingsdag*) on May 5. It is fun to walk by these places and see the kids doing their best to attract your attention. Kids who play an instrument will also try to collect some euros from passersby.

On both the holidays mentioned above, big outdoor concerts are held on barricaded streets, in a park, or a sports stadium. Many people come out and enjoy themselves. After all, it is the time of year when there is nice weather.

Although the Dutch also have Santa Claus (*de kerstman*), their big December holiday is *Sinterklaas* (Saint Nicholas). This holy bishop came from Turkey originally and then moved to Spain some 1,000 years ago. He is a true friend of small children, bringing them presents from Spain. He arrives in early November on a steamer (*stoomboot*—at least, that's what the kids think; it is just a cargo-vessel) with a bunch of Zwarte Pieten as his assistants. He keeps the kids in suspense for about four weeks, and there is a special candy for this s festivity, which *Zwarte Piet* (Black Pete) throws around. Plus, there are chocolate figurines of Sinterklaas and Zwarte Piet!

Of late, there is a discussion going on as to whether Zwarte Piet is a form of discrimination, and thus not suitable anymore. The national debate was started by some people who felt discriminated against because the Zwarte Pieten resemble slaves. Legend has it that Sinterklaas saved small black kids from slavery in Turkey and took them with him and let them work for a salary. This discussion went international, often out of context. Even the United Nations spoke about it.

As a compromise, some towns/cities now have Pieten in all colors of the rainbow, others keep their Pieten black, and others have white Pieten. If you ever get caught up in this discussion, try to avoid voicing your opinion because you will always offend someone. Those in favor of Zwarte Piet will tell you it is the tradition that counts; those against it will tell you that the stereotypical characteristics of Black Pete are discriminatory. You cannot please everyone, so best to stay out of it.

You might be amazed by the number of bicycles in the Netherlands. There are millions of them. Everybody has at least one bicycle (*de fiets*) or easily two—one for everyday use and one for recreational use. There are many roads/lanes for bicyclists (*het fietspad*), and people are happily using them. People love to ride their bikes for fun as well.

In the cities, do not let the cyclists scare you. They ignore the red traffic light and cross squares and streets as if they are the only ones around. If you almost run them over with your car, you will get the middle finger and an angry face, or an insulting outcry. They ride on the sidewalk, and you are expected to get out of the way. It is strange but true: cyclists are the "kings of the road." You can choose to be annoyed or simply accept this as a fact of life in the Netherlands.

All over the world, people associate the Netherlands with tulips, windmills, and wooden shoes. Tourism thrives on it. In real life, however, tulips (*tulpen*) only bloom in early spring, but most windmills (*molens*) are still operational, with the rest serving as decoration. As for wooden shoes (*klompen*)... you will have a hard time finding a store that sells them. They are considered a thing of the past, but you might occasionally find them on farms. There are still some wooden shoemakers (*klompenmakers*), but it is largely a retired craft. Whenever there is a folkloric event, though, the old-fashioned costumes and wooden shoes are part of the outfit.

Vocabulary - Dutch Special Days and Events

de bakfiets - cargo bike

de bloembol - flower bulb

de Bevrijdingsdag, 5 mei - Liberation Day, May 5, (WWII)

het bollenveld - bulb field

dit is nogal persoonlijk voor me - This is pretty personal for me

ik wil daar niet op antwoorden - I don't want to answer that

de fiets - bicycle

het fietspad - bicycle road

ik praat daar liever niet over - I'd rather not talk about that

de kerstman - Santa Claus

de klomp - wooden shoe

de klompenmaker - wooden shoemakers

de Koningsdag, 27 april - King's Day, April 27

de Koning - king

de Koningin - queen

de molen - windmill

de prins - prince

de prinses - princess

Sinterklaas - Saint Nicolas

De vrijmarkt - garage sale

zeg het gewoon - just say so

Zwarte Piet - Black Pete

Now you will continue with some helpful conversations, terms, and phrases related to traveling around the Netherlands.

Traveling and Sightseeing

By air

You: Goedemorgen, hier is mijn paspoort - Good morning, here's my passport

Steward: Dank u wel - Thank you

Stew: Hebt u ruimbagage? - Do you have hold luggage?

Stew: Wil u ook bagage inchecken? - Do you have check-in luggage?

You: Ja, een koffer - Yes, one suitcase

You: Nee, alleen handbagage - No, just carry-on

Stew: Uw koffer is te zwaar - Your suitcase is too heavy

Stew: U moet bijbetalen of er iets uithalen - You have to take some things out or pay extra

You: O jee, daar heb ik niet op gerekend - Oh my, I didn't count on that

You: Ik betaal wel bij. Ik heb alles nodig - I will pay extra; I need everything in it

Stew: Oké, dat kunt u bij balie xx doen - Okay, you can settle the balance at counter xxx

You: Ik moet overstappen - I have a transfer

Stew: Ik heb uw baggage doorgelabeld - I have labeled your luggage to its final destination

Stew: Maakt u zich geen zorgen - Don't you worry

Stew: De gate gaat zo dicht. U moet echt opschieten nu - The gate is closing any minute now. You must really hurry now

You: Oké, ik ben al weg! - Okay, I am on my way!

Stew: ik heb geen drie stoelen naast elkaar - I don't have three seats next to each other

You: Hè, wat jammer! Nou, dan maar apart - Darn! Too bad. Well, separate seats it is...

You: Zitten we wel bij elkaar in de buurt? - Are our seats close to one another?

Stew: Ja, dat gaat wel lukken - Yes, we can arrange that

Stew: U moet uiterlijk om x uur bij de gate zijn - You must be at the gate at xxx o'clock at the latest

Stew: De vlucht wordt niet omgeroepen - There won't be an announcement for your flight

You: Oké, dank u wel - Okay, thank you

You: Goededag, mijn bagage is niet aangekomen - Good day, my luggage didn't arrive

You: Ik heb die spullen echt nu nodig - I need my things now

Other: U kunt bij het eind van de bagagebanden een formulier invullen - You can file a form over there, at the end of the luggage belts

Other: U krijgt uw koffer dan morgen op uw adres afgeleverd - You will get your luggage delivered at your address tomorrow

You: maar ik heb nú spullen uit mijn koffer nodig! - But I need things from my suitcase now!

Other: Het spijt me heel erg... - I am very sorry...

Other: Gaat u alstublieft naar het kantoor bij het einde van de banden - Please, go to the luggage office at the end of the belts

You: Daar wordt u verder geholpen - They will further assist you

Other: Uw handbagage moet in het ruim - Your carry-on luggage must be checked in

You: Maar dat is mijn handbagage! - But that is my hand luggage!

Other: Het spijt me, alle bagagevakken in de cabine zijn vol - I am so sorry, there is no more room in the overhead bin

You: Mijn hemel... dan moet ik wel een een paar dingen eruit halen die ik aan boord nodig heb - Oh my, I must take out some things I need on board

Other: Gaat uw gang, daarna check ik uw handbagage in - Go ahead, I will then check-in your bag

You: Ik vind dit heel vervelend... - This is really annoying...

Other: Het spijt me, maar er is niets aan te doen - I am sorry, there is nothing I can do

Vocabulary - By Plane

aankomen - to arrive

aankomen (gewicht) - to gain weight

de aankomst - arrival

afleveren - to deliver

apart (van stoelen) - separate (seat)

apart (vreemd) - unique, special, peculiar

de bagage - luggage

de bagageband - luggage belt

het bagagevak - overhead bin

de balie - counter

bijbetalen - to pay extra

daarna - afterward

eruit halen - to take out

het formulier - form

de handbagage - carry-on

invullen - to fill in

de koffer - suitcase

lukken - to manage

maak je geen zorgen - don't worry

naast elkaar - next to each other

nodig hebben - to need

omroepen - to announce

overstappen - to transfer

het paspoort - passport

rekenen op - to count on

de ruimbagage - check-in luggage

de stoel - seat

het vertrek - departure

vervelend - annoying

vlak bij elkaar - close to each other

de vlucht (vliegtuig) - flight

de vlucht (ontsnappen) - to run, to escape, to flight

te zwaar - too heavy

zwaar - heavy

By Bus

You: Is dit de bus naar Rotterdam? - Is this the bus to Rotterdam?

Other: Nee, deze gaat naar Delft. Die voor Rotterdam is daar, op perron E - No, this one goes to Delft. The one tonRotterdam is over there, platform E

You: Dank u wel - Thank you

You: Gaat u naar Rotterdam? – Are you going to Rotterdam?

Other: Ja, over vier minuten vertrek ik – Yes, I will leave in four minutes

You: Fijn! Ben ik net op tijd! – Oh good! I am right on time then!

You: Stopt u ook bij het station? – Do you stop at the station?

Other: Jazeker, dat is mijn eindpunt – Sure do, that is the end of the route

You: Toppie! Twee keer graag – Great! Two persons, please

Other: Hebt u een ov-chipkaart? – Do you have an OV-chipcard?

You: Nee, die heb ik niet – No, I don't

Other: Hmm... dan koopt u twee losse ritten. Dat is wel een stuk duurder – Hmm... then you have to buy two separate rides. That is far more expensive

You: Jammer dan, ik moet nu meerijden – Too bad, but I need this ride

Other: Prima, dat is dan € xxx – Fine, that will be € xxx

Other: Blijft u hier lang? – Will you be staying here long?

You: Nou, wel een paar weken, ja – Well, a couple of weeks for sure

Other: Dan kunt u beter twee chipkaarten kopen die u kunt opladen. Dat is een stuk voordeliger voor u – Then you'd better buy two chipcards you can top up. That is way better for your wallet

You: Dank u wel voor de tip! – Thank you for the tip!

Vocabulary – By Bus

de bus – bus

duur – expensive

jammer dan – too bad

los – separate

net op tijd – right on time

het Openbaar Vervoer (ov) - public transport

opladen - to top up

de ov-chipcard - OV-chipcard

een paar weken - a couple of weeks

het perron - platform

de rit - ride

een stuk duurder - far more expensive

het stuk - piece/play/part

een stuk beter - way better

top(pie)!(popular use only) - great!

By Train

You: Waar vertrekt de trein naar Arnhem? - From where does the train to Arnhem leave?

Other: Van perron 5b. Als u vlug bent, haalt u hem nog net - From platform 5b. If you are quick you can catch it right now

Other: Anders moet u een half uur wachten op de volgende trein - If you miss it, you will have to wait half an hour for the next one

You: Moet ik overstappen? - Do I need to change/transfer trains?

Other: Nee, dit is een directe trein - No, this is a direct train

You: Ik sta al heel lang te wachten - I am waiting for quite some time now

Other: Het spijt me, de trein heeft vertraging. Het duurt nog twintig minuten - I am sorry, there is a delay. It will take another twenty minutes.

You: Maar er is helemaal niets omgeroepen - But there has been no announcement at all

Other: Oh nee? Oei, dat is niet zo netjes - No? Oh, that is not right

Other: Dat moet een vergissing zijn - That must be a mistake

Other: We geven altijd een update over vertragingen - We always give an update regarding delays

Vocabulary - By Train

altijd - always

direct - direct

duren - to take

geven - to give

halen (de trein/bus/vliegtuig) - to catch (train/bus/plane)

niet zo netjes - not right

omroepen - to make an announcement

omroepen (tv/radio) - to broadcast (TV/radio)

overstappen - to change/transfer

het perron - platform

staan te wachten - to be waiting

de vergissing - mistake

de vertraging - delay

vertrekken - to leave

vlug - quick

wachten - to wait

de update - update

Sightseeing

You: Hallo, kunt u mij wat informatie geven over leuke dingen om te zien? - Hello, can you give me some information about sightseeing here?

You: Of dingen om te bezoeken of te doen? - Or things to visit or to do?

Other: Daar staat een heel rek met informatie - Over there you will find a rack full of information

Other: Ik kan iets voor u reserveren – I can make a reservation for you

Other: We hebben ook entreekaartjes – We have entry tickets as well

Other: Dat scheelt tijd, u hoeft dan niet in de rij te staan – That will save you some time, you don't have to stand in line

Other: We hebben hier een gidsje met informatie – We have a booklet with information

Other: Voor meer informatie kunt u naar de VVV gaan – For more information you'd better go to the tourism information office (VVV)

Other: Hun kantoor is vlakbij. Twee straten verderop – Their office is nearby. Two streets away

You: Dank u wel! – Thank you!

Other: Geen dank – You're welcome

You: Hallo, kunt u me zeggen hoe ik naar het Van Gogh museum moet lopen? – Hello, can you tell me the way to the Van Gogh museum, please?

You: Ik snap niets van die plattegrond op mijn smartphone... – I don't get this map on my smartphone...

Other: O jee! Het is niet ver meer, hoor – Oh my! It's not far anymore

Other: Volg gewoon deze straat en ga dan rechtsaf bij het verkeerslicht – Just continue on this street and take a right at the traffic light

Other: Na zo'n 200 meter gaat u dan linksaf – After about 200 meters you take a left

Other: En dan ligt het min of meer recht voor u – And then it is right in front of you, more or less

You: Dank u wel! – Thank you so much!

Other: Geen dank. Veel plezier! - You're welcome. Have fun!

You: ik heb kaarten online gekocht - I bought tickets online

You: Moet ik dan nog steeds in de rij gaan staan om binnen te komen? - Do I still have to stand in line to get in?

Other: Nee hoor, juist niet. U kunt via die poort naar binnen - No, no, not at all. You can enter through that gate

Other: Daar scannen ze uw entreebewijzen - They will scan your admission tickets right there

You: Hoe laat mag de volgende groep naar binnen? - What time can the next group enter?

Other: Elke twintig minuten mogen er maximaal 40 mensen naar binnen - Every twenty minutes a maximum of 40 people can/may enter

You: O jee, en er zijn zoveel mensen! - Oh my, there are so many people!

Other: Daarom reguleren we de stroom bezoekers - That's why we regulate the flow of visitors

Other: Anders heeft u weinig plezier van uw bezoek hier - If not, you won't enjoy your visit much here

Other: En dat is niet de bedoeling - And that's not what we want

You: Nou, vooruit dan maar. Ik had niet gedacht dat het zo druk zou zijn... - Oh well, all right. I didn't think it would be that crowded...

Other: Alleen 's winters is het rustiger - Only in winter it is quieter

Vocabulary - Sightseeing

Alleen - only

de bedoeling - intention/purpose

bezoeken - to visit

de bezoeker - visitor

binnenkomen/-gaan - to get in/to enter

het entreekaartje - entry ticket

het entreebewijs - admission ticket

de informatie - information

doen - to do

druk (= veel mensen) - crowded

druk (= machines) - pression/pressure

druk (= veel werk) - busy

druk (= karakter) - zappy/lively/active

de druk (= boek etc) - print

de gids - brochure/guide

het gidsje - booklet

in de herfst - in autumn

het kantoor - office

in de lente - in spring

leuke dingen om te zien - sightseeing

linksaf gaan - to take a left

oh jee! - oh my!

ongeveer - about

meer (= niet meer) - anymore

min of meer - more or less/so to speak

niet ver - not far

plezier hebben - to have fun

de poort - gate

recht voor u(w neus) - right in front of you

rechtsaf gaan - to take a right

het rek - rack

reguleren – to regulate

reserveren – to make a reservation/to book

de rij – line

rustig – quiet

de straat – street

de stroom – flow

de stroom – electricity

tijd schelen – to save time

scannen – to scan

veel plezier – have fun

ver – far

verderop – away

vlakbij – nearby

volgen – to follow

de VVV – tourist information office

weg – away

's winters – in winter

's zomers – in summer

Some Sayings and Proverbs

Like any language, Dutch has a lot of proverbs and sayings. Some are centuries old, half a century old, or still in use and considered "old-fashioned." Language is alive and continuously changing.

Now it is time to conclude your basic learning of Dutch with a few common sayings and proverbs.

As mentioned, not everybody will understand your Dutch right away. If your pronunciation is not the way it should be, some Dutch people might not understand you. However, don't worry about it too much, you will get there. Besides, your Dutch might be way better than their French, Russian, Chinese, Greek, Bahasa, or whatever your native language is!

A few sayings:

Een foto zegt meer dan 1,000 woorden - A picture is worth 1,000 words

Het ijs breken - To break the ice

Appels met peren vergelijken - Comparing apples to oranges

Achter de wolken schijnt de zon - Every cloud has a silver lining

Wat niet weet, dat niet deert - Ignorance is bliss

Je kunt niet alles hebben - You can't have your cake and eat it too

De stilte voor de storm - The calm before the storm

Zo gezond als een vis - Fit as a fiddle

Door dik en dun - In good times and in bad times

Tijd is geld - Time is money

Beter laat dan nooit - Better late than never

Een goed begin is het halve werk - Well begun is half done

Als je over de duivel praat! - Speak of the devil!

And proverbs:

Iets met een korreltje zout nemen - Take it with a grain of salt

Beter één vogel in de hand dan tien in de lucht - A bird in the hand is worth two in the bush

De huid niet verkopen voordat de beer geschoten is - Don't count your chickens before they hatch

Twee vliegen in één klap - Kill two birds with one stone

Een storm in een glas water - A storm in a teacup

Haastige spoed is zelden goed - Haste makes waste

Geen slapende honden wakker maken - Let sleeping dogs lie

De pot verwijt de ketel dat hij zwart ziet - The pot calling the kettle black

Van de wal in de sloot - Out of the frying pan and into the fire

Tiny Tasks Answers

#1:

13 = dertien; 8 = acht; 27 = zevenentwintig; 63 = drieënzestig; 78 = achtenzeventig; 104 = honderdvier; 12 = twaalf; 140 = honderdveertig; 549 = vijfhonderdnegenenveertig; 636 = zeshonderdzesendertig; 244 = tweehonderdvierenveertig; 82 = tweeëntachtig

#5:

Conjugation of some verbs:

Bedoelen = ik bedoel, jij/u bedoelt, hij/zij/het bedoelt, wij/jullie/zij bedoelen

Bouwen = ik bouw, jij/u bouwt, hij/zij/het bouwt, wij/jullie/zij bouwen

Branden = ik brand, jij/u brandt, hij/zij/het brandt, wij/jullie/zij branden

Drinken = ik drink, jij/u drinkt, hij/zij/het drinkt, wij/jullie/zij drinken

Huilen = ik huil, jij/u huilt, hij/zij/u huilt, wij/jullie/zij huilen

Kijken = ik kijken, jij/u kijkt, hij/zij/het kijkt, wij/jullie/zij kijken

Lachen - ik lach, jij/u lacht, hij/zij/het lacht, wij/jullie/zij lachen

Rijden = ik rijd, jij/u rijdt, hij/zij/het rijdt, wij/jullie/zij rijden

Vloeien = ik vloei, jij/u vloeit, hij/zij/het vloeit, wij/jullie/zij vloeien

Voeren = ik voer, jij/u voert, hij/zij/het voert, wij/jullie/zij voeren

Wandelen = ik wandel, jij//u wandelt, hij/zij/het wandelt, wij/jullie/zij wandelen

#6:

Making sentences:

Hij eet een lekkere maaltijd

Wij planten allerlei bloemen

Jij leest een goede krant

Ik was de vuile kleren

Zij drinkt warme thee

Jullie strijken het blauwe overhemd

Ik schrijf een lange brief

Jij geeft een klein cadeau

Zij hebben een grote hond

Ik koop nieuwe schoenen

#8:

Past tense (ovt) of the following verbs:

koken - kookte

wonen - woonde

fietsen - fietste

rollen - rolde

draaien - draaide

fotograferen - fotografeerde

graaien - graaide

lachen - lachte

sjouwen - sjouwde

Conclusion

Congratulations on making it through to the end of this book! Hopefully, you found it both insightful and fun!

Learning a language is just like learning to drive. You start with the basics, then practice, practice, and practice some more. And soon enough, you have mastered the art!

Now, you can engage in Dutch conversations and experiences, and put all your newly acquired knowledge to the test.

Veel succes! Good luck!

Acknowledgements

This book could not have been written without the following websites:

https://onzetaal.nl/taaladvies

www.ikschrijfbeter.nl

www.uilentaal.wordpress.com

www.leerboek.nl

www.mijnwoordenboek.nl

www.ef.nl

Part 2: Mastering Dutch Words:

Increase Your Vocabulary with Over 3,000 Dutch Words in Context

Introduction

Learning a new language is no walk in the park. However, there are many ways to make it a lot easier. A vital part—that can help anyone to improve their knowledge about a language, even though they know nothing about it—is vocabulary. Not only will this make it more straightforward for you to start communicating, but it can also be the gateway for making yourself clear to people in a different country.

That is why increasing your vocabulary is a significant first step. With over 3,000 Dutch words in this book, you can be sure that this will be a fantastic start to mastering Dutch. What makes it even better is that this guide explains the words to you in context. For every one, you will get a small example in the form of a sentence. This will help you to understand what the word means and how it should be used.

When putting this list together, it was important to use essential Dutch words. By choosing over 3,000 of them, which are frequently used via all kinds of media, you can be sure that all these words are useful. They will be a real addition to your Dutch vocabulary because, in the end, there is no real point in learning words that are barely being used.

As you will notice throughout the book, some words are the same in Dutch and English, and sometimes multiple words can be used for the same word in English. The funny thing is that this is the same the other way around. However, quite often, there is a difference in the context or way it has to be used. So pay close attention!

About the Dutch language

Over 23 million people in the world consider Dutch their mother tongue. They live in a number of countries, which shows how the language reaches far beyond the Netherlands and parts of Belgium. It is an official language in five countries, and besides the 23 million native speakers, there are around 4 million people who speak Dutch as a second language.

Because Dutch is a Germanic language, it has plenty of similarities with other languages. Good examples are German—the one it is most similar to—and, very importantly, English! As mentioned, some words are the same, while others only have slight differences. This is in contrast to other languages—like the Latin ones—which gives both Dutch and the English speakers learning the language a big advantage, as overall, it's a simpler learning process. Thus, Dutch is considered one of the easiest foreign languages to learn. On top of that, it can be a great step towards learning German. The German language is a bit harder to learn but also very similar.

Dutch is spoken in the Netherlands and parts of Belgium. In Surinam, the greater Netherlands, Antilles, and Aruba, it is also an official language. Besides these places, Dutch is still being spoken in parts of Indonesia. The language Afrikaans, mostly spoken in South Africa, is an offshoot of the Dutch language. This is why lots of Dutch people will understand large parts of it.

In plenty of other countries, Dutch is not an official language, but many people still speak it. Examples are Germany, the United States, Canada, France, Spain, Australia, and New Zealand. Most of this has to do with the colonial history of the Dutch and the big communities of Dutch people living in countries worldwide. Besides all the places where Dutch is being spoken, there are plenty of accents within the language. A person from Friesland, for example, a province in the northern part of the Netherlands, will sound completely different than a Dutch speaker from Belgium. However, this guide won't go into any of the dialects. This way you can be sure people will understand you in any of these places, even though they might talk in a different accent among other people from the same area.

As you have probably noticed, the Dutch language has a broad reach all over the world. This, combined with the opportunities it opens up for learning other languages, makes learning it even more appealing. If you are planning to visit places in the Netherlands or any other destinations where Dutch is spoken, you have an even better reason to give it a try! Luckily you have found the perfect book to get you started. While increasing your vocabulary, you will also learn plenty of things about the countries and culture surrounding the language. How? Find out right now!

About this book and what it will teach you

Everyone who has ever learned a new language or tried to do so will probably agree with the next part. Things like grammar, verbs, and nouns are not the most important part—they will bore people within a short amount of time. Sadly, the result is usually that people not only get bored but also do not understand and soon lose the inspiration to continue. Since this is not at all necessary, this guide will do things a little differently.

Firstly, by focusing on vocabulary, everyone will start to understand things quickly. Secondly, no one will be bored and have the feeling that they are wasting their time. In fact, learning any new language will soon become more fun. This will stimulate students to keep going and further expand their vocabulary. As this book will focus on frequently used words, everyone can be sure that what they learn is extremely useful. However, there is more...

The following benefits are also a large part of why vocabulary is the key to learning a new language:

- With a larger vocabulary, learning new words becomes easier;

- After mastering the vocabulary, focusing on other aspects of the language gets simpler;
  - It helps to be creative and use words in many ways;
  - Learning vocabulary is the fastest way to express yourself;
  - Increases the motivation to continue learning a language.

All these elements make it quite easy to understand why an extended vocabulary will help anyone in any language. Not to mention that in this particular guide, you will learn the most frequently used Dutch words in context—a total of more than 3,000 of them. But why stop at 3,000? There are many more. You will be given the tools to get started on building that vast vocabulary.

A few recommendations for how to use this book

Almost there! You are about to start your journey towards mastering the Dutch language. But first, here are a few tips. By following these, the ins and outs of Dutch will become even more straightforward to absorb. So feel free to use them at any given time:

1. Find a partner to learn and study with. This makes it easier and a lot more fun to practice. Even better, you can help each other work on some flaws and go to a higher level.

2. Try to be creative with all the content you will find in this book. With all the stuff there is to learn, you can shake things up a little. Once you feel comfortable, start using the words and sentences in your own way.

3. In case you find any names, cities, or places that you have never previously heard of, look them up, and read about them! This will not only help you to understand the language, but it will also increase your knowledge about the culture, history, and location of these spots. A win-win-win-win, so to speak.

4. When you come to the point where you start to see some patterns and recognize words that you see often, take advantage. Try to memorize them right away by writing them down. Also, try to

process them in your own writing. Once you start to really get it, try writing short stories or a poem, for instance.

5. Use this book in whichever way is most convenient for you. It does not matter if you like to repeat parts many times, or completely change the order in which you go through it. As long as you choose or find a method that you are comfortable with, you will get the most out of it.

Now that you know all this, the time has finally come to *Increase Your Vocabulary with Over 3,000 Dutch Words in Context.* Good luck and enjoy yourself as much as possible. As the Dutch like to say:

Veel Succes (Good luck)!

Chapter 1

Before you get started, remember that this list of over 3,000 Dutch words has been arranged according to the frequency of use for these words. They are mostly used in books, in the media—like on television—and in movies. In case you want to *spice things up*, do not hesitate to rearrange the order in any way you like.

First, you will see each **word** in **Dutch**, followed by the **translation of that word** in **English**. Then, you will see **two examples** in short sentences. Once again, first in **Dutch**, followed by the same sentence in **English**. Sounds simple, right? That's because it is!

1. Ik - I

Ik werd in Nederland geboren.

I was born in the Netherlands.

2. Je - You

Hoe gaat het met **je**?

How are **you** doing?

3. Het - It

Maak **het** de beste dag ooit.

Make **it** the best day ever.

4. De – The

De beste pannenkoeken eet je hier.

The best pancakes you will eat here.

5. Dat – That

Zorg **dat** de cijfers kloppen!

Make sure **that** the numbers are correct!

6. Is – Is

Wat **is** je favoriete kleur?

What **is** your favorite color?

7. Niet – Not

Het leven is **niet** makkelijk.

Life is **not** easy.

8. Een – A

Wat **een** prachtige jurk.

What **a** beautiful dress

9. En – And

Ik wil gaan winkelen **en** eten.

I want to go shopping **and** have dinner.

10. Wat – What

Wat is je favoriete vakantiebestemming?

What is your favorite holiday destination?

11. Van – From

Die kinderen komen **van** een goed gezin.

Those kids are **from** a good family.

12. We – We

We zijn de beste studenten van onze klas.

We are the best students in our class.

13. Ze - She
Het is geen geheim dat **ze** van winkelen houdt.

It's no secret that **she** loves shopping.

14. Hij - He
Omdat **hij** de slimste van allemaal is.

Because **he** is the smartest of all.

15. In - In
Ik woon **in** Den Haag.

I live **in** The Hague.

16. Maar - But
Ik snap de beslissing, **maar** waarom nam je deze niet eerder?

I understand the decision, **but** why didn't you take it sooner?

17. Er - There
Er is een mooi park vlakbij.

There is a beautiful park nearby.

18. Op - On
Ik rijd **op** de snelweg.

I'm driving **on** the highway.

19. Zijn - To be
Het is leuk om hier te **zijn**.

It's nice **to be** here.

20. Te - Too
Er is **te** veel tijd.

There is **too** much time.

21. Mij – Me
Zij slaapt bij **mij**.
She sleeps with **me**.

22. Heb – Have
Ik **heb** een mooie keuken.
I **have** a nice kitchen.

23. Met – With
We zijn **met** de hele klas.
We are **with** the entire class.

24. Voor – For
Voor de eerste keer, was ik buiten.
For the first time, I was outside.

25. Als – As
Ik kan **als** jonge man veel doen.
I can do a lot **as** a young man.

26. Ben – Am
Daarom **ben** ik een geweldige kok
That's why I **am** a great cook.

27. Was – Was
Het **was** het een leuk feest gisteren.
It **was** a fun party yesterday.

28. Dit – This
Waarom is **dit** zo'n duur schilderij?
Why is **this** such an expensive painting?

29. Hier – Here
Het is **hier** koud.
It's cold **here**.

30. Jij – You

Wat **jij** het liefste wil, gaan we doen.

Whatever **you** like best, we will do.

31. Naar – To

We gaan **naar** Frankrijk om te werken.

We're going **to** France to work.

32. Om – To

Het is tijd **om** volwassen te worden.

It's time **to** become an adult.

33. Mijn – My

Jij bent **mijn** oudste kind.

You are **my** oldest child.

34. Weet – Know

Ik **weet** alles over mode.

I **know** everything about fashion.

35. Dan – Then

Eerst, gaan we naar het museum, **dan** naar de bioscoop.

First, we will go to the museum, **then** to the movies.

36. Kan – Can

Iedereen **kan** zich gratis registreren.

Everyone **can** register for free.

37. Nog – Yet

Het pakketje is er **nog** steeds niet.

The package has not **yet** arrived.

38. Wil – Want

Ik **wil** een wetenschapper worden.

I **want** to become a scientist.

39. Geen – No
Geen schijn van kans dat ik dat ga doen.
No chance at all I will do that.

40. Moet – Must
Hij **moet** een nieuw paspoort aanvragen.
He **must** apply for a new passport.

41. Zo – So
In Florida, is het weer **zo** lekker.
In Florida, the weather is **so** nice.

42. Aan – On
Zet de televisie **aan**.
Turn the television **on**.

43. Hem – Him
Iedereen is gek op **hem**.
Everybody loves **him**.

44. Heeft – Has
Hij **heeft** een goede kans om geselecteerd te worden.
He **has** a good chance of being selected.

45. Goed – Good
De toekomst ziet er **goed** uit.
The future's looking **good**.

46. Hebben – To have
Zij heeft geluk hem in haar leven te **hebben**.
She is lucky **to have** him in her life.

47. Ja – Yes
Hij zei **ja** tegen de aanbieding.
He said **yes** to the offer.

48. Hoe – How
Hoe ben je hier gekomen?
How did you get here?

49. Waar – Where
Weet iemand **waar** pizza vandaan komt?
Does anyone know **where** pizza originated from?

50. Nu – Now
Het is **nu** of nooit!
It's **now** or never!

51. Nee – No
Iedereen zei gelijk **nee**.
Everyone said **no** right away.

52. Haar – Her
Uiteindelijk is het **haar** eigen keuze.
In the end it's **her** own choice.

53. Ga – Go
Ga alsjeblieft alvast naar huis.
Please **go** home already.

54. Bent – Are
Jij **bent** de beste speler.
You **are** the best player.

55. Uit – From
Ik kom **uit** New York.
I'm **from** New York

56. Ook – Also
Mijn collegas komen **ook**.
My colleagues are **also** coming.

57. Over – About

Hij vertelde **over** zijn broer.

He was talking **about** his brother.

58. Doen – To do

Om dit werk te **doen**, moet je sterk zijn.

To be able **to do** this work, you have to be strong.

59. Gaan – Going

We **gaan** volgende week een stedentrip maken.

We're **going** to make a city trip next week.

60. Kom – Come

Ik **kom** altijd op tijd.

I always **come** on time.

61. Mij – Me

Geef **mij** een flesje water.

Give **me** a bottle of water.

62. Daar – There

Daar zul je de beste sushi eten.

There you will eat the best sushi.

63. Zou – Would

Zou het weer morgen beter zijn dan vandaag?

Would the weather be better tomorrow than today?

64. Bij – At

Zij ging **bij** hem thuis eten.

She went to eat **at** his place.

65. Al – Already

Het was **al** gedaan.

It was **already** done.

66. Of – Or
Kies je voor de trein **of** de bus?
Do you choose the train **or** the bus?

67. Jullie – Your
Het is **jullie** verantwoordelijkheid om het te regelen.
It's **your** responsibility to take care of it.

68. Ons – Us
Kom bij **ons** eten vanavond.
Come eat with **us** tonight.

69. Gaat – Going
Ze spelen zo goed; het **gaat** bijna vanzelf.
They are playing so well; it's almost **going** automatically.

70. Iets – Something
Deze winkel heeft **iets** voor iedereen.
This store has **something** for everyone.

71. Hebt – Have
Jij **hebt** mooie ogen.
You **have** beautiful eyes.

72. Zal – Shall
Ik **zal** mijn cijfers verbeteren.
I **shall** improve my scores.

73. Waarom – Why
Waarom zijn groenten goed voor je?
Why are vegetables good for you?

74. Had – Had
Jij **had** een mooie droom.
You **had** a beautiful dream.

75. 'n – a
Wat **'n** fantastische bruiloft.
What **a** beautiful wedding.

76. Meer – More
Door te leren, zul je veel **meer** te weten komen.
By learning, you will get to know a lot **more**.

77. Laat – Leave
Laat je handschoenen maar thuis; het is niet koud buiten.
Leave your gloves at home; it's not cold outside.

78. Doe – Do
Waar **doe** je het liefste hardlopen?
Where **do** you love to go running?

79. Wie – Who
Wie is de vriend van zijn zus?
Who is the boyfriend of his sister?

80. Moeten – Should
Zij **moeten** een inenting krijgen.
They **should** get a vaccination.

81. Deze – This
Deze beslissing maakte alles anders.
This decision made everything different.

82. Alles – Everything
Hij geeft **alles** aan zijn nabestaanden.
He **gives** everything to his relatives.

83. Kunnen – Can
Daar **kunnen** andere mensen nog wat van leren.
Other people **can** learn something from that.

84. Jou – You
Dat ligt aan **jou**.

That depends on **you**.

85. Toch – However
Toch is het beter om vegetarisch te eten.

However, it's better to eat vegetarian.

86. Echt – Real
Is dit van **echt** goud gemaakt?

Is this made of **real** gold?

87. Denk – Think
Ik **denk** elke seconde aan haar.

I **think** about her every second.

88. Zien – See
We **zien** wel wat er gebeurt.

We will **see** what happens.

89. Weg – Away
Zij ging **weg** met een kennis.

She went **away** with an acquaintance.

90. Alleen – Only
Dat kan **alleen** werken als je het echt wilt.

That can **only** work if you really want it.

91. Nooit – Never
Dat doelpunt gaat **nooit** tellen.

That goal will **never** count.

92. Door – Through

Voor reizen **door** de Verenigde Staten, is een elektronisch visum vereist.

For traveling **through** the United States, an electronic visa is required.

93. Mee – With

Ik zal met mijn vrienden **mee** reizen.

I will travel along **with** my friends.

94. Dus – So

Dus was het logisch niets te kopen.

So it made sense not to buy anything.

95. Man – Man

Hoe ziet de ideale **man** eruit?

What does the perfect **man** look like?

96. Eens – Once

Er was **eens** een...

Once upon a time...

97. Terug – Back

De weg **terug** duurde verschrikkelijk lang.

The way **back** took an awfully long time.

98. Komt aan – Arrives

Hij **komt** vandaag op het vliegveld **aan**.

He **arrives** at the airport today.

99. Misschien – Maybe

Er komt **misschien** snel een einde aan de samenwerking.

There will **maybe** soon come an end to the collaboration.

100. Laten – Let

We kozen ervoor hem zichzelf te **laten** zijn.

We chose to **let** him be himself.

101. Niets – Nothing

In de laatste minute, is het vaak alles of **niets**.

In the last minutes, it's often all or **nothing**.

102. Zei – Said

Niemand **zei** wat de bedoeling was.

Nobody **said** what was supposed to happen.

103. Iemand – Somebody

Iedereen zal **iemand** meenemen naar het bal.

Everyone will take **someone** to the dance.

104. Hou – Hold

Hou je stevig vast in deze achtbaan.

Hold on tight in this roller coaster.

105. Oké – Alright

Het is hier **oké** om jezelf te zijn.

It's **alright** to be yourself here.

106. Veel – A lot

Hij verdient **veel** geld als piloot.

He earns **a lot** of money as a pilot.

107. Komen – Come

Ze mogen allemaal op mijn verjaardag **komen**.

They may all **come** to my birthday.

108. Weer – Again

Ondanks alle problemen, doet hij het **weer**.

Despite all the problems, he does it **again**.

109. Tot – Until
Ik ben **tot** woensdag weg.

I'm gone **until** Wednesday.

110. Zeg – Say
Ik **zeg** dat het niet waar is.

I **say** that it's not true.

111. Mensen – People
Er waren 70.000 **mensen** op het festival.

There were 70,000 **people** at the festival.

112. Toen – Then
Het was daar en **toen** waar hij haar vroeg hem te trouwen.

It was there and **then** when he asked her to marry him.

113. Zeggen – Saying
Alle advocaten **zeggen** hetzelfde.

All lawyers are **saying** the same.

114. Worden – Become
De jongens willen graag brandweermannen **worden**.

The boys would like to **become** firemen.

115. Onze – Our
Onze voorwaarden zijn duidelijk.

Our conditions are clear.

116. Zit – Sit
Ik **zit** graag in deze stoel.

I like to **sit** in this chair.

117. Z'n – His
Het is **z'n** eigen beslissing te verhuizen.

It's **his** own decision to move.

118. Mag – May
Je **mag** de bruid kussen.
You **may** kiss the bride.

119. Kijk – Look
Ik **kijk** graag naar de vogels in het bos.
I like to **look** at the birds in the forest.

120. Leven – Live
Hij heeft nog maar een paar jaar te **leven**.
He only has a few years to **live**.

121. Heel – Very
De verkiezingsuitslag was **heel** verdeeld.
The election results were **very** divided.

122. Nodig – Necessary
Helaas is het nemen van het medicijn voor hem dagelijks **nodig**.
Unfortunately, taking the medicine every day is **necessary** for him.

123. Tegen – Against
Iedereen is **tegen** de sluiting van het asiel.
Everyone is **against** the closing of the shelter.

124. Wordt – Will be
Met de invoering van de nieuwe wet, **wordt** alles anders.
With the introduction of the new law, everything **will be** different.

125. Gewoon – Ordinary
Dat is een heel **gewoon** gezin.
That is a very **ordinary** family.

126. Twee – Two
Wat is de wortel van **twee**?
What is the root of **two**?

127. Net – Quite
De nieuwe gordijnen passen **net** niet in de rails.

The new curtains don't **quite** fit in the rails.

128. Dood – Dead
Op sommige plekken, is **dood** zijn beter dan leven.

In some places, being **dead** is better than being alive.

129. Altijd – Always
Hij kan **altijd** nog gaan studeren.

He can **always** still go to college.

130. Weten – To know
Voor het proefwerk, moet je de sommen **weten**.

For the test, you need **to know** the sums.

131. Wij – We
Zeg dat **wij** naar Groningen gaan.

Say that **we** will go to Groningen.

132. Maken – To make
Een goed moment om koffie te **maken**.

A good moment **to make** coffee.

133. Tijd – Time
De **tijd** is Los Angeles verschilt 9 uur met Amsterdam.

The **time** in Los Angeles differs 9 hours from Amsterdam.

134. Gedaan – Done
Goed **gedaan**.

Well **done**.

135. Af – Off
In een voetgangersgebied, stap ik **af** van de fiets.

In a pedestrian area, I get **off** the bicycle.

136. Omdat – Because

Mijn voeten doen pijn **omdat** mijn schoenen te klein zijn.

My feet hurt **because** my shoes are too small.

137. Geef – Give

Ik **geef** veel geld aan goede doelen.

I **give** lots of money to charity.

138. Zeker – Sure

Zeker weten!

For **sure**!

139. Zie – See

Ik **zie** veel beter met die bril.

I **see** much better with those glasses.

140. Dag – Day

Morgen is een nieuwe **dag** vol kansen.

Tomorrow is a new **day** full of opportunities.

141. Doet – Doing

Hij **doet** het goed in de nieuwe band.

He is **doing** well in the new band.

142. Wacht – Wait

Ik **wacht** op het juiste moment.

I **wait** for the right moment.

143. Niks – Nothing

Niks is wat het lijkt.

Nothing is what it seems.

144. Kunt – Can

Je **kunt** stemmen op de nieuwe voorzitter.

You **can** vote for the new chairman.

145. Vrouw – Woman
Deze **vrouw** is speciaal.
This **woman** is special.

146. Huis – House
Na het hoogste bod, was het **huis** verkocht.
After the highest bid, the **house** was sold.

147. Allemaal – All
Ze kregen **allemaal** een diploma.
They **all** got a diploma.

148. Vader – Father
Ik ben **vader** van drie kinderen.
I'm a **father** of three kids.

149. Geld – Money
De aandelen zijn veel **geld** waard.
The shares are worth a lot of **money**.

150. Dacht – Thought
Hij **dacht** steeds terug aan zijn date.
He constantly **thought** about his date.

151. Anders – Differently
Zij gedraagt zich nu **anders**.
She behaves **differently** now.

152. Wilt – Want
Waar en wanneer je maar **wilt**.
Where and whenever you **want**.

153. Dank – Thanks
Ik spreek mijn **dank** richting iedereen uit.
I express my **thanks** to everyone.

154. Jaar – Year
2020 wordt het **jaar** van mijn leven.
2020 will be the **year** of my life.

155. Hun – Their
Orgaandonor worden is **hun** eigen keuze.
Becoming an organ donor is **their** own choice.

156. Zij – She
Zij praat altijd over makeup.
She always talks about makeup.

157. Willen – Want
We **willen** allemaal op televisie komen.
We all **want** to be on television.

158. Erg – Very
Zij wil **erg** graag model worden.
She would **very** much like to become a model.

159. Zitten – Sitting
Ze **zitten** op een bankje in het Vondelpark.
They are **sitting** on a bench in the Vondelpark.

160. Keer – Time
Deze **keer** was het anders.
This **time** it was different.

161. Jouw – Your
De foto staat op **jouw** telefoon.
The picture is on **your** phone.

162. Zoals – Such as
Het bedrijf ontwerpt dingen, **zoals** websites.
The company designs things, **such as** websites.

163. Wilde – Wanted

Zij **wilde** niets liever dan vluchten.

She **wanted** nothing more than to run away.

164. Niemand – Nobody

Niemand kocht de auto.

Nobody bought the car.

165. Iedereen – Everyone

Hier kan **iedereen** Nederlands leren.

Here **everyone** can learn Dutch.

166. Gezien – Seen

Zij hadden nog nooit zo'n goede danser **gezien**.

They had never **seen** such a good dancer.

167. Vind – Find

Ik **vind** de misdaadcijfers zorgelijk.

I **find** the crime rates worrisome.

168. Beter – Better

Na veel oefening, wordt het **beter**.

After lots of practice, it will get **better**.

169. Werk – Work

Het ergste is dat het **werk** morgen doorgaat.

The worst thing is that the **work** will continue tomorrow.

170. Binnen – Inside

Hij zag, eenmaal **binnen**, veel bekende gezichten in de discotheek.

Once **inside** the club, he saw lots of familiar faces.

171. Bedankt – Thanks

Bedankt voor de mooie bloemen.

Thanks for the lovely flowers.

172. Spijt – Regret

Enige **spijt** over mijn keuzes heb ik nooit gehad.

I never had any **regret** about my choices.

173. Vast – Fixed

De rente voor de hypotheek staat **vast**.

The interest rate for the mortgage is **fixed**.

174. Neem – Take

Ik **neem** mijn succes niet voor lief.

I don't **take** my success for granted.

175. Andere – Other

Staan er nog **andere** opties op het menu?

Are there any **other** options on the menu?

176. Staat – Stands

Hij **staat** voor de spiegel.

He **stands** in front of the mirror.

177. Moeder – Mother

Niemand kan koken als mijn **moeder**.

No one cooks like my **mother**.

178. Zullen – Will

Zij **zullen** de volgende wedstrijd beter spelen.

They **will** play better the next game.

179. Waren – Were

Wij **waren** de eersten aan boord.

We **were** the first ones on board.

180. Maak – Make

Ik **maak** er wat moois van.

I will **make** something nice out of it.

181. Praten – To talk
Het is tijd om over die promotie te **praten**.

It's time **to talk** about that promotion.

182. Eén – One
Er kan maar **één** winnaar zijn.

There can only be **one** winner.

183. Kon – Could
Ik **kon** het niet langer inhouden.

I **could** not hold it any longer.

184. Mooi – Beautiful
Hij heeft **mooi** hair.

He has **beautiful** hair.

185. Hele – Whole
Dit evenement duurt de **hele** dag.

This event lasts the **whole** day.

186. Genoeg – Enough
Ik heb **genoeg** patat gegeten.

I ate **enough** fries.

187. Vinden – Find
Met pasen proberen we eieren te **vinden**.

With Easter we try to **find** eggs.

188. Lang – Long
Een marathon duurt erg **lang**.

A marathon takes a really **long time**.

189. Leuk – Fun
Naar de speeltuin gaan is **leuk**.

Going to the playground is **fun**.

190. Wist – Knew
Zij **wist** niets van zijn verleden.
She **knew** nothing about his past.

191. Na – After
Na het hoofdgerecht komt het toetje.
After the main course comes dessert.

192. Graag – Gladly
Ik kom de meubels **graag** brengen.
I will **gladly** drop off the furniture.

193. Toe – To
Ik kom direct naar je **toe**.
I will come **to** you right now.

194. Helpen – To help
Ik kom graag als vrijwilliger **helpen**.
I would like **to help** as a volunteer.

195. Zegt – Says
Hij **zegt** steeds wat anders.
He **says** something different all the time.

196. Elkaar – Each other
Zij zijn aan **elkaar** verbonden.
They are connected to **each other**.

197. Ziet – Sees
Oma **ziet** niets zonder bril.
Grandma **sees** nothing without glasses.

198. Blijf – Stay
Blijf je vannacht bij mij?
Will you **stay** with me tonight?

199. Natuurlijk – Of course
Natuurlijk ga ik slagen voor het examen.
Of course I will pass the exam.

200. God – God
Iedereen hier gelooft in **God**.
Everyone here believes in **God**.

201. Klaar – Ready
Ben je **klaar** om te vertrekken?
Are you **ready** to leave?

202. Bedoel – Mean
Wat **bedoel** je met die vraag?
What do you **mean** with that question?

203. Hallo – Hello
Hallo, allemaal!
Hello, everybody!

204. Sorry – Sorry
Sorry voor de geluidsoverlast.
Sorry about the noise.

205. Helemaal – Totally
Ik word **helemaal** gek.
I'm going **totally** crazy.

206. Maakt – Makes
Hij **maakt** al zijn fouten goed.
He **makes** up for all his mistakes.

207. Gek – Crazy
De leraar is **gek**.
The teacher is **crazy**.

208. Alle – All

Ik kijk **alle** soorten films graag.

I like seeing **all** kinds of movies.

209. Luister – Listen

Welke muziek **luister** jij naar?

To which music do you **listen**?

210. Drie – Three

Ik heb **drie** echte vrienden.

I have **three** real friends.

211. Geweest – Been

Daar zijn we vorig jaar **geweest**.

We have **been** there last year.

212. Meneer – Mister

Een compliment aan **Meneer** Jones.

A compliment to **Mister** Jones.

213. Werd – Became

Na het incident, **werd** hij steeds verdrietiger.

After the incident, he **became** more and more sad.

214. Blijven – Staying

Alleen **blijven** is nooit leuk.

Staying alone is never fun.

215. Zonder – Without

Alles is saai **zonder** jou.

Everything is boring **without** you.

216. Hoor – Hear

Met een gehoorapparaat, **hoor** je beter.

With a hearing aid, you **hear** better.

217. Dingen – Things
Ze heeft een andere kijk op **dingen**.
She has a different view of **things**.

218. Ging – Went
Zij **ging** via de andere route.
She **went** via the other route.

219. Houden – Keeping
Ze gaan de tent **houden**.
They're **keeping** the tent.

220. Alsjeblieft – Please
Was **alsjeblieft** je handen.
Please wash your hands.

221. Krijgen – Getting
Alle deelnemers **krijgen** bloemen.
All participants are **getting** flowers.

222. Kijken – Watching
Op zondag Netflix **kijken** is heerlijk.
Watching Netflix on a Sunday is lovely.

223. Vriend – Friend
James is mijn beste **vriend**.
James is my best **friend**.

224. Grote – Great
Hij hoort tussen de **grote** spelers.
He belongs to the **great** players.

225. Idee – Idea
Wat een creatief **idee**.
What a creative **idea**.

226. Kwam – Came

Ik **kwam**, zag, en overwon.

I **came**, saw, and conquered.

227. Bang – Afraid

Ik ben **bang** voor de heksen met Halloween.

I'm **afraid** of the witches during Halloween.

228. Steeds – Always

Hij stelt **steeds** teleur.

He **always** disappoints.

229. Geven – Giving

Dit is het seizoen van **geven**.

This is the season of **giving**.

230. Kinderen – Kids

Het stel wil nu **kinderen**.

The couple wants **kids** now.

231. Achter – Behind

Hij loopt altijd een paar stappen **achter**.

He is always a few steps **behind**.

232. Eerste – First

Dit was de **eerste** test.

This was the **first** test.

233. Naam – Name

Wat een mooie **naam**!

What a beautiful **name**!

234. Zo'n – Such

Het is **zo'n** mooie dag.

It's **such** a beautiful day.

235. Vertellen – Telling

Zij is gek op mooie verhalen **vertellen**.

She loves **telling** beautiful stories.

236. Snel – Quickly

Ik maak het geld **snel** over.

I will transfer the money **quickly**.

237. Onder – Under

We varen **onder** de brug.

We're sailing **under** the bridge.

238. Zag – Saw

Ik **zag** het verschil.

I **saw** the difference.

239. Wanneer – When

Wanneer begint de zomer?

When will the summer start?

240. Auto – Car

Een Porsche is een luxe **auto**.

A Porsche is a fancy **car**.

241. Ie – He

Waar gaat **ie** heen?

Where is **he** going?

242. Beetje – Bit

De patiënten worden al een **beetje** beter.

The patients are getting a **bit** better already.

243. Eten – Food

In Italië, is het **eten** heerlijk.

In Italy, the **food** is delicious.

244. Vragen – Questions
Stel je **vragen** op de website.
Ask your **questions** on the website.

245. Gebeurd – Happened
Er is veel **gebeurd** tussen ons.
A lot has **happened** between us.

246. Zelf – Yourself
Doe je het liever **zelf**?
Would you prefer to do it **yourself**?

247. Vraag – Question
Een **vraag** stellen is gratis.
Asking a **question** is free.

248. Jongen – Boy
Hij is een vrolijke **jongen**.
He is a happy **boy**.

249. Paar – Couple
Ik heb een **paar** boeken gekocht.
I bought a **couple** of books.

250. Ken – Know
Hoe **ken** je mijn broer?
How do you **know** my brother?

Chapter 2

251. Deed – Did

Tijdens de ceremonie, **deed** hij vreemde dingen.

During the ceremony, he **did** strange things.

252. Kun – Can

Kun je dat herhalen?

Can you repeat that?

253. Lijkt – Looks

Zij **lijkt** precies op haar vader.

She **looks** exactly like her dad.

254. Verdomme – Dammit

Verdomme, ik heb het je nog gezegd!

Dammit, I told you so!

255. Morgen – Tomorrow

Het wordt **morgen** regenachtig.

It will be rainy **tomorrow**.

256. Staan – Stand

Ik moest in de rij **staan** om binnen te komen.

I had to **stand** in line to get in.

257. Zorgen – Worries

Ik maak me veel **zorgen** om mijn baan.

I have lots of **worries** about my job.

258. Wil – Want

Wat **wil** je van me?

What do you **want** from me?

259. Nieuwe – New

Hun **nieuwe** album wordt volgende week uitgebracht.

Their **new** album will be released next week.

260. Gezegd – Said

Er is genoeg **gezegd**.

Enough has been **said**.

261. Thuis – Home

Sara werkt **thuis**.

Sara works from **home**.

262. Laatste – Last

De **laatste** ronde.

The **last** call.

263. Heen – Going

Waar gaan jullie **heen**?

Where are you **going**?

264. Geloof – Believe

Ik **geloof** in complottheorieën.

I **believe** in conspiracy theories.

265. Geweldig – Amazing
Het was een **geweldig** jaar.
It was an **amazing** year.

266. Wereld – World
Wat een prachtige **wereld**.
What a wonderful **world**.

267. Nemen – Take
Het was tijd om het verlies te **nemen**.
It was time to **take** the loss.

268. Hadden – Had
We **hadden** veel gemeen.
We **had** a lot in common.

269. Zelfs – Even
Ik kan het **zelfs** zonder te kijken.
I can **even** do it without looking.

270. Jongens – Boys
De **jongens** spelen voetbal.
The **boys** are playing soccer.

271. Meisje – Girl
Ben je verliefd op dat **meisje**?
Are you in love with that **girl**?

272. Mannen – Men
Veel **mannen** hebben nu een baard.
Many **men** now have a beard.

273. Denken – Thinking
Anders **denken** maakt je bijzonder.
Thinking differently makes you special.

274. Enige – Only
Het is de **enige** leuke winkel.
It's the **only** nice store.

275. Vertel – Tell
Vertel me het verhaal.
Tell me the story.

276. Denkt – Thinks
Hij **denkt** veel aan zijn moeder.
He **thinks** a lot about his mother.

277. Krijg – Receive
Iedere bezoeker **krijgt** een cadeau.
Every visitor will **receive** a gift.

278. Samen – Together
Samen staan we sterker.
Together we are stronger.

279. Vandaag – Today
Vandaag gaan we alles anders doen.
Today we will do everything differently.

280. Hoop – Hope
Ik heb **hoop** op betere tijden.
I have **hope** for better times.

281. Halen – Getting
Hij gaat een patatje **halen**.
He's **getting** some fries.

282. Buiten – Outside
Buiten sporten is heerlijk.
Working out **outside** is lovely.

283. Eerst – First

Ik ga **eerst** douchen.

I'm going to shower **first**.

284. Eigen – Own

Andy is een **eigen** bedrijf begonnen.

Andy started his **own** company.

285. Rustig – Calm

De student heeft een **rustig** karakter.

The student has a calm **personality**.

286. Horen – Hearing

Het verschil **horen** is belangrijk.

Hearing the difference is important.

287. Soms – Sometimes

Soms ben ik verdrietig.

Sometimes I am sad.

288. Uur – Hour

Iedere **uur** telt.

Every **hour** counts.

289. Zoon – Son

Mijn **zoon** is mijn grootste trots.

My **son** is my biggest pride.

290. Politie – Police

Zij worden achtervolgd door de **politie**.

They're being chased by the **police**.

291. Houdt – Keeps

Hij **houdt** problemen voor zichzelf.

He **keeps** problems to himself.

292. Probleem – Problem
Schulden zijn het grootste **probleem**.
Debts are the biggest **problem**.

293. Zat – Sat
Ik **zat** in de klas naast haar.
I **sat** next to her in class.

294. Heet – Hot
In juli, wordt het erg **heet**.
In July, it gets very **hot**.

295. Gevonden – Found
Ze hebben elkaar eindelijk **gevonden**.
They finally **found** each other.

296. Open – Open
De supermarkt is altijd **open**.
The supermarket is always **open**.

297. Vermoord – Killed
Hij heeft twee mensen **vermoord**.
He **killed** two people.

298. Bijna – Almost
Die keuze werd hem **bijna** fataal.
That decision **almost** killed him.

299. Kind – Child
Zij is hun eerste **kind**.
She is their first **child**.

300. Vrienden – Friends
We hebben **vrienden** over de hele wereld.
We have **friends** all over the world.

301. Geeft - Gives
Hij **geeft** veel geld aan goede doelen.

He **gives** a lot of money to charity.

302. Zouden - Would
Is het waar dat we vanavond **zouden** afspreken?

Is it true that we **would** meet tonight?

303. Gelijk - Equal
Iedereen is **gelijk**.

Everyone is **equal**.

304. Geleden - Ago
Die reis was jaren **geleden**.

That trip was years **ago**.

305. Hen - Them
We bellen **hen** iedere week.

We call **them** every week.

306. Gebeurt - Happens
Dat **gebeurt** bijna iedere keer.

That **happens** almost every time.

307. Elke - Every
Sabrina wil **elke** keer aan nieuw kapsel.

Sabrina wants a new haircut **every** time.

308. Pas - Pass
Ik kom sneller binnen met mijn VIP **pas**.

I can enter faster with my VIP **pass**.

309. Krijgt - Gets
Iedereen **krijgt** een ander gerecht.

Everyone **gets** a different dish.

310. Precies – Exactly
Het gebeurde **precies** een jaar geleden.
It happened **exactly** one year ago.

311. Begrijp – Understand
Ik **begrijp** veel tijdens wiskunde.
I **understand** a lot during math.

312. Wachten – Waiting
We **wachten** nog steeds op de betaling.
We're still **waiting** for the payment.

313. Verder – Further
Ze zijn **verder** naar het westen verhuisd.
They moved **further** west.

314. Voel – Feel
Ik **voel** me goed bij jou.
I **feel** good with you.

315. Vanavond – Tonight
Vanavond wordt extra speciaal.
Tonight, will be extra special.

316. Gehad – Had
Ik heb genoeg **gehad**.
I have had **enough**.

317. Zet – Put
Zet mij bovenaan de gastenlijst.
Put me on top of the guest list.

318. Alsof – Like
Het voelt **alsof** ik hier al jaren woon.
It feels **like** I have lived here for years.

319. Pak – Grab
Pak je kans!
Grab your chance!

320. Kant – Side
Ik heb een eigen **kant** van het bed.
I have my own **side** of the bed.

321. Eigenlijk – Actually
Hij was **eigenlijk** erg verlegen.
He was **actually** very shy.

322. Bel – Call
Ik **bel** alleen via Whatsapp.
I only **call** via Whatsapp.

323. Volgens – According
Volgens Maria, zit het anders.
According to Maria, it's different.

324. Werken – Working
Ik hou van **werken** als accountant.
I love **working** as an accountant.

325. Beste – Best
Het **beste** restaurant zit altijd vol.
The **best** restaurant is always packed.

326. Daarom – Therefore
Daarom deze maandelijkse update.
Therefore, this monthly update.

327. Familie – Family
Al mijn **familie** woont in Limburg.
My entire **family** lives in Limburg.

328. Haal – Get
Haal het maar uit je hoofd.
Get it out of your head.

329. Stop – Stop
Stop met rennen.
Stop running.

330. Vindt – Finds
Hij **vindt** overal oude spullen.
He **finds** old stuff everywhere.

331. Vroeg – Early
Danny is altijd **vroeg** wakker.
Danny always wakes up **early**.

332. Gehoord – Heard
Heb je dat nummer **gehoord**?
Have you **heard** that song?

333. Probeer – Try
Probeer dit niet thuis.
Don't **try** this at home.

334. Dagen – Days
De **dagen** in de zomer worden langer.
The **days** are getting longer in summer.

335. Eruit – Out
Hij stapte **eruit**.
He stepped **out**.

336. Volgende – Next
Wat doe je **volgende** week?
What are you doing **next** week?

337. Worden – Become
Ik wil graag brandweerman **worden**.

I would like to **become** a fireman.

338. Hoeveel – How much
Hoeveel eet jij dagelijks?

How much do you eat daily?

339. Ding – Thing
Wat een lelijk **ding**.

What an ugly **thing**.

340. Schiet – Shoot
Schiet de bal.

Shoot the ball.

341. Vijf – Five
Kies **vijf** getallen.

Choose **five** numbers.

342. Spreken – Speaking
Ik hou van publiek **spreken**.

I like **speaking** in public.

343. Helpen – Help
Kun je me **helpen** kiezen?

Can you **help** me choose?

344. Gemaakt – Made
Ik heb een taart **gemaakt**.

I **made** a cake.

345. Blij – Happy
Hij is altijd **blij**.

He is always **happy**.

346. Ligt – Lies
Zij **ligt** op haar rug.
She **lies** on her back.

347. Prima – Fine
Ik voel me **prima**.
I'm feeling **fine**.

348. Lekker – Delicious
De snacks zijn erg **lekker**.
The snacks are very **delicious**.

349. Kamer – Room
Geef mij de grootste **kamer**.
Give me the biggest **room**.

350. Hoofd – Head
Hij is het **hoofd** van de afdeling.
He is the **head** of the department.

351. Oude – Old
Wat een mooie **oude** stad.
What a beautiful **old** city.

352. Zoeken – Search
Kun je me helpen **zoeken**?
Can you help me **search**?

353. Stad – City
Utrecht is een leuke **stad**.
Utrecht is a fun **city**.

354. Werkt – Works
David **werkt** op de personeelsafdeling.
David **works** in the HR department.

355. Vond – Found
Ik **vond** veel oude spullen.

I **found** lots of old things.

356. Geloven – Believe
Hij kon zijn ogen niet **geloven**.

He couldn't **believe** his eyes.

357. Kleine – Little
Ze kochten een **kleine** boot.

They bought a **little** boat.

358. Slecht – Bad
Anna voelt zich **slecht**.

Anna is feeling **bad**.

359. Pijn – Pain
Met **pijn** in mijn hart.

With **pain** in my heart.

360. Jezelf – Yourself
Je moet altijd **jezelf** blijven.

Always be **yourself**.

361. Blijft – Remains
Alles **blijft** hetzelfde.

Everything **remains** the same.

362. Kans – Opportunity
Zijn **kans** kwam uit het niets.

His **opportunity** came out of nowhere.

363. Schat – Guess
Ik **schat** in van niet.

I **guess** not.

364. Ogen – Eyes

Dat meisjes heeft mooie blauwe **ogen**.

That girl has beautiful blue **eyes**.

365. Welke – Which

Welke zender kijk je naar?

Which channel are you watching?

366. Verteld – Told

Hij heeft zijn hele levensverhaal **verteld**.

He **told** his entire life story.

367. Manier – Way

Zijn **manier** werkt het beste.

His **way** works best.

368. Ergens – Somewhere

Ergens anders, is het beter.

Somewhere else, it's better.

369. Mooie – Pretty

Er zijn veel **mooie** mensen.

There are lots of **pretty** people.

370. Moment – Moment

Het **moment** was zeer bepalend.

The **moment** was very decisive.

371. Kent – Knows

Harry **kent** echt iedereen.

Harry really **knows** everyone.

372. Breng – Bring

Ik **breng** altijd een traktatie mee.

I always **bring** a treat.

373. Tussen – Between
Ik twijfel **tussen** twee kleuren.

I'm doubting **between** two colors.

374. Brengen – Bringing
Victor gaat Nicole **brengen**.

Victor is **bringing** Nicole.

375. Spelen – Play
Ze **spelen** graag op de PlayStation.

They like to **play** on the PlayStation.

376. Deur – Door
Ik wil graag een stalen **deur** kopen.

I would like to buy a steel **door**.

377. School – School
Zij haatte de middelbare **school**.

She hated high **school**.

378. Minuten – Minutes
Het eten moet 30 **minuten** in de oven.

The food has to go in the oven for 30 **minutes**.

379. Vrouwen – Women
Het merk maakt kleding voor **vrouwen**.

The brand creates clothes for **women**.

380. Broer – Brother
Gerben heeft geen **broer**.

Gerben doesn't have a **brother**.

381. Boven – Upstairs
De badkamer is **boven**.

The bathroom is **upstairs**.

382. Water – Water
Heet **water** is niet overal beschikbaar.
Hot **water** is not available everywhere.

383. Dokter – Doctor
De **dokter** schreef een medicijn voor.
The **doctor** prescribed a medicine.

384. Land – Country
Frankrijk is een fascinerend **land**.
France is a fascinating **country**.

385. Vier – Four
Er zijn **vier** metrolijnen.
There are **four** subway lines.

386. Praat – Talking
Susan **praat** alsmaar door.
Susan keeps **talking** constantly.

387. Bed – Bed
Het **bed** in het hotel was verschrikkelijk.
The **bed** in the hotel was terrible.

388. Hulp – Help
De ouderen hebben **hulp** nodig.
The elderly need **help**.

389. Zaak – Case
De agenten kunnen de **zaak** niet oplossen.
The officers can't solve the **case**.

390. Klopt – Is Right
Wat Roy zegt **klopt**.
What Roy says **is right**.

391. Groot - Big

De huizen zijn **groot**.

The houses are **big**.

392. Juist - Correct

Dat antwoord is **juist**.

That answer is **correct**.

393. Week - Week

Jay speelt elke **week** poker.

Jay plays poker every **week**.

394. Dollar - Dollar

Een **dollar** is iets minder waard dan een euro.

One **dollar** is worth a little less than one euro.

395. Sta - Stand

Ik **sta** altijd achter mijn maten

I always **stand** behind my buddies.

396. Zoveel - So Many

Er zijn **zoveel** meningen over deze kwestie.

There are **so many** opinions regarding this issue.

397. Wees - Be

Wees aardig voor elkaar.

Be kind to each other.

398. Vrij - Free

Voel je **vrij** als een vogel.

Feel **free** as a bird.

399. Problemen - Problems

Het bedrijf overwon veel financiële **problemen**.

The company overcame many financial **problems**.

400. Later – Later

Ik kom iets **later** naar Amsterdam.

I will come to Amsterdam a little **later**.

401. Vergeten – Forgot

Martha is **vergeten** de kaart te sturen.

Martha **forgot** to send the card.

402. Vooruit – Forward

Snel **vooruit**.

Fast **forward**.

403. Kop – Head

Het dier heeft een grote **kop**.

The animal has a big **head**.

404. Bellen – Calling

Bellen is gratis via de cloud.

Calling is free via the cloud.

405. Hoeft – Have

Hij **hoeft** niet naar het park.

He doesn't **have** to go to the park.

406. Echte – Real

Bram houdt van **echte** gouden horloges.

Bram loves **real** gold watches.

407. Proberen – Trying

Hij blijft **proberen** zijn rijbewijs te halen.

He keeps **trying** to get his driving license.

408. Betekent – Means

Ze **betekent** niets voor mij.

She **means** nothing to me.

409. Papa – Dad

Papa krijgt een cadeau voor vaderdag.

Dad gets a present for Father's Day.

410. Soort – Kind

Ik ben gek op dat **soort** rijst.

I love that **kind** of rice.

411. Lopen – Walking

We **lopen** door de straten van Maastricht.

We're **walking** through the streets of Maastricht.

412. Snap – Get

Ik **snap** het niet.

I don't **get** it.

413. Mis – Miss

Mis je mij nog steeds?

Do you still **miss** me?

414. Zult – Will

Je **zult** Hollandse drop waarschijnlijk niet lekker vinden.

You **will** probably not like Dutch licorice.

415. Dochter – Daughter

Barbara heeft een **dochter**.

Barbara has a **daughter**.

416. Zorg – Care

De **zorg** voor haar familie is veel work.

The **care** of her family is lots of work.

417. Meteen – Immediately

Kom **meteen** naar huis!

Come home **immediately**!

418. Doden – Kill

In het spel, moet je tegenstanders **doden**.

In the game, you have to **kill** opponents.

419. Ervan – It

Niemand weet **ervan**.

No one knows about **it**.

420. Beginnen – Start

Nieuwe werknemers **beginnen** met het minimumloon.

New employees **start** at minimum wage.

421. Gebruiken – Use

Ik kan wel wat hulp **gebruiken**.

I can **use** some help.

422. Stel – Couple

Het **stel** leerde elkaar met Pasen kennen.

The **couple** met during Easter.

423. Handen – Hands

Je moet je **handen** wassen.

You have to wash your **hands**.

424. Mevrouw – Madam

Die **mevrouw** is erg aardig.

That **madam** is very kind.

425. Plaats – Place

Iedereen moet zijn **plaats** kennen.

Everyone has to know their **place**.

426. Leren – Learn

Schaken kan iedereen **leren**.

Everyone can **learn** to play chess.

427. Klootzak – Asshole
Zijn leraar is een **klootzak**.
His teacher is an **asshole**.

428. Alstublieft – Please
Doe **alstublieft** voorzichtig.
Please be careful.

429. Slapen – Sleep
Je moet acht uur per dag **slapen**.
You have to **sleep** eight hours a day.

430. Zoiets – Like That
Doe **zoiets** nooit meer.
Never do something **like that** again.

431. Liefde – Love
Liefde hangt in de lucht.
Love is in the air.

432. Vol – Full
Na het avondeten, zat ik **vol**.
After dinner, I was **full**.

433. Moeilijk – Hard
Bij het leger gaan is **moeilijk**.
It's **hard** to join the army.

434. Druk – Busy
Op kantoor, is het altijd **druk**.
At the office, it's always **busy**.

435. Tien – Ten
Tel tot **tien**.
Count to **ten**.

436. Mama – Mom
Niemand kookt als **mama**.
No one cooks like **mom**.

437. Voorbij – Over
De relatie is **voorbij**.
The relationship is **over**.

438. Gekomen – Came
Ik ben van ver **gekomen**.
I **came** from far.

439. Gelukkig – Happy
Golfen maakt me **gelukkig**.
Playing golf makes me **happy**.

440. Nacht – Night
Het wordt een lange **nacht**.
It will be a long **night**.

441. Verhaal – Story
Niels vertelt graag zijn **verhaal**.
Niels likes to tell his **story**.

442. Nummer – Number
Mag ik je **nummer**?
Can I have your **number**?

443. Zodat – So That
Ga alvast weg **zodat** je op tijd bent.
Leave already **so that** you will be on time.

444. Wakker – Awake
Ik was vanochtend al **wakker**.
I was already **awake** this morning.

445. Mogen – May
We **mogen** zijn zwembad gebruiken.
We **may** use his pool.

446. Hand – Hand
Steek je **hand** op voor vragen.
Raise your **hand** for questions.

447. Zes – Six
We zoeken **zes** kandidaten.
We're searching for **six** candidates.

448. Vergeet – Forget
Vergeet je taak niet.
Don't **forget** your task.

449. Zoek – Search
Ik **zoek** veel producten online.
I **search** for many products online.

450. Gebeuren – Happen
Morgen gaat het eindelijk **gebeuren**.
Tomorrow it will finally **happen**.

451. Sinds – Since
Sinds de basisschool weet ik al wat ik wil worden.
I have known what I want to become **since** elementary school.

452. Fijn – Fine
De stof is erg **fijn**.
The fabric is very **fine**.

453. Voordat – Before
Voordat we verder gaan nemen we pauze.
Before we continue, we will take a break.

454. Hoort – Belongs
Julian **hoort** in de gevangenis.

Julian **belongs** in jail.

455. Bezig – Busy
Ik hou mezelf constant **bezig**.

I keep myself **busy** constantly.

456. Hart – Heart
Een **hart** van goud.

A **heart** of gold.

457. Klein – Little
De lekkage is een **klein** probleem.

The leakage is a **little** problem.

458. Vermoorden – Murder
Hij probeerde zijn vijand te **vermoorden**.

He tried to **murder** his enemy.

459. Liggen – Lying
Jennifer houdt van op het strand **liggen**.

Jennifer loves **lying** on the beach.

460. Stoppen – Stop
Voor een rood stoplicht, moet je **stoppen**.

At a red traffic sign, you have to **stop**.

461. Straks – Later
Is goed, ik spreek je **straks**.

Alright, I will talk to you **later**.

462. Hetzelfde – The Same
Joyce drinkt altijd **hetzelfde**.

Joyce always drinks **the same**.

463. Drinken – Drinking
Alleen **drinken** is saai.
Drinking alone is boring.

464. Begin – Beginning
Het **begin** is het beste deel van het verhaal.
The **beginning** is the best part of the story.

465. Aardig – Nice
Verkopers zijn altijd **aardig**.
Salespeople are always **nice**.

466. Gaf – Gave
Ik **gaf** alleen mijn mening.
I only **gave** my opinion.

467. Eerder – Sooner
Kan je misschien **eerder** komen?
Can you maybe come **sooner**?

468. Ander – Another
Zijn ex heeft nu een **ander** persoon.
His ex has **another** person now.

469. Vent – Guy
Mijn oom is een aardige **vent**.
My uncle is a nice **guy**.

470. Waarheid – Truth
De **waarheid** komt altijd uit.
The **truth** always comes out.

471. Neer – Down
Hij sloeg hem **neer**.
He knocked him **down**.

472. Beneden – Downstairs

De wijn ligt **beneden** in de kelder.

The wine is **downstairs** in the basement.

473. Agent – Agent

Zijn **agent** regelt zijn contract.

His **agent** takes care of his contract.

474. Zaken – Business

We spreken over veel **zaken**.

We talk about a lot of **business**.

475. Bloed – Blood

Bloed, zweet, en tranen.

Blood, sweat, and tears.

476. Los – Loose

Er zit een spijker **los**.

There is a **loose** nail.

477. Gezicht – Face

Het **gezicht** heeft een mooie structuur.

The **face** has a beautiful structure.

478. Oud – Old

Het gebouw is al **oud**.

The building is already **old**.

479. Dicht – Closed

De bar is al weken **dicht**.

The bar has been **closed** for weeks.

480. Hoorde – Heard

Allen **hoorde** het nieuws later.

Allen **heard** the news later.

481. Vallen – Falling

De appels **vallen** van de boom.

The apples are **falling** from the tree.

482. Avond – Evening

De **avond** is nog jong.

The **evening** is still young.

483. Vaak – Often

Hij maakt **vaak** de foute keuze.

He **often** makes the wrong choice.

484. Oorlog – War

In de **oorlog,** was alles anders.

During the **war,** everything was different.

485. Nieuws – News

Dagelijks **nieuws** houdt je op de hoogte.

Daily **news** will keep you updated.

486. Hoi – Hi

Hoi, ken ik jou ergens van?

Hi, do I know you from somewhere?

487. Schuld – Blame

De **schuld** werd aan Peter gegeven.

The **blame** was put on Peter.

488. Plek – Place

Mijn balkon is de **plek** om te zonnen.

My balcony is the **place** to sunbathe.

489. Kennen – Know

Ze **kennen** iedereen op de bridge club.

They **know** everyone at the bridge club.

490. Begrepen – Understood
Iedereen heeft de aanwijzingen **begrepen**.
Everyone **understood** the instructions.

491. Stuk – Piece
Ik lust wel een **stuk** taart.
I could eat a **piece** of pie.

492. Sterven – Die
In het ziekenhuis **sterven** veel mensen.
Lots of people die in the hospital.

493. Rest – Rest
De **rest** rijdt vandaag al naar Miami.
The **rest** will already drive to Miami today.

494. Buurt – Neighborhood
Amsterdam-Zuid is een rijke **buurt**.
Amsterdam South is a rich **neighborhood**.

495. Veilig – Safe
Door de criminaliteit, ben je niet **veilig**.
Due to the crime, you are not **safe**.

496. Mogelijk – Possible
Vroeg met pensioen gaan is **mogelijk**.
Early retirement is **possible**.

497. Film – Movie
Die Hard is een goede **film**.
Die Hard is a good **movie**.

498. Maanden – Months
De **maanden** vliegen voorbij.
The **months** are flying by.

499. Vriendin – Girlfriend

Mijn **vriendin** is mijn alles.

My **girlfriend** is my everything.

500. Redden – Save

Hij moest zijn collega **redden**.

He had to **save** his colleague.

Chapter 3

501. Terwijl – While

Het regent **terwijl** de zon schijnt.

It's raining **while** the sun is shining.

502. Zin – Sense

In die **zin**, begrijp ik het wel.

In that **sense**, I can understand.

503. Rond – Around

Hij rijdt in de stad **rond**.

He is driving **around** in the city.

504. Ouders – Parents

Mijn **ouders** zijn al 25 jaar getrouwd.

My **parents** have been married for 25 years.

505. Eerlijk – Honest

Lisa was **eerlijk** over wat er gebeurd was.

Lisa was **honest** about what happened.

506. Inderdaad – Indeed
Ze heeft het **inderdaad** zelf verknald.
She **indeed** blew it herself.

507. Liever – Rather
Ik eet **liever** met mijn handen.
I would **rather** eat with my hands.

508. Overal – Everywhere
Hun vestigingen zitten **overal**.
Their branches are **everywhere**.

509. Anderen – Others
Ik ga graag met **anderen** uit.
I like going out with **others**.

510. Duidelijk – Clear
De gebruiksaanwijzing is **duidelijk**.
The manual is **clear**.

511. Langs – By
Kom je vanavond **langs** mijn huis?
Will you come **by** my house tonight?

512. Belangrijk – Important
Stemmen is altijd **belangrijk**.
Voting is always **important**.

513. Kreeg – Got
Ik **kreeg** symptomen van griep.
I **got** flu symptoms.

514. Liet – Left
Zij **liet** haar tegenstander geen kans.
She **left** her opponent no chance.

515. Hond – Dog
Ga de **hond** uitlaten.
Go **walk** the dog.

516. Voelt – Feels
Het **voelt** als een kneuzing.
It **feels** like a bruise.

517. Waarschijnlijk – Probably
De kans om aangenomen te worden is **waarschijnlijk** klein.
The chance to get hired is **probably** small.

518. Heren – Gentlemen
Echte **heren** kleden zich goed.
Real **gentlemen** dress well.

519. Jaren – Years
De **jaren** gaan voor Richard tellen.
The **years** are starting to count for Richard.

520. Stond – Stood
Hij **stond** erbij en keek ernaar.
He **stood** there and looked at it.

521. Baas – Boss
Mijn **baas** is een verschrikkelijke vent.
My **boss** is a horrible guy.

522. Geluk – Luck
Klavertjes vier brengen **geluk**.
Clovers bring good **luck**.

523. Mond – Mouth
Ik poets de tanden in mijn **mond**.
I brush the teeth in my **mouth**.

524. Vandaan – From
Waar komt de ziekte **vandaan**?
Where does the disease come **from**?

525. Fout – Mistake
Elke **fout** kan fataal zijn.
Every **mistake** can be fatal.

526. Klinkt – Sounds
Dat liedje **klinkt** als de blues.
That song **sounds** like the blues.

527. Per – Per
Het vlees wordt **per** kilo verkocht.
The meat is sold **per** kilo.

528. Reden – Reason
Wat was de **reden** van de scheiding?
What was the **reason** for the divorce?

529. Ermee – With It
Kan je **ermee** in het water?
Can you enter the water **with it**?

530. Mezelf – Myself
Ik heb veel tijd voor **mezelf**.
I have lots of time for **myself**.

531. Betalen – Pay
Kunnen **betalen** met creditcard is makkelijker.
Being able to **pay** with a credit card is easier.

532. Welkom – Welcome
Welkom in Nederland.
Welcome to the Netherlands.

533. Stil – Quiet
Het is **stil** na middernacht.
It's **quiet** after midnight.

534. Hard – Hard
Hij vocht **hard** voor de titel.
He fought **hard** for the title.

535. Recht – Right
Ik heb het **recht** niet me ermee te bemoeien.
I don't have the **right** to get involved.

536. Prachtig – Beautiful
Het landschap is **prachtig**.
The scenery is **beautiful**.

537. Baan – Job
Mijn nieuwe **baan** is geweldig.
My new **job** is awesome.

538. Houd – Hold
Houd je goed vast.
Hold on tight.

539. Erop – On It
Ik slaap **erop**.
I sleep **on it**.

540. Kwaad – Angry
Het beleid van de regering maakt me **kwaad**.
The policy of the government makes me **angry**.

541. Kapitein – Captain
De **kapitein** vaart al jaren.
The **captain** has been sailing for years.

542. Telefoon – Phone

Mijn nieuwe **telefoon** was erg duur.

My new **phone** was very expensive.

543. Mam – Mom

Mam speelt graag piano.

Ma likes to play the piano.

544. Pa – Dad

Mijn **pa** is de beste klusjesman.

My **dad** is the best handyman.

545. Neemt – Takes

Jerry **neemt** het geld aan.

Jerry **takes** the money.

546. Gegeven – Given

Ik heb hem alles **gegeven**.

I have **given** him everything.

547. Zetten – Put

Je moet alles op rood **zetten**.

You have to **put** everything on red.

548. Valt – Falls

De koning **valt** van de troon.

The king **falls** off his throne.

549. Baby – Baby

De **baby** is drie maanden oud.

The **baby** is three months old.

550. Haat – Hate

Ik **haat** maandagen.

I **hate** Mondays.

551. Dezelfde – The Same
Het is **dezelfde** acteur.
It's **the same** actor.

552. Boek – Book
The Da Vinci Code is een goed **boek**.
The Da Vinci Code is a good **book**.

553. Hield – Loved
Zij **hield** veel van me.
She **loved** me a lot.

554. Trouwen – Marry
Hij vroeg haar met hem te **trouwen**.
He asked her to **marry** him.

555. Één – One
Bart heeft **één** dochter.
Bart has **one** daughter.

556. Rijden – Driving
Ik ben gek op **rijden** in de woestijn.
I love **driving** in the desert.

557. Zeer – Very
Het vooruitzicht is **zeer** goed.
The forecast is **very** good.

558. Hoezo – Why
Hoezo spreek je met hem af?
Why are you meeting with him?

559. Weken – Weeks
Een jaar heeft 52 **weken**.
A year has 52 **weeks**.

560. Lichaam - Body

Hij zorgt niet goed voor zijn **lichaam**.

He doesn't take care of his **body** very well.

561. Geworden - Became

George is voorzitter **geworden**.

George **became** chairman.

562. Voorzichtig - Careful

Wees **voorzichtig** met ongezond eten.

Be **careful** with unhealthy food.

563. Jack - Jack

Jack werkt in een hotel.

Jack works in a hotel.

564. Kwijt - Lost

Ik ben mijn portemonnee **kwijt**.

I **lost** my wallet.

565. Daarna - Afterwards

Daarna gaan we samen uit.

Afterwards we will go out together.

566. Nergens - Nowhere

We gaan **nergens** heen op vakantie.

We're going **nowhere** for vacation.

567. Erin - In it

Ik geloof **erin**, ondanks wat mensen zeggen.

I believe **in it**, despite what people say.

568. Mens - Human

Ieder **mens** heeft problemen.

Every **human** has problems.

569. Vanaf – From
Je moet **vanaf** het begin beginnen.
You will need to start **from** scratch.

570. Plan – Plan
Het **plan** is ongewijzigd.
The **plan** is unchanged.

571. Elk – Every
Hij bezoekt **elk** evenement.
He visits **every** event.

572. Deel – Part
Deel 1 van *The Lord of the Rings* is het beste.
Part 1 of *The Lord of the Rings* is the best.

573. Moord – Murder
De **moord** is nooit opgelost.
The **murder** was never solved.

574. Noemen – Mention
We mogen zijn naam nooit **noemen**.
We are never allowed to **mention** his name.

575. Vertrouwen – Trust
Ik heb **vertrouwen** in zijn eerlijkheid.
I have **trust** in his honesty.

576. Wapen – Weapon
Liam heeft een **wapen** in de kelder.
Liam has a **weapon** in the basement.

577. Pakken – Grab
Je moet je tas **pakken**.
You have to **grab** your bag.

578. Antwoord – Answer
Er is maar één goed **antwoord**.
There is only one right **answer**.

579. Kerel – Dude
Die **kerel** is raar.
That **dude** is weird.

580. Schatje – Darling
Zij is echt een **schatje**.
She's a real **darling**.

581. Koning – King
De **koning** houdt een toespraak.
The **king** is giving a speech.

582. Gebeld – Called
Ik werd **gebeld** door een marketingbureau.
I was **called** by a marketing agency.

583. Ontmoet – Met
Hij heeft haar bij yoga **ontmoet**.
He **met** her at yoga.

584. Jezus – Jesus
Veel mensen geloven in **Jezus**.
Lots of people believe in **Jesus**.

585. Geval – Case
Ieder **geval** wordt anders behandeld.
Every **case** is treated differently.

586. Loopt – Walks
Steven **loopt** in het bos.
Steven **walks** in the woods.

587. Tijdens – During
Ik word niet graag onderbroken **tijdens** films.

I don't like being interrupted **during** movies.

588. Nogal – Quite
De discussie was **nogal** hevig.

The discussion was **quite** intense.

589. Allebei – Both
Ze zijn **allebei** nooit moe.

They are **both** never tired.

590. Lieverd – Sweetheart
Mijn schoonmoeder is een **lieverd**.

My mother-in-law is a **sweetheart**.

591. Getrouwd – Married
Mijn ouders zijn gelukkig **getrouwd**.

My parents are happily **married**.

592. Koffie – Coffee
Zonder **koffie**, functioneer ik niet in de ochtend.

Without **coffee**, I don't function in the morning.

593. Meisjes – Girls
De **meisjes** zitten hem achterna.

The **girls** are chasing after him.

594. Naartoe – Going
Waar ga je **naartoe** op reis?

Where are you **going** to travel to?

595. Veranderen – Change
Ik wil de opstelling niet **veranderen**.

I don't want to **change** the lineup.

596. Miljoen – Million

Hij won een **miljoen** met gokken.

He won one **million** gambling.

597. Schieten – Shooting

Zij gaan graag **schieten**.

They like to go **shooting**.

598. Dames – Ladies

De **dames** zijn allemaal modellen.

The **ladies** are all models.

599. Gisteren – Yesterday

Het feest was **gisteren**.

The party was **yesterday**.

600. Ver – Far

De sportschool is hier **ver** vandaan.

The gym is **far** from here.

601. Zus – Sister

Mijn **zus** is twee jaar ouder dan mij.

My **sister** is two years older than me.

602. Kopen – Buying

We gaan graag nieuwe kleding **kopen**.

We like **buying** new clothes.

603. Erbij – With us

Ik heb hem graag **erbij**.

I like having him **with us**.

604. Maakte – Made

Hij **maakte** de schilderijen zelf.

He **made** the paintings himself.

605. Tweede – Second
Dit is de **tweede** termijn.
This is the **second** term.

606. Ziek – Sick
Mijn allergie maakt me **ziek**.
My allergy makes me **sick**.

607. Woord – Word
Dat **woord** ken ik niet.
I don't know that **word**.

608. President – President
De **president** won de verkiezingen.
The **president** won the elections.

609. Leg – Put
Leg de papieren neer.
Put the papers down.

610. Grappig – Funny
Zijn shows zijn altijd **grappig**.
His shows are always **funny**.

611. Gevoel – Feeling
De resultaten geven me een goed **gevoel**.
The results give me a good **feeling**.

612. Gebruikt – Uses
Zij **gebruikt** veel data.
She **uses** a lot of data.

613. Verloren – Lost
We hebben alles **verloren**.
We **lost** everything.

614. Ontmoeten – Meet

Hij gaat me op Lowlands **ontmoeten**.

He will **meet** me at Lowlands.

615. Vreemd – Strange

Deze buurt is erg **vreemd**.

This neighborhood is very **strange**.

616. Stap – Step

De laatste **stap** is het moeilijkst.

The last **step** is the hardest.

617. Vechten – Fighting

Ze **vechten** in Las Vegas voor de titel.

They're **fighting** for the title in Las Vegas.

618. Trek – Pull

Trek aan de deur.

Pull the door.

619. Plezier – Fun

Veel **plezier** bij het concert.

Have **fun** at the concert.

620. Daarmee – With That

Veel succes **daarmee**.

Good luck **with that**.

621. Vroeger – Earlier

De vergadering is twee uur **vroeger**.

The meeting is two hours **earlier**.

622. Kantoor – Office

Het **kantoor** heeft een prachtig uitzicht over Amsterdam.

The **office** has a beautiful view over Amsterdam.

623. Goede – Good
De bakker verkoopt **goede** producten.
The bakery sells **good** products.

624. Begint – Starts
Alles **begint** met vertrouwen.
Everything **starts** with trust.

625. Fantastisch – Excellent
De service is **fantastisch**.
The service is **excellent**.

626. Ervoor – Before
Het jaar **ervoor** was beter.
The year **before** was better.

627. Verwacht – Expect
Er worden veel bezoekers in het Rijksmuseum **verwacht**.
Lots of visitors are **expected** at the Rijksmuseum.

628. Zomaar – No Reason
Hij is **zomaar** gestopt met de training.
He quit the training for **no reason**.

629. Meen – Mean
Ik **meen** alles wat ik schrijf.
I **mean** everything I write.

630. Gegaan – Gone
Hij was al naar huis **gegaan**.
He had already **gone** home.

631. Bedoelt – Means
Jaimy **bedoelt** het niet slecht.
Jaimy **means** nothing bad.

632. Pardon – Excuse Me
Pardon, ben ik al aan de beurt?
Excuse me, is it my turn yet?

633. Minder – Less
Ik verdien **minder** geld dan mijn collega.
I make **less** money than my colleague.

634. Normaal – Normal
Alles was **normaal** voor een zaterdag.
Everything was **normal** for a Saturday.

635. Vertelde – Told
Hij **vertelde** elk verhaal alsof je erbij was.
He **told** every story as if you were there.

636. Nieuw – New
Mijn schoenen zijn **nieuw**.
My shoes are **new**.

637. Zichzelf – Himself
Hij heeft het **zichzelf** aangedaan.=
He did it to **himself**.

638. Slechte – Poor
Wat een **slechte** film.
What a **poor** movie.

639. Foto – Picture
Ze lijken gelukkig op de **foto**.
They seem happy in the **picture**.

640. Leeft – Lives
De vos **leeft** op de Veluwe.
The fox **lives** on the Veluwe.

641. Loop - Walk

Ik **loop** graag urenlang.

I like to **walk** for hours.

642. Voelen - Feel

Je hoeft je niet slecht te **voelen**.

You don't have to **feel** bad.

643. John - John

John speelt vaak hockey.

John plays hockey often.

644. Idioot - Idiot

Mijn neef is een **idioot**.

My cousin is an **idiot**.

645. Hemel - Heaven

De poorten van de **Hemel**.

The gates of **Heaven**.

646. Winnen - Win

De laatste playoff wedstrijd moeten ze **winnen**.

They have to **win** the final playoff game.

647. Ik - I

Ik werk als loodgieter.

I work as a plumber.

648. Eindelijk - Finally

Hij heeft **eindelijk** zijn visum gekregen.

He **finally** got his visa.

649. Nam - Took

Levi **nam** Chinees mee onderweg naar huis.

Levi **took** Chinese food on the way home.

650. Eet – Eat

Ik **eet** dagelijks twee stuks fruit.

I **eat** two pieces of fruit daily.

651. Stuur – Send

Stuur me een WhatsApp bericht.

Send me a WhatsApp message.

652. Verkeerd – Wrong

De wet overtreden is **verkeerd**.

Breaking the law is **wrong**.

653. Val – Fall

Hoogmoed komt voor de **val**.

Pride comes before the **fall**.

654. Schip – Ship

Het **schip** is gezonken.

The **ship** has sunk.

655. Is – Is

Den Haag **is** een mooie stad.

The Hague **is** a beautiful city.

656. Enkele – A Few

Ik speel graag met **enkele** vrienden.

I like to play with a **few** friends.

657. Meid – Girl

Die **meid** is geweldig in vele sporten.

That **girl** is incredible at many sports.

658. Team – Team

Zijn **team** staat bovenaan de ranglijst.

His **team** is on top of the rankings.

659. Gevraagd – Asked
Ik heb de weg **gevraagd**.
I **asked** for directions.

660. Lief – Sweet
Mijn nichtje is ontzettend **lief**.
My niece is really **sweet**.

661. Gesproken – Spoken
Ik heb haar over het incident **gesproken**.
I have **spoken** to her regarding the incident.

662. Waard – Worth
Die gouden ketting is veel geld **waard**.
That gold necklace is **worth** a lot of money.

663. Enkel – Only
Het gaat hem **enkel** om het geld.
It's **only** about the money for him.

664. Beloof – Promise
Beloof me dat je nooit veranderd.
Promise me you will never change.

665. Woorden – Words
Soms kunnen **woorden** echt pijn doen.
Sometimes **words** can really hurt.

666. Einde – End
Het **einde** van de film zet je aan het denken.
The **end** of the movie makes you think.

667. Slaap – Sleep
Ik **slaap** altijd op mijn rug.
I always **sleep** on my back.

668. Jawel – Yes

Jawel hoor, dat klopt.

Yes, that's right.

669. Hierheen – Over Here

Kom je vanavond **hierheen**?

Are you coming **over here** tonight?

670. Vreselijk – Terrible

De gevolgen van de ramp zijn **vreselijk**.

The consequences of the disaster are **terrible**.

671. Begrijpen – Understand

Door te luisteren, probeer ik hem beter te **begrijpen**.

By listening, I am trying to **understand** him better.

672. Slim – Smart

Lezen maakt iedereen **slim**.

Reading makes everyone **smart**.

673. Trots – Pride

Mijn kunst is mijn **trots**.

My art is my **pride**.

674. Onzin – Nonsense

Ik word moe van al die **onzin**.

I get tired of all that **nonsense**.

675. Acht – Eight

Ze roeien met **acht** man.

They are rowing with **eight** guys.

676. Gang – Hallway

Voor straf, moest Jacob 10 minuten op de **gang** staan.

As a punishment, Jacob had to stand in the **hallway** for 10 minutes.

677. Weinig – Little

Hij heeft **weinig** vertrouwen in een goede afloop.

He has **little** confidence in a good ending.

678. Spullen – Stuff

Alle **spullen** liggen op zolder.

All the **stuff** is in the attic.

679. Gekregen – Got

Piet heeft eindelijk zijn diploma **gekregen**.

Piet finally **got** his diploma.

680. Grond – Ground

De **grond** brak onder zijn gewicht.

The **ground** broke under his weight.

681. Ziekenhuis – Hospital

In het **ziekenhuis** liggen veel patiënten.

There are lots of patients in the **hospital**.

682. Onderzoek – Investigation

Het **onderzoek** loopt momenteel nog.

The **investigation** is currently still going on.

683. Wapens – Weapons

Laura heeft veel **wapens** in de kelder.

Laura has many **weapons** in the basement.

684. Droom – Dream

Helaas, kwam de **droom** niet uit.

Unfortunately, the **dream** didn't come true.

685. Oom – Uncle

Mijn **oom** is de grappigste persoon in de familie.

My **uncle** is the funniest person in the family.

686. Herinner – Remember

Ik **herinner** me niets van gisteravond.

I don't **remember** anything from last night.

687. Brengt – Brings

Mijn zoon **brengt** mij veel vreugde.

My son **brings** me a lot of joy.

688. Leger – Army

In het **leger** heb ik veel geleerd.

I learned a lot in the **army**.

689. Lezen – Reading

Veel **lezen** vergroot je kennis.

Reading a lot increases your knowledge.

690. Veranderd – Changed

Studeren in het buitenland heeft Bobby **veranderd**.

Studying abroad **changed** Bobby.

691. Wonen – Living

Ik wil niet **wonen** bij mijn ouders.

I don't want to be **living** with my parents.

692. Muziek – Music

Het klinkt me als **muziek** in de oren.

It sounds like **music** to my ears.

693. Verliefd – In Love

We zijn al **verliefd** sinds de middelbare school.

We have been **in love** since high school.

694. Omhoog – Up

Het niveau van de competitie gaat **omhoog**.

The level of the league is going **up**.

695. Begon – Started
Helaas, **begon** het te regenen.
Unfortunately, it **started** to rain.

696. Stellen – Set
We **stellen** het alarm op 7 uur in.
We **set** the alarm for 7 o'clock.

697. Boos – Upset
De beslissing maakte iedereen **boos**.
The decision made everyone **upset**.

698. Gebruik – Use
Ik **gebruik** geen medicijnen.
I don't **use** any medicine.

699. Noem – Mention
Noem iedereen op.
Mention everybody.

700. Konden – Could
We **konden** onze mening geven.
We **could** give our opinion.

701. Eentje – One
Er blijft er **eentje** over.
There is only **one** left.

702. Gevangenis – Prison
In Vught zit een zwaarbewaakte **gevangenis**.
There is a heavily guarded **prison** in Vught.

703. Kleren – Clothes
Kleren van Italiaanse merken zijn mijn favoriet.
Clothes from Italian brands are my favorite.

704. Half – Half
Half is niet genoeg.

Half is not enough.

705. Frank – Frank
Frank schrijft graag gedichten.

Frank loves writing poems.

706. Werden – Were
We **werden** verrast met een rondleiding.

We **were** surprised with a tour.

707. Informatie – Information
Er staat veel **informatie** op Wikipedia.

There is a lot of **information** on Wikipedia.

708. Stomme – Stupid
Wat een **stomme** artikelen.

What **stupid** articles.

709. Zwarte – Black
Ik hou van **zwarte** meubelen.

I love **black** furniture.

710. Perfect – Perfect
Niets is **perfect.**

Nothing is **perfect.**

711. Langer – Longer
Ik kan het niet **langer** aan.

I can't take it any **longer.**

712. Heer – Gentleman
Een echte **heer** houdt de deur open.

A real **gentleman** holds the door.

713. Stom – Stupid
Yoga is niet **stom**.
Yoga is not **stupid**.

714. Succes – Success
Succes komt niet voor niets.
Success doesn't come for free.

715. Licht – Light
Het **licht** schijnt fel.
The **light** shines bright.

716. Zeven – Seven
Ik heb **zeven** diplomas.
I have **seven** diplomas.

717. Hoef – Require
Ik **hoef** niet veel te hebben.
I don't **require** much.

718. Toekomst – Future
De **toekomst** is rooskleurig.
The **future** is bright.

719. Makkelijk – Easy
De app werkt **makkelijk**.
The app works **easy**.

720. Gingen – Went
We **gingen** vroeg vissen.
We **went** fishing early.

721. Vraagt – Asks
Mario **vraagt** veel aandacht.
Mario **asks for** a lot of attention.

722. Mocht – Allowed
Niets **mocht** op kamp.
Nothing was **allowed** during camp.

723. Dansen – Dancing
Salsa **dansen** doe ik iedere woensdag.
I go salsa **dancing** every Wednesday.

724. Advocaat – Lawyer
Mijn **advocaat** adviseert me over de zaak.
My **lawyer** advises me about the case.

725. Lukt – Work
Het **lukt** niet op deze computer.
It doesn't **work** on this computer.

726. Pistool – Gun
Zijn favoriete **pistool** is een revolver.
His favorite **gun** is a revolver.

727. Opnieuw – Again
Je moet het **opnieuw** proberen.
You have to try **again**.

728. Begrijpt – Understands
Ik ben blij dat hij het **begrijpt**.
I am happy he **understands**.

729. Tenminste – At Least
Hij werkt **tenminste** wel hard.
At least he works hard.

730. Wilden – Wanted
We **wilden** altijd al een keer naar Zuid-Afrika.
We always **wanted** to go to South Africa.

731. Woont – Lives

Hij **woont** in een studio in het centrum.

He **lives** in a studio downtown.

732. Bewijs – Proof

Er was niet genoeg **bewijs**.

There was not enough **proof**.

733. Geheim – Secret

Zijn **geheim** was erg duister.

His **secret** was very dark.

734. Kwamen – Came

De mensen **kwamen** in groepen.

The people **came** in groups.

735. Verlaten – Leaving

Anthony gaat zijn ouderlijk huis **verlaten**.

Anthony is **leaving** his parents' home.

736. Sam – Sam

Sam is de beste leerling.

Sam is the best student.

737. Ongeluk – Accident

Hij veroorzaakte het **ongeluk**.

He caused the **accident**.

738. Vertrekken – Leaving

We **vertrekken** binnen twee uur.

We're **leaving** within two hours.

739. Probeerde – Tried

Ik **probeerde** het nogmaals.

I **tried** it again.

740. Vuur – Fire

Hij heeft een brandend **vuur** van binnen.

He has a burning **fire** inside of him.

741. Straat – Street

Ik ken haar van verderop in de **straat**.

I know her from down the **street**.

742. Seks – Sex

Ze hebben regelmatig **seks**.

They have **sex** regularly.

743. Aarde – Earth

Een duurzame **aarde** is voor iedereen beter.

A sustainable **earth** is better for everyone.

744. Behalve – Except

Ik mag iedereen, **behalve** Oliver.

I like everyone, **except** Oliver.

745. Charlie – Charlie

Charlie is veruit de beste atleet.

Charlie is by far the best athlete.

746. Luisteren – Listening

De klas was heel goed aan het **luisteren**.

The class was **listening** very well.

747. Spreek – Speak

Ik **spreek** tegen mijn team voor elke wedstrijd.

I **speak** to my team before every game.

748. Kracht – Strength

De **kracht** van Amsterdam is dat het zo authentiek is.

The **strength** of Amsterdam is its authenticity.

749. Fotos – Pictures

Hij staat altijd goed op **fotos**.

He always looks good in **pictures**.

750. Volgen – Follow

Veel fans **volgen** hem op Instagram.

Many fans **follow** him on Instagram.

Chapter 4

751. Wegwezen – Get Out

Heel gauw **wegwezen**!

Get out now!

752. Gebeurde – Happened

Het **gebeurde** zonder dat hij het doorhad.

It **happened** without him knowing.

753. Goedemorgen – Good Morning

Goedemorgen, lekker geslapen?

Good morning, did you sleep well?

754. Feest – Party

Carnaval is een uitbundig **feest**.

Carnival is an outrageous **party**.

755. Beschermen – Protect

Iedereen wil de cultuur **beschermen**.

Everyone wants to **protect** the culture.

756. Afspraak – Appointment
Vergeet je **afspraak** bij de tandarts niet.
Don't forget your dentist **appointment**.

757. Ene – One
Die **ene** wedstrijd was zijn doorbraak.
That **one** game was his breakthrough.

758. Erover – About It
Ik weet het niet, maar heb **erover** gelezen.
I don't know, but I read **about it**.

759. Gestolen – Stolen
Zijn auto was **gestolen**.
His car was **stolen**.

760. Zak – Bag
Een plastic **zak** is slecht voor het milieu.
A plastic **bag** is bad for the environment.

761. Verliezen – Losing
Ze **verliezen** veel geld op de beurs.
They are **losing** a lot of money on the stock exchange.

762. Kijkt – Looks
Zij **kijkt** me constant aan.
She **looks** at me constantly.

763. Schrijven – Writing
Schrijven is mijn favoriete hobby.
Writing is my favorite hobby.

764. Absoluut – Absolutely
Absoluut waar!
Absolutely true!

765. Afgelopen – Finished

Het was al twee uur geleden **afgelopen**.

It **finished** two hours ago already.

766. Liefje – Honey

Ik noem haar altijd **liefje**.

I always call her **honey**.

767. Koud – Cold

In Noord-Canada, is het ijzig **koud**.

In Northern Canada, it's freezing **cold**.

768. Gedood – Killed

Remco heeft een insect **gedood**.

Remco **killed** an insect.

769. Lijken – Look

Ze **lijken** precies hetzelfde.

They **look** exactly the same.

770. Boot – Boat

Victoria is trots op haar **boot**.

Victoria is proud of her **boat**.

771. Genomen – Took

Ik heb alle tijd **genomen** die ik nodig had.

I **took** all the time I needed.

772. Leek – Seemed

Het **leek** van veraf anders.

It **seemed** different from far away.

773. Trouwens – By the way

Trouwens, mijn vriendin gaat ook mee.

By the way, my girlfriend will be coming too.

774. Sterk – Strong

Zijn teksten zijn erg **sterk**.

His lyrics are very **strong**.

775. Spel – Game

Het **spel** wordt gespeeld met vier personen.

The **game** is played with four people.

776. Iedere – Every

Ik ga **iedere** week naar het strand.

I go to the beach **every** week.

777. Lieve – Sweet

Mijn zus is een **lieve** vrouw.

My sister is a **sweet** woman.

778. Geest – Ghost

Er leeft een **geest** in mijn huis.

A **ghost** lives in my house.

779. Shit – Shit

Shit, ik ben mijn boeken vergeten.

Shit, I forgot my books.

780. Gered – Saved

Hij werd **gered** door de bel.

He was **saved** by the bell.

781. Juiste – Right

Zij heeft de **juiste** instelling.

She has the **right** mindset.

782. Slaan – Hit

Je moet met de knuppel tegen de bal **slaan**.

You have to **hit** the ball with the bat.

783. Persoon – Person
Hij is altijd dezelfde **persoon** gebleven.
He always remained the same **person**.

784. Serieus – Seriously
Mijn klasgenoot is niet **serieus** te nemen.
My classmate can't be taken **seriously**.

785. Moordenaar – Killer
De **moordenaar** werd gepakt.
The **killer** got caught.

786. Sommige – Some
Op **sommige** momenten, verlies ik mijn geduld.
In **some** moments, I lose my patience.

787. Maand – Month
December is mijn favoriete **maand**.
December is my favorite **month**.

788. Helpt – Helps
Hij **helpt** mij nooit.
He never **helps** me.

789. Da's – That is
Da's een mooie hond.
That is a beautiful dog.

790. Schelen – Matter
Het zal helaas niets **schelen**.
Unfortunately it will not **matter**.

791. Probeert – Tries
Manuel **probeert** Nederlands te leren.
Manuel **tries** to learn Dutch.

792. Naast – Next To
Zijn ex woont **naast** hem.
His ex lives **next** to him.

793. Degene – The One
Hij is **degene** die het verpest heeft.
He is **the one** that ruined it.

794. Voelde – Felt
Na de operatie, **voelde** ik me beter.
After the surgery, **I felt** better.

795. Bestaat – Exists
Ik weet zeker dat de kerstman **bestaat**.
I am certain Santa Claus **exists**.

796. Dienst – Shift
Vanessa werkt niet graag een late **dienst**.
Vanessa doesn't like to work the late **shift**.

797. Sturen – Send
Ik ga hem bloemen **sturen**.
I'm going to **send** him flowers.

798. Contact – Contact
Ons **contact** is verbroken.
We lost **contact**.

799. Honger – Hungry
Joep heeft de hele dag **honger**.
Joep has been **hungry** all day.

800. Welk – Which
Welk programma kijk je het liefste?
Which show do you like watching the most?

801. Gevaarlijk – Dangerous

De snelweg is **gevaarlijk**.

The highway is **dangerous**.

802. Jammer – Unfortunate

Het is **jammer** dat de bowlingbaan is gesloten.

It's **unfortunate** that the bowling alley is closed.

803. Bank – Bank

Jelle heeft geen goed krediet bij zijn **bank**.

Jelle doesn't have good credit at his **bank**.

804. Verkeerde – Wrong

Zij valt altijd op de **verkeerde** mannen.

She always falls for the **wrong** guys.

805. Jong – Young

Je kunt niet altijd **jong** blijven.

You can't stay **young** forever.

806. Gevaar – Danger

Gevaar loert om de hoek.

Danger is around the corner.

807. Verdomde – Damn

Ik ben die **verdomde** gasten zat.

I'm sick of those **damn** guys.

808. Begonnen – Started

We zijn al **begonnen**.

We already **started**.

809. Ongeveer – About

Ik heb **ongeveer** vijf jaar ervaring.

I have **about** five years of experience.

810. Verkopen – Sell

Hij moet zijn collectie **verkopen**.

He has to **sell** his collection.

811. Reis – Trip

De **reis** zat vol mooie excursies.

The **trip** was full of nice excursions.

812. Grootste – Biggest

De **grootste** stad van Nederland is Amsterdam.

The **biggest** city in the Netherlands is Amsterdam.

813. Lange – Tall

Sylvia heeft een **lange** vriend.

Sylvia has a **tall** boyfriend.

814. Erger – Worse

Het slechte weer maakte het **erger**.

The bad weather made it **worse**.

815. Moe – Tired

Na het sporten, ben ik **moe**.

After working out, I'm **tired**.

816. Vliegtuig – Plane

Reizen met het **vliegtuig** maakt me nerveus.

Traveling by **plane** makes me nervous.

817. Bekend – Familiar

Ben je **bekend** met deze applicatie?

Are you **familiar** with this application?

818. Vliegen – Flying

Bea haat **vliegen**.

Bea hates **flying**.

819. Generaal – General
De **generaal** bepaalt alles.
The **general** decides everything.

820. Gedacht – Thought
Nooit **gedacht** dat het kon.
Never **thought** it was possible.

821. Arme – Poor
Er wonen veel **arme** mensen in die buitenwijk.
Lots of **poor** people live in that suburb.

822. Lucht – Air
De **lucht** is erg schoon in Friesland.
The **air** is very clean in Friesland.

823. Bewijzen – Prove
Hij wil zich **bewijzen** op het basketbalveld.
He wants to **prove** himself on the basketball court.

824. Zo lang – So Long
Ze kennen elkaar al **zo lang**.
They have known each other for **so long**.

825. Lachen – Laugh
Met hem, kun je altijd **lachen**.
With him, you can always have a **laugh**.

826. Leuke – Nice
Wat een **leuke** kleuren op dat behang.
What **nice** colors on that wallpaper.

827. Hotel – Hotel
Het Amstel **Hotel** heeft veel luxe.
The Amstel **Hotel** has a lot of luxury.

828. Voorstellen – Introduce
Laat ik me even **voorstellen**.
Let me **introduce** myself.

829. Geleerd – Learned
Ik heb veel **geleerd** van dat programma.
I **learned** a lot from that program.

830. Excuseer – Excuse
Excuseer mij, alsjeblieft.
Please, **excuse** me.

831. Moesten – Had to
We **moesten** extreem vroeg op.
We **had to** get up extremely early.

832. Betaald – Paid
Nico heeft nog niet **betaald**.
Nico hasn't **paid** yet.

833. Slechts – Only
Die trui kost **slechts** 10 euro.
That sweater **only** costs 10 euro.

834. Via – Via
We gaan **via** het park.
We will go **via** the park.

835. Rot – Rotten
De appel is **rot**.
The apple is **rotten**.

836. Lag – Lying
Ik **lag** onder de zon.
I was **lying** under the sun.

837. Speelt – Plays

Zij **speelt** elke dag Mario Kart.

She **plays** Mario Kart every day.

838. Vorige – Previous

De **vorige** aflevering was spannender.

The **previous** episode was more exciting.

839. Prijs – Price

De **prijs** blijft maar stijgen.

The **price** keeps increasing.

840. Stem – Voice

Myrthe heeft de **stem** van een engel.

Myrthe has the **voice** of an angel.

841. Vooral – Mostly

Vooral op woensdag.

Mostly on Wednesday.

842. Schuldig – Guilty

Hij bleek **schuldig** aan het misdrijf.

He was proven **guilty** of the felony.

843. Viel – Fell

Opa **viel** van de trap.

Grandpa **fell** down the stairs.

844. Lul – Dick

Mijn teamgenoot is soms echt een **lul**.

My teammate is a real **dick** sometimes.

845. Geboren – Born

Hij is **geboren** in Suriname.

He was **born** in Suriname.

846. Zodra – As Soon As

Zodra het veilig, is vertrek ik.

As soon as it's safe, I will leave.

847. Vertrouw – Trust

Ik **vertrouw** niemand.

I don't **trust** anybody.

848. Missen – Missing

Ik zal haar altijd blijven **missen**.

I will keep **missing** her forever.

849. Raar – Weird

Dat stadje is **raar**.

That town is **weird**.

850. Rij – Queue

Er staat een **rij** bij the apotheek.

There is a **queue** at the pharmacy.

851. TV – TV

Vanessa kijkt nooit **TV**.

Vanessa never watches **TV**.

852. Iedere – Every

Iedere dag is een nieuwe kans.

Every day is a new opportunity.

853. Vanwege – Due To

Vanwege de mist, is het zich slecht.

Due to fog, the view is bad.

854. Hel – Hell

Hij ging door een **hel**.

He went through **hell**.

855. Macht - Power
De president heeft veel **macht**.
The president has lots of **power**.

856. Regels - Rules
De **regels** bevestigen het.
The **rules** confirm it.

857. Raak - Hit
Hij schoot **raak** in het net.
He **hit** the net.

858. Paard - Horse
Het **paard** rent enorm hard.
The **horse** runs really fast.

859. Geraakt - Touched
Het liedje heeft me diep **geraakt**.
The song **touched** me deeply.

860. Tafel - Table
We bidden aan **tafel**.
We pray at the **table**.

861. Kapot - Broken
De televisie is **kapot**.
The television is **broken**.

862. Sla - Hit
Waarom **sla** je hem?
Why do you **hit** him?

863. George - George
George is een succesvolle zakenman.
George is a successful businessman.

864. Eind – End
Ik ga door tot het **eind**.
I will keep going until the **end**.

865. Drugs – Drugs
Sommige **drugs** zijn legaal in Nederland.
Some **drugs** are legal in the Netherlands.

866. Raad – Guess
Ik **raad** de loterij getallen nooit goed.
I never correctly **guess** the lottery numbers.

867. Dragen – Wearing
Het **dragen** van mooie kleuren maakt een outfit af.
Wearing nice colors completes an outfit.

868. Kende – Knew
Ik **kende** niemand op de nieuwe school.
I **knew** nobody at the new school.

869. Dame – Lady
Zij gedraagt zich als een echte **dame**.
She behaves like a real **lady**.

870. Gelooft – Believes
Tina **gelooft** in meditatie.
Tina **believes** in meditation.

871. Ziel – Soul
Ze heeft een prachtige **ziel**.
She has a beautiful **soul**.

872. Gefeliciteerd – Congratulations
Gefeliciteerd met je dochter.
Congratulations with your daughter.

873. Geprobeerd – Tried
Ik heb **geprobeerd** het te maken.
I **tried** to fix it.
874. Trekken – Pulling
Door te **trekken,** gaat de deur open.
By **pulling,** the door opens.
875. Amerika – America
Amerika heeft vijftig staten.
America has fifty states.
876. Werkte – Worked
Ik **werkte** als kapper.
I **worked** as a hairdresser.
877. Kolonel – Colonel
De **kolonel** heeft de leiding over veel mensen.
The **colonel** is in charge of a lot of people.
878. Tom – Tom
Tom is gek op basketbal.
Tom loves basketball.
879. Zwaar – Heavy
De gewichten zijn **zwaar.**
The weights are **heavy.**
880. Rug – Back
Zij is aan haar **rug** geopereerd.
She had **back** surgery.
881. Gisteravond – Last Night
We hebben **gisteravond** een date gehad.
We had a date **last night.**

882. Sleutel – Key
De **sleutel** past niet.
The **key** doesn't fit.

883. Bal – Ball
Dit is de laatste **bal**.
This is the last **ball**.

884. Wet – Law
Hij volgt niet graag de **wet**.
He doesn't like to follow the **law**.

885. Kost – Costs
Weet jij hoeveel dit **kost**?
Do you know how much this **costs**?

886. Duurt – Takes
Mijn huiswerk maken **duurt** erg lang.
Making my homework **takes a** really long time.

887. Huwelijk – Marriage
Dit is het tweede **huwelijk** van Jim.
This is Jim's second **marriage**.

888. Gezin – Family
Mijn eigen **gezin** maakt me erg gelukkig.
My own **family** makes me really happy.

889. Gebracht – Brought
Ik heb John naar karateles **gebracht**.
I **brought** John to karate class.

890. Kaart – Map
De **kaart** laat zien hoe groot Californië is.
The **map** shows how big California is.

891. Raken – Affect

Wat je ook zegt, het zal me niet **raken**.

Whatever you say, it won't **affect** me.

892. Volg – Follow

Ik **volg** veel beroemdheden op Facebook.

I **follow** many celebrities on Facebook.

893. Kerk – Church

Op zondagen, gaan we naar de **kerk**.

On Sundays, we go to **church**.

894. Zweer – Swear

Ik **zweer** het op alles.

I **swear** on everything.

895. Band – Tire

Sienna heeft een lekke **band**.

Sienna has a flat **tire**.

896. Arm – Poor

Hij groeide **arm** op.

He grew up **poor**.

897. Rijk – Rich

Het verkopen van zijn bedrijf maakte hem **rijk**.

Selling his business made him **rich**.

898. Komaan – Come on

Komaan, probeer het opnieuw!

Come on, try it again!

899. Zul – Will

Daar **zul** je hem hebben.

There you **will** have him.

900. Joe – Joe

Joe is een goede kok.

Joe is a good cook.

901. Belde – Called

Ik **belde** wekelijks met mijn moeder.

I **called** my mom every week.

902. Jonge – Young

Hans is gek op **jonge** kaas.

Hans loved **young** cheese.

903. Daarvoor – Therefore

Daarvoor, is het belangrijk de richtlijnen te volgen.

Therefore, it's important to follow the guidelines.

904. Totdat – Until

Totdat ik beter ben ga ik niet naar buiten.

I won't go outside **until** I'm better.

905. Grapje – Joke

Dat **grapje** begreep niemand.

Nobody understood that **joke**.

906. Namen – Names

Namen en nummers.

Names and numbers.

907. Tuurlijk – Of Course

Ja, **tuurlijk**.

Yes, **of course**.

908. Dromen – Dreams

In mijn **dromen,** ben ik een popster.

In my **dreams,** I'm a pop star.

909. Wagen – Car
Ik vind die Ford een mooie **wagen**.
I think that Ford is a nice **car**.

910. Dom – Stupid
Je moet wel erg **dom** zijn om dat niet te begrijpen.
You have to be really **stupid** not to understand that.

911. Vertelt – Tells
Jan **vertelt** een verhaal bij het kampvuur.
Jan **tells** a story by the campfire.

912. Geweldige – Great
Pinkpop heeft een **geweldige** lineup.
Pinkpop has a **great** lineup.

913. Doel – Goal
Het **doel** is om te winnen.
The **goal** is to win.

914. Regel – Rule
De **regel** is altijd hetzelfde.
The **rule** is always the same.

915. Ruimte – Space
Een raket gaat de **ruimte** in.
A rocket goes into **space**.

916. Stierf – Died
Hij **stierf** in haar armen.
He **died** in her arms.

917. Tenzij – Unless
Ik doe het niet **tenzij** het echt goed betaald.
I won't do it **unless** it pays really well.

918. Zo ver – So Far

Australië is overal **zo ver** vandaan.

Australia is **so far** from everywhere.

919. Ter – In

Ter aanvulling, stuur ik een e-mail.

In addition, I will send an e-mail.

920. Meter – Meter

Elke **meter** is dichterbij de finish.

Every **meter** is closer to the finish.

921. David – David

David is blij met zijn fiets.

David is happy with his bicycle.

922. Harry – Harry

De tuin wordt door **Harry** onderhouden.

The garden is maintained by **Harry**.

923. Dronken – Drinking

Ze **dronken** in de kroeg.

They were **drinking** in the bar.

924. Zoekt – Searching

Vanessa **zoekt** een nieuwe baan.

Vanessa is **searching** for a new job.

925. Derde – Third

De **derde** dag is het moeilijkst.

The **third** day is the hardest.

926. Herinneren – Remind

Ze **herinneren** mij er regelmatig aan.

They **remind** me of it regularly.

927. Teken – Sign
Zij gaven het **teken** om te stoppen.
They gave the **sign** to stop.

928. Relatie – Relationship
Zij hebben een open **relatie**.
They have an open **relationship**.

929. Gedachten – Thoughts
Mijn **gedachten** zijn bij de slachtoffers.
My **thoughts** are with the victims.

930. Rust – Rest
Rust zacht.
Rest in peace.

931. Ouwe – Old
Het is een **oude** molen.
It's an **old** mill.

932. Gestuurd – Sent
De brief werd **gestuurd**.
The letter was **sent**.

933. Groep – Group
De **groep** gaat samen verder.
The **group** continues together.

934. Nadat – After
Hij werd ziek **nadat** het koud werd.
Hij got sick **after** it got cold.

935. Kwalijk – Bad
De zaak is erg **kwalijk**.
The case is very **bad**.

936. Eer – Honor
Het was een **eer** om te dienen.
It was an **honor** to serve.

937. Gemist – Missed
Ik heb de uitzending volledig **gemist**.
I completely **missed** the broadcast.

938. Zeiden – Said
Ze **zeiden** steeds iets anders.
They constantly **said** something else.

939. Lijk – Look
Ik **lijk** erg veel op mijn vader.
I **look** a lot like my dad.

940. Keek – Watched
Hij **keek** uren naar *Breaking Bad*.
He **watched** *Breaking Bad* for hours.

941. Gewerkt – Worked
Mijn tante en vriendin hebben tegelijk **gewerkt**.
My aunt and girlfriend **worked** together.

942. Ok – Ok
Het is **ok**.
It's **ok**.

943. Heerlijk – Delicious
Die biefstuk was **heerlijk**.
That steak was **delicious**.

944. Brief – Letter
De **brief** ontroerde me diep.
The **letter** moved me deeply.

945. Punt – Point

Hij heeft een goed **punt**.

He has a valid **point**.

946. Gooi – Throw

Gooi het in de prullenbak.

Throw it in the trash can.

947. Sneller – Faster

De Wi-Fi wordt steeds **sneller**.

The Wi-Fi keeps getting **faster**.

948. Kont – Ass

Mijn **kont** doet zeer van die oefeningen.

My **ass** hurts from those exercises.

949. Mijne – Mine

Zij wordt de **mijne**.

She will be **mine**.

950. Deden – Did

Ze **deden** alles fout.

They **did** everything wrong.

951. Bedrijf – Company

Het **bedrijf** heeft nieuwe werknemers.

The **company** has new employees.

952. Trein – Train

De **trein** naar Schiphol vertrekt elk kwartier.

The **train** to Schiphol leaves every fifteen minutes.

953. Vanuit – From

Ik werk vandaag **vanuit** huis.

I will work **from** home today.

954. Rennen – Running
De marathon **rennen** is erg zwaar.
Running a marathon is very tough.

955. Onmogelijk – Impossible
Het is **onmogelijk** om naar huis te gaan.
It's **impossible** to go home.

956. Regelen – Arranging
We zijn de overdracht aan het **regelen**.
We are **arranging** the handover.

957. Oma – Grandma
Mijn **oma** houdt van bordspelletjes.
My **grandma** loves board games.

958. Spreekt – Speaks
Het **spreekt** voor zich.
It **speaks** for itself.

959. Wedstrijd – Game
De **wedstrijd** is erg belangrijk.
The **game** is very important.

960. Waarvoor – What For
Waarvoor heb je voor die universiteit gekozen?
What did you choose that university **for**?

961. Gelezen – Read
Ik heb veel biografieën **gelezen**.
I have **read** many memoirs.

962. Haast – Rush
Mensen in Nederland hebben altijd **haast**.
People in the Netherlands are always in a **rush**.

963. Sheriff – Sheriff

Zij is de **sheriff** van een kleine stad in Nebraska.=

She is the **sheriff** of a small town in Nebraska.

964. Controle – Check

De beveiligings**controle** op het vliegveld is verhoogd.

The security **check** at the airport is increased.

965. Speel – Play

Ik **speel** graag monopoly.

I like to **play** monopoly.

966. Gewonnen – Won

Hij heeft in zijn carrière veel **gewonnen**.

He has **won** a lot throughout his career.

967. Volk – People

Het Nederlandse **volk** is gek op kaas.

The Dutch **people** love cheese.

968. Zuster – Nurse

De **zuster** werkt op de intensive care.

The **nurse** works in intensive care.

969. Welterusten – Goodnight

Welterusten, slaap lekker.

Goodnight, sleep well.

970. Amerikaanse – American

De **Amerikaanse** vlag heeft vijftig sterren.

The **American** flag has fifty stars.

971. Liep – Walked

Ik **liep** alleen door Manhattan.

I **walked** through Manhattan alone.

972. Schoenen – Shoes
Leren **schoenen** staan mooi onder een pak.
Leather **shoes** look nice under a suit.

973. Warm – Warm
Ik heb zin in een **warm** bad.
I would love a **warm** bath.

974. Raam – Window
Doe het **raam** dicht.
Close the **window**.

975. Situatie – Situation
De **situatie** verbetert niet.
The **situation** ain't improving.

976. Ach – Ah
Ach, wat maakt het uit?
Ah, what does it matter?

977. Direct – Directly
Bestel het **direct** online.
Order it **directly** online.

978. Beloofd – Promised
Op tijd, zoals **beloofd**.
On time, as **promised**.

979. Seconden – Seconds
Hij was twee **seconden** sneller.
He was two **seconds** faster.

980. Drink – Drink
Ik **drink** graag een Mojito.
I like to **drink** a Mojito.

981. Vannacht – Tonight

Ik heb **vannacht** niet goed geslapen.

I did not sleep well **tonight.**

982. Neus – Nose

Mijn **neus** is erg klein.

My **nose** is very small.

983. Respect – Respect

Hij spreekt met veel **respect** over zijn ouders.

He speaks about his parents with a lot of **respect.**

984. Zulke – Such

Waar kun je **zulke** apparaten vinden?

Where can you find **such** devices?

985. Rood – Red

Rood is mijn favoriete kleur.

Red is my favorite color.

986. Kalm – Calm

Het water is **kalm.**

The water is **calm.**

987. Helaas – Unfortunately

Helaas, is het voorbij.

Unfortunately, it's over.

988. Angst – Fear

Angst is niet nodig.

Fear is not necessary.

989. Maat – Size

Dave heeft een grote **maat** schoenen.

Dave's shoes are a large **size.**

990. Uitleggen – Explain
Kun je het me nog eens **uitleggen**?
Can you **explain** it to me again?

991. Delen – Sharing
Hij houdt van foto's op social media **delen**.
He loves **sharing** pictures on social media.

992. Leggen – Putting
Vind je het erg om het bij mij voor de deur te **leggen**?
Would you mind **putting** it in front of my door?

993. Lijn – Linc
De **lijn** is vervaagd.
The **line** has faded.

994. Zon – Sun
De **zon** is fel in Florida.
The **sun** is bright in Florida.

995. Moeite – Effort
Hij doet niet graag **moeite**.
He doesn't like to make an **effort**.

996. Links – Left
In Australië, rijden ze **links**.
In Australia, they drive on the **left** side.

997. Verleden – Past
Het **verleden** biedt geen garanties voor de toekomst.
The **past** does not offer any guarantees for the future.

998. Oog – Eye
Mijn **oog** doet zeer.
My **eye** hurts.

999. Diep – Deep

De oceaan is erg **diep**.

The ocean is very **deep**.

Chapter 5

1000. Gebouw - Building
Het Rockefeller Center is een hoog **gebouw**.
The Rockefeller Center is a tall **building**.

1001. Geschreven - Wrote
Hij heeft een roman **geschreven**.
He **wrote** a novel.

1002. Knap - Handsome
Die man is **knap**.
That guy is **handsome**.

1003. Spul - Stuff
Dat **spul** is enorm sterk.
That **stuff** is really strong.

1004. Zee - Sea
Noord-Holland ligt aan **zee**.
North Holland is by the **sea**.

1005.   Benen – Legs
Hij traint vaak zijn **benen**.
He trains his **legs** often.

1006.   Lastig – Hard
De toets is **lastig**.
The test is **hard**.

1007.   Michael – Michael
Michael Jordan is de beste basketbalspeler ooit.
Michael Jordan is the best basketball player ever.

1008.   Onderweg – On The Way
We zijn **onderweg**.
We are **on the way**.

1009.   Broek – Pants
Zonder **broek**, ga ik het huis niet uit.
Without **pants**, I don't leave the house.

1010.   Professor – Professor
De **professor** werkt aan een nieuw medicijn.
The **professor** is working on a new medicine.

1011.   Hangt – Hangs
De poster **hangt** op haar kamer.
The poster **hangs** in her room.

1012.   Eikel – Acorn
De **eikel** valt niet ver van de boom.
The **acorn** doesn't fall far from the tree.

1013.   Bureau – Desk
Een goed **bureau** mag op kantoor niet ontbreken
A good **desk** is mandatory at the office.

1014.   Boeken – Books
De bibliotheek in Rotterdam heeft duizenden **boeken**.
The library in Rotterdam has thousands of **books**.

1015.   Muur – Wall
De Chinese **Muur** is enorm lang.
The Great **Wall** of China is really long.

1016.   Lijst – List
Ik heb een **lijst** met boodschappen.
I have a **list** of groceries.

1017.   Vuile – Dirty
De **vuile** was ligt er al twee weken.
The **dirty** laundry has been there for two weeks.

1018.   Weggaan – Leave
I kan niet bij mijn bank **weggaan**.
I can't **leave** my bank.

1019.   Bleef – Stayed
Hij **bleef** een week in de Airbnb.
He **stayed** for a week at the Airbnb.

1020.   Keuze – Choice
Er is veel **keuze**.
There is a lot of **choice**.

1021.   Les – Class
Arnold was te laat voor de **les**.
Arnold was late for **class**.

1022.   Gebroken – Broken
Mijn hart is **gebroken**.
My heart is **broken**.

1023.   Draai – Turn

Ik **draai** me om.

I will **turn** around.

1024.   Verdwenen – Disappeared

Alle kantoorspullen zijn **verdwenen**.

All the office supplies have **disappeared**.

1025.   Meiden – Girls

De meeste cheerleaders zijn **meiden**.

Most cheerleaders are **girls**.

1026.   Helft – Half

Het product was afgeprijsd voor de **helft** van de prijs.

The product was **half** the price.

1027.   Sluit – Closes

Weet jij wanneer de discotheek **sluit**?

Do you know when the club **closes**?

1028.   Zingen – Sing

We **zingen** gezamenlijk op het koor.

We **sing** together in the choir.

1029.   Partner – Partner

Hij werd een **partner** op kantoor.

He became a **partner** at the office.

1030.   Lift – Elevator

De **lift** gaat vaak kapot.

The **elevator** often breaks down.

1031.   Meeste – Most

Zijn team heeft de **meeste** kampioenschappen.

His team has the **most** championships.

1032.   Gelukt – Worked out
Gelukkig is het allemaal **gelukt**.
Luckily it all **worked out**.

1033.   Beide – Both
Ze werden **beide** veroordeeld.
They were **both** convicted.

1034.   Gevallen – Cases
In de meeste **gevallen**, liep het goed af.
In most **cases**, it ended well.

1035.   Winkel – Store
De **winkel** is zeven dagen per week geopend.
The **store** is open seven days a week.

1036.   Bevel – Order
Dit is een **bevel**!
This is an **order**!

1037.   Vrede – Peace
Vrede is niet overal.
Peace is not everywhere.

1038.   Bob – Bob
Bob speelt graag games.
Bob loves playing games.

1039.   Meester – Master
Hij is een **meester** in vechtsporten.
He is a **master** in martial arts.

1040.   Bus – Bus
De **bus** naar Utrecht gaat elke tien minuten.
The **bus** to Utrecht leaves every ten minutes.

1041. Hoeven – Have
We **hoeven** niet naar training.
We don't **have** to go to practice.

1042. Donker – Dark
Het is **donker** buiten.
It's **dark** outside.

1043. Bereiken – Achieve
We willen grote dingen **bereiken**.
We want to **achieve** great things.

1044. Gekocht – Bought
Ik heb nieuwe velgen **gekocht**.
I **bought** new rims.

1045. Negen – Nine
Zij heeft **negen** paar schoenen.
She has **nine** pairs of shoes.

1046. Jimmy – Jimmy
Jimmy komt graag in Madurodam.
Jimmy likes going to Madurodam.

1047. Hopelijk – Hopefully
Hopelijk, is deze crisis snel voorbij.
Hopefully, this crisis is over soon.

1048. Tijdje – While
Hij zit al een **tijdje** opgesloten.
He has been locked up for a **while**.

1049. Ruzie – Fight
Die **ruzie** is al jaren aan de gang.
That **fight** has been going on for years.

1050. Verdienen – Earn

In zijn nieuwe functie, gaat hij meer **verdienen**.

In his new position, he will **earn** more.

1051. Ongelooflijk – Unbelievable

De resultaten zijn **ongelooflijk**.

The results are **unbelievable**.

1052. Vlucht – Flight

Deze **vlucht** duurt maar een uur.

This **flight** only takes an hour.

1053. Slag – Battle

De **slag** kostte veel levens.

The **battle** took many lives.

1054. Interessant – Interesting

Natuurkunde is zeer **interessant**.

Physics is very **interesting**.

1055. Betaal – Pay

Ik **betaal** rekeningen met mijn credit card.

I pay **bills** with my credit card.

1056. Bezoek – Visit

Hij brengt haar elke week een **bezoek**.

He pays a **visit** to her every week.

1057. Plannen – Plans

De **plannen** zijn gewijzigd.

The **plans** have changed.

1058. Ophouden – Quit

Je moet **ophouden** met dat irritante gedrag,

You have to **quit** this annoying behavior.

1059.   Eraf – Off

Zaag de takken **eraf**.

Cut **off** the branches.

1060.   Rechter – Judge

De **rechter** sprak het vonnis uit.

The **judge** came forward with the verdict.

1061.   Hoog – High

De Alpen zijn erg **hoog** gelegen.

The Alps are located really **high**.

1062.   Slaat – Hits

Hij **slaat** vaak zijn tegenstander met boksen.

He **hits** his opponent a lot when boxing.

1063.   Opschieten – Hurry Up

Ze moeten **opschieten** om op tijd te komen.

They have to **hurry up** to be on time.

1064.   Persoonlijk – Personal

Die vraag is erg **persoonlijk**.

That question is really **personal**.

1065.   Zwanger – Pregnant

Kim is voor de tweede keer **zwanger**.

Kim is **pregnant** for the second time.

1066.   Leiden – Lead

Hij gaat de afdeling **leiden**.

He will **lead** the department.

1067.   Gezet – Put

Zij werd op haar plaats **gezet**.

She was **put** in her place.

1068.   Achteruit – Backwards
Ik bewoog **achteruit**.
I was moving **backwards**.

1069.   Tante – Aunt
Mijn **tante** speelt graag tennis.
My **aunt** likes to play tennis.

1070.   Blijkbaar – Apparently
Suzan wist er **blijkbaar** van.
Apparently, Suzan knew about it.

1071.   Mike – Mike
Mike is een ambtenaar.
Mike is an official.

1072.   Vreemde – Strange
Wat een **vreemde** vrouw.
What a **strange** woman.

1073.   Allen – All
Met zijn **allen**!
All together!

1074.   Sergeant – Sergeant
Sergeant worden is zijn droom.
Becoming a **sergeant** is his dream.

1075.   Goud – Gold
Zij verkoopt vaak **goud**.
She sells a lot of **gold**.

1076.   Gesprek – Conversation
Het **gesprek** liep ten einde.
The **conversation** came to an end.

1077. Zelfmoord – Suicide

De **zelfmoord** verraste iedereen.

The **suicide** surprised everybody.

1078. Goedenavond – Good Evening

Goedenavond allemaal.

Good evening everybody.

1079. Leeg – Empty

Het stadion is **leeg**.

The stadium is **empty**.

1080. Daarvan – That

Hoe snel kun je **daarvan** herstellen?

How fast can you recover from **that**?

1081. Vlees – Meat

Ik eet maar een keer per week **vlees**.

I only eat **meat** once a week.

1082. Keus – Choice

Het is een moeilijke **keus**.

It's a difficult **choice**.

1083. Meestal – Mostly

Ik ga **meestal** alleen wandelen.

I **mostly** go for a walk alone.

1084. Agenten – Officers

De **agenten** arresteerden haar.

The **officers** arrested her.

1085. Schrijf – Write

Ik **schrijf** nog brieven.

I still **write** letters.

1086.   Lees – Read
Wat **lees** jij het meeste?
What do you **read** the most?

1087.   Feestje – Party
Het **feestje** was zeer geslaagd.
The **party** was a lot of fun.

1088.   Bracht – Brought
Ik **bracht** het product mee naar huis.
I **brought** the product home with me.

1089.   Verrassing – Surprise
De **verrassing** werd verklapt.
The **surprise** was spoiled.

1090.   Camera – Camera
Mijn **camera** heeft veel functies.
My **camera** has lots of features.

1091.   Vijand – Enemy
Zij is mijn grootste **vijand**.
She is my biggest **enemy**.

1092.   Woon – Live
Ik **woon** in Nijmegen.
I **live** in Nijmegen.

1093.   Gewond – Hurt
Iedereen raakte **gewond** door de explosie.
Everyone got **hurt** because of the explosion.

1094.   Alweer – Again
Ik ga **alweer** naar de Efteling.
I'm going to de Efteling **again**.

1095.   **Extra – Extra**

Zij wil er graag **extra** friet bij.

She would like **extra** fries with that.

1096.   **Gauw – Soon**

Ik ben **gauw** terug.

I will be back **soon**.

1097.   **Laatste – Last**

Hij komt altijd als **laatste** aan.

He always arrives **last**.

1098.   **Wijn – Wine**

Veel rode **wijn** komt uit Frankrijk.

A lot of red **wine** comes from France.

1099.   **Liegen – Lie**

Ik kan er niet over **liegen**.

I can't **lie** about it.

1100.   **Prachtige – Gorgeous**

Wat een **prachtige** inrichting.

What a **gorgeous** design.

1101.   **Luitenant – Lieutenant**

De **luitenant** heeft de leiding.

The **lieutenant** is in charge.

1102.   **Lot – Fate**

Het **lot** ligt in onze handen.

Faith is in our hands.

1103.   **Dode – Dead**

Er ligt een **dode** muis op zolder.

There is a **dead** mouse in the attic.

1104.   Boord – Board
Iedereen aan **boord** is blij.
Everybody on **board** is happy.

1105.   Stelen – Stealing
Het is verboden om te **stelen**.
Stealing is forbidden.

1106.   Meegenomen – Brought
Ik heb een chocoladereep **meegenomen**.
I **brought** a chocolate bar.

1107.   Bericht – Message
Het **bericht** was erg persoonlijk.
The **message** was very personal.

1108.   Uiteindelijk – Eventually
Hij kiest **uiteindelijk** zelf.
Eventually, he will choose.

1109.   Held – Hero
Hij wil altijd de **held** zijn.
He always wants to be the **hero**.

1110.   Kiezen – Choose
Je moet **kiezen**.
You have to **choose**.

1111.   Liegt – Lying
Zij **liegt** over alles.
She's **lying** about everything.

1112.   Koningin – Queen
De Nederlandse **koningin** heet Maxima.
The name of the Dutch **queen** is Maxima.

1113. Bewegen – Move

Hij weet niet hoe te **bewegen** op de dansvloer.

He doesn't know how to **move** on the dance floor.

1114. Wens – Wish

Ik **wens** je het beste.

I **wish** you the best.

1115. Max – Max

Max Verstappen racet voor Red Bull.

Max Verstappen races for Red Bull.

1116. Meest – Most

Ik hou het **meest** van jou.

I love you the **most**.

1117. Gestorven – Died

De man is in 1983 **gestorven**.

The man **died** in 1983.

1118. Thee – Tea

Zij drinkt graag rooibos **thee**.

She likes to drink rooibos **tea**.

1119. Zaten – Sat

Ze **zaten** in de zon.

They **sat** in the sun.

1120. Radio – Radio

Ik luister altijd **Radio** 538.

I always listen to **Radio** 538.

1121. IJs – Ice

Het **ijs** is in goede staat.

The **ice** is in good condition.

1122. Sluiten – Close
De bazaar gaat vroeg **sluiten**.
The bazaar will **close** early.

1123. Rechts – Right
Hij is **rechts**.
He is **right**.

1124. Alex – Alex
Gaat **Alex** met ons mee naar Dierenpark Emmen?
Is **Alex** joining us to Dierenpark Emmen?

1125. Meenemen – Take
Ik zal het eten **meenemen**.
I will **take** the food with me.

1126. Vonden – Found
We **vonden** de schat.
We **found** the treasure.

1127. Bekijken – Watch
We **bekijken** graag misdaadseries.
We like to **watch** crime series.

1128. Belachelijk – Ridiculous
Zijn gedrag is **belachelijk**.
His behavior is **ridiculous**.

1129. Tas – Bag
Ik ben mijn **tas** vergeten.
I forgot my **bag**.

1130. Gebied – Area
Twente is mijn favoriete **gebied**.
Twente is my favorite **area**.

1131. Krant – Newspaper
De Telegraaf is een grote **krant**.
De Telegraaf is a big **newspaper**.

1132. Boodschap – Message
De **boodschap** was duidelijk.
The **message** was clear.

1133. Voeten – Feet
Ik heb koude **voeten**.
I have cold **feet**.

1134. Godsnaam – God's Sake
Wat dacht je in **Godsnaam**?
For **God's sake**, what were you thinking?

1135. Aangenaam – Pleasant
Deze dag was erg **aangenaam**.
This day was very **pleasant**.

1136. Gepakt – Caught
Ondanks zijn schuilplaats, werd hij **gepakt**.
Despite his hideout, he still got **caught**.

1137. Nek – Neck
Zij verrekte een spier in haar **nek**.
She pulled a muscle in her **neck**.

1138. Geregeld – Regularly
Ik kom **geregeld** bij hem thuis.
I **regularly** go to his house.

1139. Adres – Address
Wat is haar **adres**?
What is her **address**?

1140.   Opa – Grandpa
Mijn **opa** is 82 jaar oud.
My **grandpa** is 82 years old.

1141.   Zwart – Black
De kamer heeft **zwarte** gordijnen.
The room has **black** curtains.

1142.   Wisten – Knew
Zij **wisten** dat de auto was gestolen.
They **knew** the car was stolen.

1143.   Glas – Glass
Het bier wordt uit een speciaal **glas** gedronken.
The beer is drunk from a special **glass**.

1144.   Positie – Position
Hij vergrootte zijn **positie** in het aandeel.
He increased his **position** in the stock.

1145.   Raakt – Touches
Het **raakt** me elke keer weer.
It **touches** me again and again.

1146.   Belt – Calls
Zij **belt** me iedere dag.
She **calls** me every day.

1147.   Slaapt – Sleeps
Hij **slaapt** altijd op zijn zij.
He always **sleeps** on his side.

1148.   Bestaan – Exist
Zonder sponsors, kan de club niet **bestaan**.
Without sponsors, the club can't **exist**.

1149.   Speciale – Special

Haar verjaardag is een **speciale** dag.

Her birthday is a **special** day.

1150.   Getuige – Witness

Hij was **getuige** tijdens de rechtszaak.

He was a **witness** during the court case.

1151.   Aandacht – Attention

Mia houdt van **aandacht**.

Mia loves **attention**.

1152.   Londen – London

Londen heeft veel mooie bezienswaardigheden.

London has lots of beautiful sights.

1153.   Haalt – Picks

Hij **haalt** elke dag zijn collega op.

He **picks** up his colleague every day.

1154.   Verkocht – Sold

De bank is **verkocht**.

The couch is **sold**.

1155.   Regering – Government

Ik ben blij met onze **regering**.

I'm happy with our **government**.

1156.   Klote – Sucks

Dat is **klote**!

That **sucks**!

1157.   Deal – Deal

De **deal** ging om miljarden.

The **deal** was about billions.

1158. Tony – Tony
Tony Montana is een bekend filmpersonage.
Tony Montana is a famous movie character.

1159. Twintig – Twenty
Richard heeft meer dan **twintig** auto's.
Richard has over **twenty** cars.

1160. Rekening – Account
Zij heeft een **rekening** bij de Rabobank.
She has an **account** with the Rabobank.

1161. Gast – Guest
Elke **gast** is tevreden over het hotel.
Every **guest** is satisfied with the hotel.

1162. Kennis – Knowledge
Zijn **kennis** van biologie is groot.
His **knowledge** of biology is significant.

1163. Verdient – Deserves
Louise **verdient** die promotie.
Louise **deserves** that promotion.

1164. Sleutels – Keys
Ik ben mijn **sleutels** kwijt.
I lost my **keys**.

1165. Lol – Fun
We hebben altijd **lol** samen.
We always have **fun** together.

1166. Show – Show
De **show** in Carré was geweldig.
The **show** in Carré was amazing.

1167.   Weekend – Weekend
In het **weekend**, ben ik vrij.
On the **weekend**, I am off.

1168.   Jurk – Dress
Een blauwe **jurk**.
A blue **dress**.

1169.   Rode – Red
De **Rode** Zee ligt by Egypte.
The **Red** Sea is located near Egypt.

1170.   Vakantie – Vacation
Terwijl ik op **vakantie**, ben doe ik helemaal niets.
While on **vacation**, I don't do anything at all.

1171.   Groter – Bigger
Haar kledingkast wordt alsmaar **groter**.
Her wardrobe keeps getting **bigger**.

1172.   Knul – Chap
Juan is een fijne **knul**.
Juan is a nice **chap**.

1173.   Levend – Alive
Ze willen de voortvluchtige **levend** hebben.
They want to have the fugitive **alive**.

1174.   Gezeten – Sat
We hebben naast elkaar **gezeten**.
We **sat** next to each other.

1175.   Parijs – Paris
Het Louvre is in **Parijs**.
The Louvre is in **Paris**.

1176. Hangen – Hanging
Mijn kleren **hangen** te drogen.
My clothes are **hanging** to dry.

1177. Geweer – Rifle
Wat een groot **geweer**.
What a big **rifle**.

1178. Gehouden – Kept
Hij heeft zijn woord **gehouden**.
He **kept** his word.

1179. Gehaald – Achieved
Ik heb mijn doel **gehaald**.
I **achieved** my goal.

1180. Dak – Roof
Het optreden was op het **dak**.
The show was on the **roof**.

1181. Ontslagen – Fired
Iedereen werd **ontslagen**.
Everyone got **fired**.

1182. Huilen – Crying
Ik zal stoppen met **huilen**.
I will stop **crying**.

1183. Werkelijk – Truly
Het is **werkelijk** ongelofelijk.
It's **truly** unbelievable.

1184. Dieren – Animals
Alle **dieren** zijn losgelaten.
All **animals** are released.

1185. Engels – English

Ik kijk altijd films in het **Engels**.

I always watch movies in **English**.

1186. Doorgaan – Get On

Je moet **doorgaan** met je leven.

You have to **get on** with your life.

1187. Stelt – States

Hij **stelt** dat het goed met hem gaat.

He **states** that he is doing well.

1188. Verschil – Difference

Het **verschil** zit hem in the details.

The **difference** is in the details.

1189. Ma – Ma

Ma is er altijd voor me.

Ma is always there for me.

1190. Verdorie – Damn It

Je stelt me **verdorie** altijd teleur.

Damn it; you always disappoint me.

1191. Rol – Role

Hij schikt zich in zijn **rol**.

He settled in his **role**.

1192. Paul – Paul

Paul McCartney is mijn favoriete Beatle.

Paul McCartney is my favorite Beatle.

1193. Draagt – Carries

Hij **draagt** altijd alle bestellingen.

He always **carries** all the orders.

1194. Dorp – Village

Het **dorp** heeft 300 inwoners.

The **village** has 300 residents.

1195. Teveel – Too Much

Het wordt me soms **teveel**.

Sometimes it's **too much** for me.

1196. Dol – Crazy

Zij is **dol** op makeup.

She is **crazy** about makeup.

1197. Bar – Bar

Die **bar** is mijn tweede huis.

That **bar** is my second home.

1198. Gestoord – Insane

Die theorie is echt **gestoord**.

That theory is really **insane**.

1199. Been – Leg

Mijn **been** is erg gebruind.

My **leg** is very tanned.

1200. Sprak – Spoke

Ik **sprak** voor mijn beurt.

I **spoke** out of turn.

1201. Last – Burden

Haar reputatie is een **last**.

Her reputation is a **burden**.

1202. Waarop – Upon Which

Dat is het moment **waarop** ik vertrok.

That was the moment **upon which** I left.

1203. Missie – Mission

Missie geslaagd.

Mission accomplished.

1204. Bier – Beer

Heineken is mijn **bier**.

Heineken is my **beer**.

1205. Ontdekt – Discovered

Hij werd **ontdek**t door de scout.

He was **discovered** by the scout.

1206. Peter – Peter

Peter gaat vissen op het meer.

Peter will go fishing on the lake.

1207. Reet – Ass

Ga op je **reet** zitten!

Sit your **ass** down!

1208. Adem – Breath

Mijn **adem** ruikt altijd lekker.

My **breath** always smells nice.

1209. Soldaat – Soldier

Als **soldaat**, deed hij veel missies.

As a **soldier**, he went on many missions.

1210. Inspecteur – Inspector

Zijn werk als **inspecteur** is erg veeleisend.

His job as an **inspector** is very demanding.

1211. Keuken – Kitchen

Iris heeft een nieuwe **keuken**.

Iris has a new **kitchen**.

1212. Gasten - Guests

De bed and breakfast heeft veel **gasten**.

The bed and breakfast has lots of **guests**.

1213. Simpel - Simple

De som oplossen is **simpel**.

Solving the sum is **simple**.

1214. Rivier - River

De Maas is een **rivier**.

De Maas is a **river**.

1215. Kat - Cat

Mijn **kat** is gestoord.

My **cat** is insane.

1216. Majoor - Major

Zijn rang in het leger was **majoor**.

His rank in the army was **major**.

1217. Ineens - Suddenly

De uitkomst was **ineens** veranderd.

The outcome **suddenly** changed.

1218. Geschiedenis - History

Ik leer graag over de **geschiedenis** van de Romeinen.

I like to learn about the **history** of the Romans.

1219. Zagen - Saw

We **zagen** hem nooit meer.

We never **saw** him again.

1220. Eddie - Eddie

Eddie Vedder is mijn favoriete muzikant.

Eddie Vedder is my favorite musician.

1221.   Excuses – Apologies

Excuses voor het ongemak.

Apologies for the inconvenience.

1222.   Beest – Beast

Belle en het **Beest**.

Beauty and the **Beast**.

1223.   Vrijheid – Freedom

Ze hebben hard gevochten voor hun **vrijheid**.

They fought hard for their **freedom**.

1224.   Slot – Lock

Het **slot** is kapot.

The **lock** is broken.

1225.   Vanmorgen – This Morning

Ik ging **vanmorgen** joggen.

I went jogging **this morning**.

1226.   Boel – Mess

Wat een dolle **boel**.

What a hot **mess**.

1227.   Trouw – Faithful

Hij bleef haar altijd **trouw**.

He was always **faithful** to her.

1228.   Ring – Ring

De **ring** is schitterend.

The **ring** is beautiful.

1229.   Club – Club

Ik kom elke week bij mijn **club**.

I visit my **club** every week.

1230.   Gesloten – Closed

Die gelegenheid is voorgoed **gesloten**.

That establishment is **closed** forever.

1231.   Trap – Stairway

De **trap** mist een trede.

The **stairway** is missing a step.

1232.   Henry – Henry

Henry is met pensioen.

Henry is retired.

1233.   Boom – Tree

De **boom** staat in mijn tuin.

The **tree** is in my backyard.

1234.   Hiermee – With This

Hiermee, kun je alles verbeteren.

With this, you can improve everything.

1235.   Waarmee – What to

Waarmee kun je het vergelijken?

What can you compare it to?

1236.   Begraven – Buried

Hij werd gisteren **begraven**.

He was **buried** yesterday.

1237.   Kus – Kiss

Zij gaf me een **kus**.

She gave me a **kiss**.

1238.   Bedoelde – Meant

Ik **bedoelde** wat anders.

I **meant** something different.

1239.   Betrokken – Involved
Hij is nauw **betrokken** bij de vereniging.
He is very **involved** with the club.

1240.   Soldaten – Soldiers
De **soldaten** mochten naar huis.
The **soldiers** got to go home.

1241.   Enig – Lovely
Wat een **enig** armbandje.
What a **lovely** bracelet.

1242.   Stukje – Piece
Mag ik een **stukje**?
Can I have a **piece**?

1243.   Vertrek – Departure
Het **vertrek** is uitgesteld.
The **departure** is postponed.

1244.   Slachtoffer – Victim
Het **slachtoffer** bleef anoniem.
The **victim** remained anonymous.

1245.   Eiland – Island
Terschelling is een **eiland**.
Terschelling is an **island**.

1246.   Armen – Arms
Hij viel in mijn **armen**.
He fell into my **arms**.

1247.   Verjaardag – Birthday
Mijn **verjaardag** is op 26 februari.
My **birthday** is on February 26.

1248. Aantal – Number

Het **aantal** gevallen stijgt.

The **number** of cases is rising.

1249. Honden – Dogs

De **honden** rennen in het park.

The **dogs** are running in the park.

Chapter 6

1250. Dachten – Thought

We **dachten** dat het kon.

We **thought** it was possible.

1251. Bom – Bomb

De **bom** explodeerde.

The **bomb** exploded.

1252. Draaien – Turn

Je moet aan de knop **draaien**.

You have to **turn** the knob.

1253. Stoel – Chair

De **stoel** is oud.

The **chair** is old.

1254. Verandert – Changes

Wat **verandert** er nu?

What **changes** now?

1255. **Vergeef** – Forgive
Vergeef je me?
Will you **forgive** me?

1256. **Betere** – Better
Er komen **betere** tijden aan.
Better times are coming.

1257. **Bek** – Mouth
Houd je **bek** dicht!
Shut your **mouth**!

1258. **Sarah** – Sarah
Sarah heeft een nieuwe handtas.
Sarah has a new handbag.

1259. **Cool** – Cool
Die gast is **cool**.
That dude is **cool**.

1260. **Grap** – Joke
Ik snap die **grap** niet.
I don't get that **joke**.

1261. **Langzaam** – Slowly
Langzaam maar zeker.
Slowly but surely.

1262. **Indruk** – Impression
Een goede eerste **indruk** is belangrijk.
A good first **impression** is important.

1263. **Witte** – White
Het **witte** overhemd.
The **white** shirt.

1264. Geheime – Secret

De **geheime** missie.

The **secret** mission.

1265. Zware – Heavy

Het was een **zware** taak.

It was a **heavy** task.

1266. Taxi – Cab

Ik zal een **taxi** bellen.

I will call a **cab**.

1267. Voet – Foot

Mijn **voet** is opgezwollen.

My **foot** is swollen.

1268. Bobby – Bobby

Bobby is er altijd.

Bobby is always there.

1269. Bezorgd – Worried

Ik ben **bezorgd**.

I'm **worried**.

1270. Ware – True

Zij heeft **ware** liefde gevonden.

She found **true** love.

1271. Gestopt – Stopped

Het alarm is **gestopt**.

The alarm **stopped**.

1272. Speciaal – Special

Een **speciaal** geval.

A **special** case.

1273. Leer – Learn
Wat **leer** je ervan?
What do you **learn** from it?

1274. Gevangen – Captured
Na het onderzoek, is hij **gevangen**.
After the investigation, he was **captured**.

1275. Zakken – Bags
De **zakken** zaten vol met geld.
The **bags** were full of money.

1276. Wind – Wind
De **wind** was erg sterk.
The **wind** was very strong.

1277. Ontsnappen – Escape
Het is onmogelijk te **ontsnappen**.
It's impossible to **escape**.

1278. Orde – Orderliness
De **orde** werd hersteld.
The **orderliness** was restored.

1279. Vriendje – Boyfriend
Waarom is je **vriendje** niet meegegaan?
Why did your **boyfriend** not join?

1280. Mijnheer – Sir
Mijnheer de Vries zit vooraan.
Sir de Vries will sit in the front.

1281. Vis – Fish
Ik eet op zaterdag **vis**.
I eat **fish** on Saturday.

1282.　　Monster - Monster
Zij is een **monster**.
She is a **monster**.

1283.　　Gat - Hole
Het **gat** was 3 meter diep.
The **hole** was 3 meters deep.

1284.　　Cel - Cell
De **cel** was erg klein.
The **cell** was really small.

1285.　　Hoek - Corner
Ze staan op iedere **hoek**.
They are on every **corner**.

1286.　　Geweten - Known
Had ik het maar **geweten**.
I wish I had **known**.

1287.　　Noemt - Calls
Hij **noemt** haar bij haar bijnaam.
He **calls** her by her nickname.

1288.　　Heus - Really
Is het **heus** waar?
Is it **really** true?

1289.　　Nadenken - Think
Ik moet erover **nadenken**.
I have to **think** about it.

1290.　　Bedanken - Thank
Vergeet hem niet te **bedanken**.
Don't forget to **thank** him.

1291. Kilometer – Kilometer
De laatste **kilometer** was het zwaarst.
The last **kilometer** was the hardest.

1292. Geslagen – Hit
Ik heb hem nooit **geslagen**.
I never **hit** him.

1293. Duren – Last
Hoe lang zal het **duren**?
How long will it **last**?

1294. Gooien – Throw
Je moet harder **gooien**.
You have to **throw** harder.

1295. Dichtbij – Close
Waarom sta je zo **dichtbij**?
Why are you standing so **close**?

1296. Schot – Shot
Zijn **schot** was niet goed.
His **shot** was not good.

1297. Onschuldig – Innocent
Tot nu, toe zijn ze **onschuldig**.
So far, they are **innocent**.

1298. Schoon – Clean
De straten zijn erg **schoon**.
The streets are very **clean**.

1299. Verlies – Loss
Sterkte met het **verlies**.
Sorry for your **loss**.

1300. Verklaring – Statement

De **verklaring** klopt niet.

The **statement** is not right.

1301. Klas – Class

De **klas** luistert niet.

The **class** is not listening.

1302. Gevecht – Fight

Het **gevecht** duurde vijf ronden.

The **fight** lasted five rounds.

1303. Tijden – Times

Tijden veranderen.

Times are changing.

1304. Kerels – Guys

Zij zijn een stel aardige **kerels**.

They are a bunch of nice **guys**.

1305. Getuigen – Witnesses

De **getuigen** waren het er niet mee eens.

The **witnesses** did not agree.

1306. Bereid – Prepared

Breid je voor.

Be **prepared**.

1307. Gewone – Normal

Het is een **gewone** gebeurtenis.

It's a **normal** event.

1308. Rijdt – Drives

Hij **rijdt** altijd te hard.

He always **drives** too fast.

1309. Blauwe – Blue
De **blauwe** hoorn.
The **blue** horn.

1310. Draait – Rotates
De wereld **draait** rond.
The world **rotates**.

1311. Totaal – Totally
Alles is **totaal** anders.
Everything is **totally** different.

1312. Onmiddellijk – Immediately
Je moet **onmiddellijk** hierheen komen.
You have to come over here **immediately**.

1313. Rood – Red
Het tapijt is **rood**.
The carpet is **red**.

1314. Johnny – Johnny
Johnny Depp heeft veel awards gewonnen met zijn acteerwerk.
Johnny Depp has won many awards with his acting.

1315. Roep – Call
Ik **roep** hem well.
I will **call** him.

1316. Neef – Cousin
Mijn **neef** is een jaar ouder.
My **cousin** is one year older.

1317. Betaalt – Pays
Hij **betaalt** alles online.
He **pays** everything online.

1318. Steek – Sting

De **steek** van de wesp.

The **sting** of the wasp.

1319. Sloeg – Hit

Zij **sloeg** een homerun.

She **hit** a home run.

1320. Waarover – What About

Waarover hebben jullie het?

What are you guys talking about?

1321. Ray – Ray

Ik ga met **Ray** naar de sportschool.

I will go to the gym with **Ray**.

1322. Koop – Buy

Daar **koop** je niets voor.

You can't **buy** anything with that.

1323. Volledig – Fully

Alle slachtoffers herstelden **volledig**.

All victims **fully** recovered.

1324. Passeren – Pass

Je moet de bal vaker **passeren**.

You have to **pass** the ball more often.

1325. Waarvan – From What

Waarvan is dat afgeleid?

From what is that derived?

1326. Billy – Billy

Billy Joel heeft veel goeie nummers.

Billy Joel has many great songs.

1327. Jas – Jacket
Doe een **jas** aan; het is koud.
Put on a **jacket**; it's freezing.

1328. Opeens – Suddenly
Opeens verscheen hij bij mij huis.
He **suddenly** appeared at my home.

1329. Vlug – Quickly
Je moet het **vlug** oplossen.
You have to solve it **quickly**.

1330. Opdracht – Task
De **opdracht** is niet duidelijk.
The **task** is not clear.

1331. Honderd – Hundred
Ik heb het al **honderd** keer gezegd.
I have said it about a **hundred** times.

1332. Wint – Wins
Zij **wint** elk potje.
She **wins** every game.

1333. Jim – Jim
Jim Carrey is erg grappig.
Jim Carrey is very funny.

1334. Computer – Computer
Mijn **computer** is gecrashed.
My **computer** has crashed.

1335. Steve – Steve
Steve werkt bij de administratieve afdeling.
Steve works in the finance department.

1336. Overleven – Survive
Het is moeilijk **overleven**.
It's hard to **survive**.

1337. Gepraat – Talked
We hebben uren **gepraat**.
We **talked** for hours.

1338. Vlak – Flat
Nederland is erg **vlak**.
The Netherlands is very **flat**.

1339. Vieren – Celebrate
We **vieren** het met zijn allen.
We will **celebrate** all together.

1340. Geholpen – Helped
Niemand heeft ons **geholpen**.
No one **helped** us.

1341. Tekenen – Drawing
Zij is goed in **tekenen**.
She is good at **drawing**.

1342. Lui – Lazy
Vakantie maakt me **lui**.
Vacations make me **lazy**.

1343. Ervaring – Experience
Ik wil graag **ervaring** opdoen.
I want to gain **experience**.

1344. Aanval – Attack
De **aanval** werd afgeslagen.
The **attack** was repulsed.

1345. Nick – Nick
Waarom is **Nick** zo goed in motorcross?
Why is **Nick** so good at motocross?

1346. Kort – Short
Hou het **kort**.
Keep it **short**.

1347. Geluid – Noise
Het **geluid** is erg storend.
The **noise** is very disturbing.

1348. Hoge – High
We hebben **hoge** verwachtingen.
We have **high** expectations.

1349. Toestemming – Permission
Je moet **toestemming** vragen.
You have to ask **permission**.

1350. Durf – Dare
Durf jij dat te doen?
Would you **dare** to do that?

1351. Papieren – Papers
De **papieren** zijn vals.
The **papers** are false.

1352. Richting – Direction
We gaan de goede **richting** op.
We're going in the right **direction**.

1353. Midden – Middle
In het **midden**.
In the **middle**.

1354.   Noemde – Called

Hij **noemde** het anders.

He **called** it differently.

1355.   Toevallig – Accidentally

Ik zag het **toevallig** gebeuren.

I **accidentally** saw it happen.

1356.   Danny – Danny

Danny is een goede zwemmer.

Danny is a good swimmer.

1357.   Springen – Jump

Het paard kan hoog **springen**.

The horse can **jump** high.

1358.   Ballen – Balls

Je hebt **ballen** nodig om dat te doen.

It takes **balls** to do that.

1359.   Draag – Wear

Draag je altijd een sjaal?

Do you always **wear** a scarf?

1360.   Lach – Smile

Waarom **lach** je?

Why do you **smile**?

1361.   Dankzij – Thanks To

Dankzij haar, is het gelukt.

Thanks to her, it worked.

1362.   Code – Code

Wat is de **code** van de kluis?

What is the **code** to the vault?

1363. Leef – Live

Leef je leven.

Live your life.

1364. Neergeschoten – Shot

Hij werd op de hoek van de straat **neergeschoten**.

He got **shot** on the corner of the street.

1365. Rook – Smoke

Waar **rook**, is is vuur.

Where there's **smoke**, there is fire.

1366. Luistert – Listens

Hij **luistert** altijd.

He always **listens**.

1367. Zorgt – Take Care

Daar **zorgt** ze wel voor.

She will **take care** of that.

1368. Bos – Woods

Ik kan uren lopen in het **bos**.

I can walk for hours in the **woods**.

1369. Twaalf – Twelve

Ik was **twaalf** toen ik naar de middelbare school ging.

I was **twelve** when I went to middle school.

1370. Jake – Jake

Jake eet veel teveel.

Jake eats way too much.

1371. Gevoelens – Feelings

Hij begint **gevoelens** voor haar te krijgen.

He is starting to get **feelings** for her.

1372.   Beiden – Both

Ze gaven **beiden** niet op.

They **both** didn't give up.

1373.   Planeet – Planet

Van welke **planeet** komt hij?

From which **planet** is he?

1374.   Belangrijke – Important

Dit zijn de **belangrijke** punten.

These are the most **important** points.

1375.   Bill – Bill

Bill Gates is de oprichter van Microsoft.

Bill Gates is the founder of Microsoft.

1376.   Mes – Knife

Dat **mes** is erg scherp.

That **knife** is very sharp.

1377.   Bloemen – Flowers

De Keukenhof staat vol met **bloemen**.

De Keukenhof is full of **flowers**.

1378.   Paarden – Horses

De **paarden** rennen snel.

The **horses** run fast.

1379.   Sommigen – Some

Sommigen waren het er niet mee eens.

Some people didn't agree with it.

1380.   Juffrouw – Miss

Wil **juffrouw Ingrid** ook wat drinken?

Does **Miss** Ingrid also want something to drink?

1381. Commandant – Commander
De **commandant** heeft alle verantwoordelijkheid.
The **commander** has all the responsibility.

1382. Systeem – System
Het **systeem** is moeilijk te besturen.
The **system** is hard to navigate.

1383. Waarin – In Which
Dat is het stuk **waarin** het fout gaat.
That is the part **in which** it goes wrong.

1384. Leider – Leader
De **leider** heeft veel macht.
The **leader** has a lot of power.

1385. Fles – Bottle
Ik wil graag een **fles** jonge jenever.
I would like a **bottle** of jonge jenever.

1386. Sterft – Dies
Hij **sterft** erg ongelukkig.
He **dies** very unhappily.

1387. Kussen – Pillow
Ik slaap op een ergonomisch **kussen**.
I sleep on an ergonomic **pillow**.

1388. Plaatsen – Places
De meeste **plaatsen** zijn onbereikbaar.
Most **places** are unreachable.

1389. Mist – Fog
Rijden is gevaarlijk met deze **mist**.
Driving is dangerous with this **fog**.

1390.   Binnenkort – Soon

We zien elkaar **binnenkort**.

We will see each other **soon**.

1391.   Erachter – Behind It

Ik weet niet wat **erachter** zit.

I don't know what's **behind it**.

1392.   Gratis – Free

Een abonnement is **gratis**.

A subscription is **free**.

1393.   Gemeen – Mean

De meiden zijn erg **gemeen**.

The girls are very **mean**.

1394.   Beweging – Movement

De **beweging** gaat protesteren.

The **movement** is going to protest.

1395.   Moorden – Murders

De **moorden** werden steeds gewelddadiger.

The **murders** kept getting more violent.

1396.   Zocht – Searched

Ik **zocht** al lang om die nieuwe lamp te vinden.

I **searched** for a long time to find that new lamb.

1397.   Prins – Prince

Prins Constantijn is het broertje van Koning Willem-Alexander.

Prince Constantijn is the little brother of King Willem-Alexander.

1398.   Momentje – Hold On

Een **momentje**; ik ga je doorverbinden met de juiste persoon.

Hold on; I will connect you with the right person.

1399. Duivel – Devil
Hij is verkleed als de **Duivel**.
He is dressed up like the **Devil**.

1400. Ouder – Older
Iedereen wordt **ouder**.
Everyone is getting **older**.

1401. Leeftijd – Age
Leeftijd is maar een getal.
Age is just a number.

1402. Bezit – Possession
Het is zijn meest kostbare **bezit**.
It's his most valuable **possession**.

1403. Wonder – Miracle
Het **wonder** gebeurde niet.
The **miracle** didn't happen.

1404. Terecht – Justified
De beslissing was **terecht**.
The decision was **justified**.

1405. Ontbijt – Breakfast
Het continentale **ontbijt** was heerlijk.
The continental **breakfast** was delicious.

1406. Raakte – Hit
Hij **raakte** een andere persoon.
He **hit** another person.

1407. Auto's – Cars
Er staan veel **auto's** op de sloop.
There are many **cars** in the salvage yard.

1408. Engeland – England

In **Engeland**, betalen ze met de Britse Pond.

In **England**, they pay with the British Pound.

1409. Strijd – Battle

De **strijd** is nog niet gestreden.

The **battle** is not over.

1410. Onderzoeken – Investigations

Alle **onderzoeken** hadden dezelfde uitkomst.

All **investigations** had the same outcome.

1411. Vele – Many

Er zitten **vele** kanten aan dat verhaal.

There are **many** sides to that story.

1412. Gegeten – Ate

We hebben met de hele familie **gegeten**.

We **ate** with the entire family.

1413. Vernietigen – Destroy

Ze willen alle camerabeelden **vernietigen**.

They want to **destroy** all the camera footage.

1414. Mooiste – Most Beautiful

Hij heeft het **mooiste** kunststuk gemaakt.

He made the **most beautiful** artwork.

1415. Leidt – Leads

Zij **leidt** de groep.

She **leads** the group.

1416. Paste – Fit

Hij gaat kijken of de spijkerbroek hem **paste**.

The pair of jeans **fit** him.

1417.   Enorm – Very

Het spijt me **enorm**.

I'm **very** sorry.

1418.   Procent – Per cent

De kans op regen morgen is twintig **procent**.

The chances of rain tomorrow are twenty **per cent**.

1419.   Blanke – White Person

Er woont een **blanke** naast mij. There is a **white person** living next to me.

1420.   Enorme – Huge

Hij heeft een **enorme** neus.

He has a **huge** nose.

1421.   James – James

LeBron **James** speelt bij de Los Angeles Lakers.

LeBron **James** plays for the Los Angeles Lakers.

1422.   Brand – Fire

De **brand** was snel onder controle.

The **fire** was quickly controlled.

1423.   Risico – Risk

De verzekeraar neemt het **risico**.

The insurer takes the **risk**.

1424.   Opzij – Aside

We zetten onze verschillen **opzij**.

We put our differences **aside**.

1425.   Bouwen – Build

Ze gaan een hele nieuwe wijk **bouwen**.

They will **build** a whole new neighborhood.

1426. Ontvangen – Received

Ik heb mijn nieuwe wasmachine nog steeds niet **ontvangen**.

I still haven't **received** my new washing machine.

1427. Operatie – Operation

De **operatie** verliep voorspoedig.

The **operation** was successful.

1428. Hey – Hey

Hey, wie ben jij?

Hey, who are you?

1429. Verdachte – Suspect

De **verdachte** kwam zichzelf aangeven.

The **suspect** turned himself in.

1430. Volwassen – Adult

Je gedraagt je niet erg **volwassen**.

You don't really behave like an **adult**.

1431. Brug – Bridge

De **brug** staat open.

The **bridge** is open.

1432. Wraak – Revenge

Zoete **wraak**.

Sweet **revenge**.

1433. Breken – Break

Zij wil het record **breken**.

She wants to **break** the record.

1434. Rare – Weird

Het is een **rare** snuiter.

It's a **weird** guy.

1435.   Ophalen – Pick Up
Je moet Mason na school **ophalen**.
You have to **pick up** Mason after school.

1436.   Veiligheid – Safety
Veiligheid staat voorop.
Safety first.

1437.   Bijzonder – Special
Het is een **bijzonder** geval.
It's a **special** case.

1438.   Dikke – Fat
Dat is een erg **dikke** hond.
That's a very **fat** dog.

1439.   Roken – Smoking
Je moet stoppen met **roken**.
You have to quit **smoking**.

1440.   Eeuwig – Eternal
Er is **eeuwig** zon.
There is **eternal** sunshine.

1441.   Bevalt – Like
Het idee **bevalt** me wel.
I **like** the idea.

1442.   Kosten – Costs
De **kosten** blijven oplopen.
The **costs** keep rising.

1443.   Ster – Star
De **ster** schijnt fel.
The **star** is shining bright.

1444. Spoor – Track

Het **spoor** ligt onder de sneeuw.

The **track** is covered in snow.

1445. Kogel – Bullet

Ik zou een **kogel** voor hem vangen.

I would catch a **bullet** for him.

1446. Verantwoordelijk – Responsible

Wie is hier **verantwoordelijk** voor?

Who is **responsible** for this?

1447. Rome – Rome

Het Colosseum staat in **Rome**.

The Colosseum is in **Rome**.

1448. Vaker – More Often

Je moet **vaker** langskomen.

You have to stop by **more often**.

1449. Geniet – Enjoy

Geniet van je weekend.

Enjoy your weekend.

1450. Misdaad – Crime

De **misdaad** blijft maar toenemen.

The **crime** keeps increasing.

1451. Besloten – Private

Het is een **besloten** reservering.

It's a **private** reservation.

1452. Tegenhouden – Stop

Je kunt me niet **tegenhouden**.

You can't **stop** me.

1453.   Test – Test
Hij slaagde niet voor de **test**.
He didn't pass the **test**.

1454.   Oren – Ears
Mijn **oren** zijn niet gelijk.
My **ears** are not equal.

1455.   Bespreken – Discuss
We moeten het met het bestuur **bespreken**.
We have to **discuss** it with the board.

1456.   Feit – Fact
Dat is een **feit**.
That is a **fact**.

1457.   Verhalen – Stories
Zijn **verhalen** zijn altijd spannend.
His **stories** are always exciting.

1458.   Tevreden – Satisfied
Iedereen is **tevreden**.
Everyone is **satisfied**.

1459.   Zomer – Summer
Deze **zomer**, ga ik twee keer op vakantie.
This **summer**, I will go on vacation twice.

1460.   Nerveus – Nervous
Ik word nooit **nerveus**.
I never get **nervous**.

1461.   Jaloers – Jealous
Mijn vriend is erg **jaloers**.
My boyfriend is really **jealous**.

1462. Mary – Mary
Hoe heb je **Mary** ontmoet?
How did you meet **Mary**?

1463. Afgesproken – Agreed
We hebben **afgesproken** het te verzwijgen.
We **agreed** to keep it a secret.

1464. Majesteit – Majesty
Hare **majesteit** de koningin.
Her **majesty** the queen.

1465. Minuut – Minute
Een **minuut** stilte.
One **minute** of silence.

1466. Schreef – Wrote
Zij **schreef** alles in haar dagboek.
She **wrote** everything in her diary.

1467. Taak – Task
Die **taak** is essentieel.
That **task** is essential.

1468. Motor – Motorbike
Mijn **motor** moet gemaakt worden.
My **motorbike** has to be fixed.

1469. Dik – Fat
Hij is te **dik** en moet afvallen.
He is too **fat** and has to lose weight.

1470. Tanden – Teeth
Wees zuinig op je **tanden**.
Be careful with your **teeth**.

1471. Bad – Bath
Een **bad** nemen is heerlijk.
Taking a **bath** is lovely.

1472. Wezen – Creature
Wat een afgrijselijk **wezen**.
What a horrible **creature**.

1473. Halve – Half
Ik wil een **halve** portie.
I would like **half** a portion.

1474. Prinses – Princess
De **prinses** wordt later koningin.
The **princess** will be queen later.

1475. Lunch – Lunch
Ik maak mijn **lunch** altijd zelf.
I always make **lunch** myself.

1476. Beslissing – Decision
Ik ben bang om die **beslissing** te maken.
I'm afraid to make that **decision**.

1477. Geweld – Violence
Geweld lost niets op.
Violence doesn't solve anything.

1478. Maan – Moon
Het is vannacht volle **maan**.
Tonight will be a full **moon**.

1479. Gezocht – Searched
Zij hebben naar een nieuwe vrijwilliger **gezocht**.
They **searched** for a new volunteer.

1480. Pad – Path

Zij is op het goede **pad**.

She is on the right **path**.

1481. Vertrokken – Left

De bus is te vroeg **vertrokken**.

The bus **left** too early.

1482. Vecht – Fight

Ik **vecht** met mijn blote handen.

I **fight** with my bare hands.

1483. Beurt – Turn

Het is jouw **beurt**.

It's your **turn**.

1484. Publiek – Crowd

Het **publiek** werd helemaal wild.

The **crowd** went totally crazy.

1485. Bedacht – Thought Of

Hij **bedacht** het ter plaatse.

He **thought of** it at the spot.

1486. Overleden – Passed Away

Zij is aan de infectie **overleden**.

She **passed away** due to the infection.

1487. 's Nachts – At Night

Ik durf **'s nachts** niet naar buiten.

I'm afraid to go out **at night**.

1488. Restaurant – Restaurant

Het **restaurant** heeft pannenkoeken.

The **restaurant** has pancakes.

1489. Leiding – In Charge

Wie heeft hier de **leiding**?

Who is **in charge** here?

1490. Rusten – Rest

Tijd om te **rusten**.

Time to **rest**.

1491. Kamp – Camp

Het **kamp** was geslaagd.

The **camp** was a success.

1492. Will – Will

Will gaat tennissen.

Will is going to play tennis.

1493. Richard – Richard

Richard Branson is een miljardair.

Richard Branson is a billionaire.

1494. Genoegen – Pleasure

Het was me een waar **genoegen**.

It was a true **pleasure**.

1495. Verschillende – Different

Er zijn **verschillende** categorieën.

There are **different** kinds of categories.

1496. Opstaan – Rise

Opstaan!

Rise and shine!

1497. Godverdomme – Goddamnit

Het werkt **godverdomme** niet.

Goddamnit, it doesn't work.

1498. Vergeven – Forgive

Je moet hem **vergeven**.

You have to **forgive** him.

1499. Gelogen – Lied

Het heeft over zijn affaire **gelogen**.

He **lied** about his affair.

Chapter 7

1500.   Ontsnapt – Escaped

Ze zijn uit het doolhof **ontsnapt**.

They **escaped** the maze.

1501.   Hopen – Hope

Je kunt niet anders doen dan **hopen**.

You can't do anything other than **hope**.

1502.   Schijnt – Shines

Wat is het toch lekker als de zon **schijnt**.

It's so lovely when the sun **shines**.

1503.   Verboden – Prohibited

Het wordt iedereen **verboden** dat gebied te betreden.

Everyone is **prohibited** from entering that area.

1504.   Afmaken – Finish

Nu moet je het **afmaken**.

Now you have to **finish** it.

1505. Antwoorden – Answers

Zij gaf me alle **antwoorden**.

She gave me all the **answers**.

1506. Verschrikkelijk – Terrible

Wat er nu gebeurd is ronduit **verschrikkelijk**.

What is happening now is really **terrible**.

1507. Behoorlijk – Properly

Ze hebben het **behoorlijk** gebouwd.

They built it **properly**.

1508. Verdwijnen – Disappear

Hij kan objecten laten **verdwijnen**.

He can make objects **disappear**.

1509. Betekenen – Mean

Wat zal die aanwijzing **betekenen**?

What will that clue **mean**?

1510. Moed – Courage

Er is veel **moed** voor nodig.

It takes a lot of **courage**.

1511. Sukkel – Dork

De vriend van mijn broertje is een **sukkel**.

The friend of my little brother is a **dork**.

1512. Tent – Tent

Ik ga in de **tent** kamperen.

I'm going camping in the **tent**.

1513. Gearresteerd – Arrested

De hele bende werd tegelijk **gearresteerd**.

The whole gang got **arrested** together.

1514. **Films – Movies**

Nieuwe **films** vind ik slecht.

I think new **movies** are bad.

1515. **Betreft – Regarding**

De vraag **betreft** de reiskostenvergoeding.

The question is **regarding** travel expenses.

1516. **Reed – Drove**

Ik **reed** alleen over de verlaten weg.

I **drove** alone on the abandoned road.

1517. **Overkomen – Happen To**

Helaas, kan het iedereen **overkomen**.

Unfortunately, it can **happen to** anybody.

1518. **Reken – Count**

Ik **reken** op je diensten.

I **count** on your services.

1519. **Geschoten – Shot**

Zij heeft raak **geschoten**.

She **shot** on target.

1520. **Uitstekend – Excellent**

De klantenservice is **uitstekend**.

The customer service is **excellent**.

1521. **Terugkomen – Come Back**

Ik zal daar later op **terugkomen**.

I will **come back** to that later.

1522. **Troep – Mess**

Ruim je **troep** op.

Clean up your **mess**.

1523. Gedoe – Hassle

Wat een **gedoe**.

What a **hassle**.

1524. Snapt – Understands

Zij **snapt** dat het niet mag.

She **understands** it's not allowed.

1525. Duizend – Thousand

Ik zie wel **duizend** sterren.

I see like a **thousand** stars.

1526. Vissen – Fishing

We gaan **vissen** op de Lek.

We are going **fishing** on de Lek.

1527. Perfecte – Perfect

Volendam is de **perfecte** dag uit.

Volendam is the **perfect** day out.

1528. Verpest – Ruined

De hele trip is **verpest**.

The entire trip is **ruined**.

1529. Strand – Beach

Ik kom vaak in Zandvoort op het **strand**.

I come to the **beach** in Zandvoort a lot.

1530. Trut – Tart

Wat een stomme **trut**.

What a stupid **tart**.

1531. Speelde – Played

Zij **speelde** op de viool.

She **played** the violin.

1532.   Beeld – Statue

Het **beeld** van Willem van Oranje staat in Dordrecht.

The **statue** of Willem van Oranje is in Dordrecht.

1533.   Stemmen – Voices

De **stemmen** passen mooi samen.

The **voices** go together well.

1534.   Rechercheur – Detective

De **rechercheur** had het verkeerd.

The **detective** was wrong.

1535.   Afstand – Distance

De **afstand** van Maastricht naar Groningen is meer dan 300 kilometer.

The **distance** from Maastricht to Groningen is over 300 kilometers.

1536.   Dossier – File

Het **dossier** bestaat uit honderden pagina's.

The **file** consists of hundreds of pages.

1537.   Gebleven – Stay

Waar zijn jullie in die tijd **gebleven**?

Where did you **stay** during that time?

1538.   Paniek – Panic

Er brak **paniek** uit.

Panic broke out.

1539.   Fijne – Fine

Wat een **fijne** stof.

What a **fine** fabric.

1540. Actie – Action
Je moet **actie** ondernemen.
You have to take **action**.

1541. Verraden – Betray
Waarom heb je hem **verraden**?
Why did you **betray** him?

1542. Uren – Hours
Ik heb **uren** geleden al gebeld.
I called **hours** ago already.

1543. Bak – Bin
Gooi het in de **bak**.
Throw it in the **bin**.

1544. Volgt – Follows
Hij **volgt** me overal.
He **follows** me everywhere.

1545. Landen – Countries
Ik ken alle **landen** die er bestaan.
I know all **countries** that exist.

1546. Heilige – Saint
Zij zien hem als een **heilige**.
They see him as a **saint**.

1547. Melk – Milk
Ik lust geen **melk**.
I don't drink **milk**.

1548. Kleur – Color
Geel is felle **kleur**.
Yellow is a bright **color**.

1549. Spelletje – Game
Ik ben verslaafd aan dat **spelletje**.
I'm addicted to that **game**.

1550. Kaarten – Cards
We gaan een potje **kaarten**.
We will play some **cards**.

1551. Trekt – Pulls
Zij **trekt** de deur hard open.
She **pulls** the door very hard.

1552. Huid – Skin
Mijn **huid** is erg droog.
My **skin** is very dry.

1553. Flink – Solid
De basis staat **flink**.
The basics are **solid**.

1554. Ochtend – Morning
De **ochtend** is niet mijn beste moment.
The **morning** is not my finest moment.

1555. Gedrag – Behavior
Dat **gedrag** kan ik niet goedkeuren.
I cannot approve of that **behavior**.

1556. Toilet – Toilet
Het **toilet** is genderneutraal.
The **toilet** is gender-neutral.

1557. Zwemmen – Swimming
Je kan niet in het meer **zwemmen**.
You can't go **swimming** in that lake.

1558. Vorm – Shape

Het begint **vorm** aan te nemen.

It's starting to take **shape**.

1559. Gekozen – Chose

Zij hebben hem weer **gekozen**.

They **chose** him again.

1560. Bedoeling – Intention

Dat was niet mijn **bedoeling**.

That was not my **intention**.

1561. Ruikt – Smells

Het **ruikt** heerlijk.

It **smells** delicious.

1562. Vrije – Free

Het is een **vrije** wereld.

It is a **free** world.

1563. Tommy – Tommy

Waar is **Tommy**?

Where is **Tommy**?

1564. Lukken – Succeed

Dat plan gaat **lukken**.

That plan will **succeed**.

1565. Gaaf – Cool

Die sneakers zijn **gaaf**.

Those sneakers are **cool**.

1566. Appartement – Apartment

Zijn **appartement** zit in het centrum.

His **apartment** is downtown.

1567.   Lade - Drawer
Alle sleutels liggen in de **lade**.
All keys are in the **drawer**.

1568.   Medicijnen - Medicines
De **medicijnen** sloegen aan.
The **medicines** worked.

1569.   Levens - Lives
Deze methode bespaart **levens**.
This method saves **lives**.

1570.   Energie - Energy
Ik heb de **energie** niet.
I don't have the **energy**.

1571.   Nagedacht - Thought
Heb je erover **nagedacht**?
Have you **thought** about it?

1572.   Bepaalde - Particular
Het heeft een **bepaalde** uitkomst.
It has a **particular** outcome.

1573.   Geslapen - Slept
Ik heb heerlijk **geslapen**.
I **slept** very well.

1574.   Vertrekt - Leaves
Zij **vertrekt** morgen.
She **leaves** tomorrow.

1575.   Vaders - Fathers
De **vaders** brengen hun kinderen naar school.
The **fathers** are bringing their kids to school.

1576. Universiteit – University
De **universiteit** in Utrecht heeft veel studenten.
The **university** in Utrecht has lots of students.

1577. Belangrijkste – Main
Dat is de **belangrijkste** reden.
That is the **main** reason.

1578. Aanvallen – Attack
We moeten **aanvallen**.
We have to **attack**.

1579. Sporen – Tracks
Het forensisch team zocht naar **sporen**.
The forensic team was looking for **tracks**.

1580. Senator – Senator
De **senator** werd herkozen.
The **senator** was reelected.

1581. Verlaat – Leave
Ik **verlaat** je nooit.
I will never **leave** you.

1582. Jazeker – Yes Sure
Jazeker, dat kunnen we regelen.
Yes sure, we can take care of that.

1583. Drankje – Drink
Dat **drankje** is heerlijk.
That **drink** is delicious.

1584. Doos – Box
De **doos** is kapot.
The **box** is broken.

1585. Drank – Booze

Hij is gek op **drank**.

He loves **booze**.

1586. Harder – Louder

Het geluid wordt steeds **harder**.

The sound keeps getting **louder**.

1587. Genoemd – Mentioned

Ik heb het voorval nooit **genoemd**.

I never **mentioned** the accident.

1588. Verstand – Mind

Gebruik je **verstand**.

Use your **mind**.

1589. Jane – Jane

Ik heb **Jane** gisteren ontmoet.

I met **Jane** yesterday.

1590. Stopt – Stops

Hier **stopt** het verhaal.

The story **stops** here.

1591. Type – Type

Welk **type** toetsenbord heb jij?

Which **type** of keyboard do you have?

1592. Gelul – Bullshit

Ik kan dat **gelul** niet langer aanhoren.

I can't listen to that **bullshit** any longer.

1593. Donder – Thunder

Ik hoor de **donder** buiten.

I hear the **thunder** outside.

1594. Vingers – Fingers

Mijn **vingers** zijn lang.

My **fingers** are long.

1595. Verkoop – Sell

Hoeveel **verkoop** je op een dag?

How much do you **sell** in a day?

1596. Programma – Program

Het **programma** is erg intensief.

The **program** is very intense.

1597. Grens – Border

Zij kwam de **grens** niet over.

She didn't cross the **border**.

1598. Schoonheid – Beauty

Haar **schoonheid** is indrukwekkend.

Her **beauty** is impressive.

1599. Opnemen – Record

Ik ga een mixtape **opnemen**.

I will **record** a mixtape.

1600. Kip – Chicken

Kip kan ik elke dag eten.

I can eat **chicken** every day.

1601. Stilte – Silence

De **stilte** is heerlijk.

The **silence** is lovely.

1602. Vrijdag – Friday

Vrijdag ga ik met de trein.

Friday I will go by train.

1603. Klanten – Customers
Alle **klanten** waren boos.
All **customers** were upset.

1604. Dans – Dance
Deze **dans** leer je niet zomaar.
This **dance** is not easy to learn.

1605. Klus – Job
De **klus** is geklaard.
The **job** is done.

1606. Zwaard – Sword
Mijn **zwaard** werd online verkocht.
My **sword** got sold online.

1607. Hartelijk – Warmly
Hij werd **hartelijk** ontvangen.
He was received **warmly**.

1608. Gemakkelijk – Easily
De applicatie is **gemakkelijk** te gebruiken.
The application can be used **easily**.

1609. Controleren – Check
Ik kan het niet **controleren**.
I can't **check** it.

1610. Liefste – Dear
Zij is mijn **liefste**.
She is my **dear**.

1611. Erom – At It
We moesten **erom** lachen.
We had to laugh **at it**.

1612.   Washington – Washington
In **Washington** staat het Witte Huis.
The White House is in **Washington**.

1613.   Ziekte – Disease
De **ziekte** maakt veel slachtoffers.
The **disease** has a lot of victims.

1614.   Start – Start
Alle deelnemers staan klaar voor de **start**.
All participants are ready to **start**.

1615.   Domme – Stupid
Een **domme** zet.
A **stupid** move.

1616.   Vriendelijk – Friendly
Wat een **vriendelijk** persoon.
What a **friendly** person.

1617.   Kunst – Art
Kunst is mijn grootste passie.
Art is my biggest passion.

1618.   Dichterbij – Closer
Mijn verjaardag komt steeds **dichterbij**.
My birthday keeps getting **closer**.

1619.   Proces – Process
Het is een langzaam **proces**.
It's a slow **process**.

1620.   Pond – Pound
Ik wil graag een **pond** gehakt.
I would like one **pound** of mince.

1621. Tonen – Show

Kun je me de brief **tonen**?

Can you **show** me the letter?

1622. Keer – Times

Hoeveel **keer** is dit al gebeurd?

How many **times** did this already happen?

1623. Gekke – Silly

Wat een **gekke** gedachte.

What a **silly** thought.

1624. Post – Mail

Alle **post** kwam te laat.

All **mail** arrived late.

1625. Pers – Press

De **pers** verdraait alles.

The **press** twists everything.

1626. Cent – Cent

Ik verdien er geen **cent** mee.

I don't earn a **cent** with it.

1627. Vangen – Catch

Je moet de bal **vangen**.

You have to **catch** the ball.

1628. Meegemaakt – Experienced

Ik heb hem van dichtbij **meegemaakt**.

I **experienced** him from up close.

1629. Homo – Gay

Mijn collega is **homo**.

My colleague is **gay**.

1630.   Gezelschap – Party
We reizen in een groot **gezelschap**.
We are traveling with a big **party**.

1631.   Ergste – Worst
Wat is het **ergste** dat je ooit is overkomen?
What is the **worst** thing that ever happened to you?

1632.   Bedenken – Think
We moeten iets **bedenken**.
We have to **think** of something.

1633.   Bidden – Pray
Laat ons **bidden**.
Let us **pray**.

1634.   Tuin – Backyard
De stoelen staan in de **tuin**.
The chairs are in the **backyard**.

1635.   Geloofde – Believed
Ik **geloofde** in jou.
I **believed** in you.

1636.   Pik – Pick
Pik jij hem op?
Will you **pick** him up?

1637.   Oplossing – Solution
De **oplossing** ligt voor de hand.
The **solution** is obvious.

1638.   Slachtoffers – Victims
Gelukkig vielen er geen **slachtoffers**.
Luckily there were no **victims**.

1639.   Aardige – Nice

Zoveel **aardige** mensen.

So many **nice** people.

1640.   Heette – Called

Hoe **heette** dat album?

What was that album **called**?

1641.   Gaven – Gave

We **gaven** iedereen eten.

We **gave** everyone food.

1642.   Dankbaar – Thankful

Je moet ze **dankbaar** zijn.

You have to be **thankful** to them.

1643.   Bruiloft – Wedding

De **bruiloft** is in het kasteel.

The **wedding** is in the castle.

1644.   Top – Top

De **top** bereiken vergt veel discipline.

Reaching the **top** requires lots of discipline.

1645.   Rotzooi – Mess

Het is een **rotzooi** in die opslagruimte.

It's a big **mess** in the storage area.

1646.   Sexy – Sexy

Die laarzen staan erg **sexy**.

Those boots look very **sexy**.

1647.   Voeren – Feed

Je mag de dieren niet **voeden**.

You're not allowed to **feed** the animals.

1648. Taal – Language

Fins is een gecompliceerde **taal**.

Finnish is a complicated **language**.

1649. Rapport – Report

Mijn **rapport** was erg slecht.

My **report** card was very bad.

1650. Blik – Look

Zij geeft me een rare **blik**.

She gives me a weird **look**.

1651. Wijs – Wise

Je bent oud en **wijs** genoeg.

You are old and **wise** enough.

1652. Openen – Open

De nieuwe vestiging zal morgen de deuren **openen**.

The new branch will **open** tomorrow.

1653. Eenmaal – Once

Als het **eenmaal**, lukt ben je binnen.

Once it works, you are in.

1654. Directeur – Director

De **directeur** diende zijn ontslag in.

The **director** resigned.

1655. Echtgenoot – Husband

Mijn **echtgenoot** is altijd bij me.

My **husband** is always with me.

1656. Gevolgd – Followed

Ik werd wekenlang **gevolgd**.

I was **followed** for weeks.

1657. Hoed – Hat

Je lijkt net een maffiabaas met die **hoed**.

You look like a mobster with that **hat**.

1658. Broeder – Brother

Ik zie je als een **broeder**.

I see you as a **brother**.

1659. Vluchten – Flights

De **vluchten** naar Portland zijn duur.

The **flights** to Portland are expensive.

1660. Lijden – Suffering

Er kwam eindelijk een einde aan zijn **lijden**.

Finally, there came an end to his **suffering**.

1661. Steken – Stabbing

Je kunt niet zomaar iemand **steken**.

You can't just go around **stabbing** someone.

1662. Talent – Talent

Haar **talent** viel overal op.

Her **talent** was noticed everywhere.

1663. Officier – Prosecutor

Hij is de officier van justitie.

He is the prosecutor.

1664. Hersenen – Brains

Gebruik je **hersenen**!

Use your **brains**!

1665. Uitgenodigd – Invited

Ik ben **uitgenodigd** voor de housewarming.

I'm **invited** to the housewarming.

**1666.	Steen – Rock**
De **steen** is loodzwaar.
The **rock** is very heavy.

**1667.	Leugenaar – Liar**
Vuile **leugenaar**!
Dirty **liar**!

**1668.	Vorig – Last**
Vorig jaar zijn de regels aangepast.
The rules have been changed **last** year.

**1669.	Uitzoeken – Investigate**
Ik moet **uitzoeken** wat er gebeurd is.
I have to **investigate** what happened.

**1670.	Kerst – Christmas**
Met **kerst**, eten we kalkoen.
With **Christmas**, we eat turkey.

**1671.	Ruim – Spacious**
Het is een **ruim** bed.
It's a **spacious** bed.

**1672.	Blind – Blind**
Danny **Blind** won de Champions League.
Danny **Blind** won the Champions League.

**1673.	Aangedaan – Affected**
Ik was diep **aangedaan** door het ongeluk.
I was deeply **affected** by the accident.

**1674.	Contract – Contract**
Zijn **contract** loopt bijna af.
His **contract** is almost ending.

1675. **Voorkomen - Prevent**
We moeten het **voorkomen**.
We have to **prevent** it.

1676. **Straf - Punishment**
Die **straf** heeft ze verdiend.
She deserved that **punishment**.

1677. **Afscheid - Goodbye**
Afscheid nemen is nooit makkelijk.
It's never easy to say **goodbye**.

1678. **Klootzakken - Bastards**
Ik word moe van die **klootzakken**.
Those **bastards** make me tired.

1679. **Zwak - Weak**
Hij voelt zich erg **zwak**.
He is feeling very **weak**.

1680. **Vreselijke - Terrible**
Wat een **vreselijke** dag.
What a **terrible** day.

1681. **Kregen - Got**
Ze **kregen** een goede beoordeling.
They **got** a good review.

1682. **Kies - Choose**
Wie **kies** jij eerst?
Who do you **choose** first?

1683. **Lenen - Borrow**
Kan ik je laptop **lenen**?
Can I **borrow** your laptop?

1684.   Kluis – Safe
Het geld zit in de **kluis**.
The money is in the **safe**.

1685.   Klant – Customer
Zij is de beste **klant**.
She is the best **customer**.

1686.   Chris – Chris
Chris komt uit Middelburg.
Chris is from Middelburg.

1687.   Bijvoorbeeld – For Instance
Bijvoorbeeld, als je het eerst opschrijft.
For instance, if you write it down first.

1688.   Truck – Truck
Sam kan een **truck** besturen.
Sam can drive a **truck**.

1689.   Begrafenis – Funeral
De **begrafenis** trok honderden mensen naar de begraafplaats.
The **funeral** drew hundreds of people to the cemetery.

1690.   Lab – Lab
In het **lab** vonden ze een doorbraak.
They found a breakthrough in the **lab**.

1691.   Ideeën – Ideas
De groep zit vol **ideeën**.
The group is full of **ideas**.

1692.   Beslist – Decides
De scheidsrechter **beslist**.
The referee **decides**.

1693. Akkoord – Agreement

Ze bereikten een **akkoord**.

They reached an **agreement**.

1694. Percentage – Percentage

Het **percentage** werd met de dag hoger.

The **percentage** grew by the day.

1695. Chicago – Chicago

The Magnificent Mile ligt in **Chicago**.

The Magnificent Mile is in **Chicago**.

1696. Vermoordt – Kills

De regering **vermoordt** haar eigen burgers.

The government **kills** its own citizens.

1697. Pakt – Grabs

Hij **pakt** de hele bestelling tegelijk aan.

He **grabs** the complete order all at once.

1698. Biertje – Beer

Wil je een **biertje** drinken vanavond?

Do you want to grab a **beer** tonight?

1699. Verdiend – Deserved

Dat is niet wat hij had **verdiend**.

That is not what he **deserved**.

1700. Alarm – Alarm

Mijn **alarm** gaat elke ochtend om 7 uur.

My **alarm** goes off every morning at 7 o'clock.

1701. Aan doen – Put On

Kun jij de oven **aan doen**?

Can you **put on** the oven?

1702. Gedragen – Worn

Ik heb die outfit nauwelijks **gedragen**.

I have barely **worn** that outfit.

1703. Krachten – Powers

Bovennatuurlijk **krachten**.

Supernatural **powers**.

1704. Basis – Base

De **basis** is sterk.

The **base** is strong.

1705. Verbergen – Hide

Ik kan mijn gevoelens niet **verbergen**.

I can't **hide** my feelings.

1706. Toon – Show

Toon mij de foto.

Show me the picture.

1707. Verwachten – Expecting

Wat **verwachten** jullie?

What are you **expecting**?

1708. Champagne – Champagne

De **champagne** vloeide rijkelijk.

The **champagne** was flowing excessively.

1709. Hoopte – Hoped

Ik **hoopte** op een vermindering.

I had **hoped** for a reduction.

1710. Vandoor – Take Off

We gaan er **vandoor**.

We will **take off**.

1711.   Graf – Grave
Er staan bloemen op het **graf**.
There are flowers on the **grave**.

1712.   Duur – Expensive
Die ring was super **duur**.
That ring was super **expensive**.

1713.   Sterren – Stars
We gaan alle **sterren** tellen.
We will count all the **stars**.

1714.   Kelder – Basement
Alle apparaten staan in de **kelder**.
All devices are in the **basement**.

1715.   Wiens – Whose
Weet jij **wiens** pen ik kan lenen?
Do you know **whose** pen I can borrow?

1716.   Mening – Opinion
Jouw **mening** is belangrijk voor me.
Your **opinion** is important to me.

1717.   Flat – Flat
De **flat** heeft twaalf verdiepingen.
The **flat** has twelve stories.

1718.   Verslaan – Beat
Je kunt hem niet **verslaan**.
You can't **beat** him.

1719.   Vaarwel – Goodbye
Vaarwel en tot de volgende keer.
Goodbye and until next time.

1720.   Jouwe – Yours

Is dit de **jouwe**?

Is this **yours**?

1721.   Berg – Mountain

De Mont Blanc is de hoogste **berg** van Europa.

The Mont Blanc is the biggest **mountain** in Europe.

1722.   Geduld – Patience

Haar **geduld** werd beloond.

Her **patience** was rewarded.

1723.   Frankrijk – France

Marseille is een stad in **Frankrijk**.

Marseille is a city in **France**.

1724.   Ervandoor – Left

Hij is **ervandoor** gegaan.

He **left**.

1725.   Compleet – Complete

Hiermee, is het **compleet**.

With this, it's **complete**.

1726.   Bergen – Mountains

We gaan ieder jaar klimmen in de **bergen** in Zwitserland.

We go climbing every year in the **mountains** in Switzerland.

1727.   Roepen – Call

Kun je hem **roepen**?

Can you **call** him?

1728.   Gerust – Rest Assured

Wees **gerust**, ik ga het regelen.

Rest assured, I will take care of it.

1729. Hoewel – Although

Hoewel ik het er niet mee eens ben, heb ik respect voor haar mening.

Although I don't agree, I respect her opinion.

1730. Tegenwoordig – Nowadays

Wat doe je **tegenwoordig**?

What are you doing **nowadays**?

1731. Sterker – Stronger

Samen zijn we **sterker**.

Together we are **stronger**.

1732. Twijfel – Doubt

Ik ken geen **twijfel**.

I know no **doubt**.

1733. Schrijft – Writes

Hij **schrijft** diepgaande poëzie.

He **writes** deep poetry.

1734. Leerde – Learned

Ik **leerde** alles over geschiedenis.

I **learned** everything about history.

1735. Carrière – Career

Met die rol, kwam zijn **carrière** van de grond.

With that role, he launched his **career**.

1736. Binnenkomen – Enter

Mag ik **binnenkomen**?

May I **enter**?

1737.   Koffer – Suitcase

Mijn **koffer** heeft de vlucht gemist.

My **suitcase** missed the flight.

1738.   Stappen – Steps

Volg de **stappen**, en je gaat het vinden.

Follow the **steps**, and you will find it.

1739.   Redt – Saves

Hij **redt** haar uit die situatie.

He **saves** her from that situation.

1740.   Koken – Cooking

Ik heb een passie voor **koken**.

I have a passion for **cooking**.

1741.   Geïnteresseerd – Interested

Zij is **geïnteresseerd** in mijn domein.

She is **interested** in my domain.

1742.   Volle – Full

Ik heb een **volle** agenda.

I have a **full** agenda.

1743.   Duizenden – Thousands

Er zijn **duizenden** meren in Karinthië.

There are **thousands** of lakes in Carinthia.

1744.   Annie – Annie

Annie kreeg de hoofdrol in de musical.

Annie got the main role in the musical.

1745.   Rachel – Rachel

Rachel is mijn hartsvriendin.

Rachel is my best friend forever.

1746. **Vergissing – Mistake**
Het bleek allemaal een **vergissing**.
It all turned out to be a **mistake**.

1747. **Vijanden – Enemies**
Iedereen heeft **vijanden**.
Everyone has **enemies**.

1748. **Hoger – Higher**
Hij heeft een **hogere** functie.
He has a **higher** position.

1749. **Ernstig – Serious**
Het is een **ernstig** vergrijp.
It's a **serious** offense.

Chapter 8

1750. Morgenochtend - Tomorrow Morning

Ik kom het **morgenochtend** brengen.

I will drop it off **tomorrow morning**.

1751. Brood - Bread

Al hun **brood** is vers.

All their **bread** is fresh.

1752. Eigenaar - Owner

De **eigenaar** moest zijn zaak sluiten.

The **owner** had to close his business.

1753. Sterke - Strong

Hij had een **sterke** start.

He had a **strong** start.

1754. Stuurde - Sent

Hij **stuurde** me een Facebook bericht.

He **sent** me a Facebook message.

1755. Bekijk - View
Ik **bekijk** die dingen heel anders.
I **view** these things very differently.

1756. Zonde - Shame
Wat **zonde** van die vlek.
What a **shame** about that stain.

1757. Wit - White
Ik draag altijd **wit**.
I always wear **white**.

1758. Burgemeester - Mayor
De **burgemeester** is erg geliefd.
The **mayor** is very popular.

1759. Details - Details
Ik stuur de **details** naar je door.
I will send you the **details**.

1760. Persoonlijke - Personal
Je krijgt mijn **persoonlijke** goedkeuring.
You will receive my **personal** approval.

1761. Zondag - Sunday
Ik ga **zondag** League of Legends spelen.
I will play League of Legends on **Sunday**.

1762. Advies - Advice
Dat **advies** is nergens op gebaseerd.
That **advice** is based on nothing.

1763. Verliest - Loses
Zij **verliest** nooit met Candy Crush.
She never **loses** with Candy Crush.

1764. Lid – Member

Hij is **lid** van het koor.

He is a **member** of the choir.

1765. Arresteren – Arrest

Het team kwam hem **arresteren**.

The team came to **arrest** him.

1766. Nauwelijks – Barely

Hij kon **nauwelijks** dichterbij komen.

He could **barely** come closer.

1767. Harde – Tough

Het is een **harde** wereld.

It's a **tough** world.

1768. Moeders – Mothers

Alle **moeders** halen de kinderen op.

All **mothers** will pick up the children.

1769. Schot – Shot

Elk **schot** ging erin.

Every **shot** went in.

1770. Interesseert – Interested

Ik weet niet of hij zich daarvoor **interesseert**.

I don't know if he is **interested** in that.

1771. Gedronken – Drank

We hebben met de hele groep wat **gedronken**.

We **drank** something with the whole group.

1772. Bepaald – Determined

De eisen voor kwalificatie zijn **bepaald**.

The requirements to qualify have been **determined**.

1773.	**Manieren – Ways**

Er zijn veel **manieren** om het te doen.

There are many **ways** to do it.

1774.	**Magie – Magic**

Het is pure **magie**.

It's pure **magic**.

1775.	**Mark – Mark**

Mark Rutte is de minister president.

Mark Rutte is the prime minister.

1776.	**Blauw – Blue**

De envelop is **blauw**.

The envelope is **blue**.

1777.	**Toegang – Access**

Het kost 10 euro om **toegang** te krijgen.

It costs 10 euro to gain **access**.

1778.	**Oplossen – Solve**

We moeten het samen **oplossen**.

We have to **solve** it together.

1779.	**Gelaten – Left**

Hij heeft het zo **gelaten** als het was.

He **left** it the way it was.

1780.	**Zaterdag – Saturday**

Op **zaterdag**, ga ik voetballen.

On **Saturday,** I will play soccer.

1781.	**Bieden – Bid**

Iedereen mag **bieden**.

Everyone can **bid**.

1782.   Favoriete – Favorite
De lente is mijn **favoriete** seizoen.
Spring is my **favorite** season.

1783.   Arts – Doctor
De **arts** adviseerde het recept.
The **doctor** advised the prescription.

1784.   Larry – Larry
Larry is een kameel.
Larry is a camel.

1785.   Gewacht – Waited
Ik heb lang **gewacht**.
I **waited** for a long time.

1786.   Afdeling – Department
Die **afdeling** beslist over de vergunningen.
That **department** decides about the permits.

1787.   Schitterend – Beautiful
Wat een **schitterend** uitzicht.
What a **beautiful** view.

1788.   Gebruikte – Used
Hij **gebruikte** drugs.
He **used** drugs.

1789.   Jagen – Hunt
We gaan **jagen** in Dinkelland.
We are going to **hunt** in Dinkelland.

1790.   Broers – Brothers
Ik speel ijshockey met mijn **broers**.
I play hockey with my **brothers**.

1791.   Steun – Support
Ze konden de **steun** gebruiken.
They could use the **support**.

1792.   Engel – Angel
Mijn tante is een **engel**.
My aunt is an **angel**.

1793.   Deuren – Doors
Waarom laat je de **deuren** open?
Why do you leave the **doors** open?

1794.   Stuurt – Sends
Hij **stuurt** me rare berichten.
He **sends** me strange messages.

1795.   Rekenen – Count
Je kunt op me **rekenen**.
You can **count** on me.

1796.   Gouden – Gold
De **Gouden** Eeuw.
Dutch **Golden** Age.

1797.   Anna – Anna
Ik ga met **Anna** naar het zwembad.
I'm going to the swimming pool with **Anna**.

1798.   Maria – Maria
Maria is vernoemd naar haar oma.
Maria is named after her grandma.

1799.   Hiervan – From This
Wat heb je **hiervan** geleerd?
What did you learn **from this**?

1800. Dertig – Thirty

Hij is de **dertig** allang gepasseerd.

He turned **thirty** a long time ago.

1801. Verborgen – Hidden

We zoeken naar de **verborgen** schatten.

We are looking for the **hidden** treasures.

1802. Prettige – Pleasant

Wat een **prettige** gast.

What a **pleasant** guest.

1803. Vervelend – Annoying

Zij gedraagt zich erg **vervelend**.

She behaves in a very **annoying** way.

1804. Reizen – Travel

Veel toeristen **reizen** naar Amsterdam.

Many tourists **travel** to Amsterdam.

1805. Gedachte – Thought

Houd die **gedachte** vast.

Hold on to that **thought**.

1806. Uwe – Yours

Dit is de **uwe**.

This is **yours**.

1807. Welnee – No

Welnee, dat heb ik niet gezegd.

No, I didn't say that.

1808. Vogel – Bird

De **vogel** maakte me wakker.

The **bird** woke me up.

1809. Tegenover – Opposite
Zij zit **tegenover** mij op kantoor.
She is sitting **opposite** me in the office.

1810. Belang – Interest
Hij heeft een **belang** in het bedrijf.
He has an **interest** in the company.

1811. Stukken – Pieces
Ik mis een paar **stukken**.
I'm missing a few **pieces**.

1812. Bende – Gang
De **bende** is zeer gewelddadig.
The **gang** is very violent.

1813. Sterf – Die
Ik **sterf** bij voorkeur in mijn slaap.
I would prefer to **die** in my sleep.

1814. Meent – Means
Ze **meent** niets van wat ze zegt.
She **means** nothing of what she says.

1815. Patiënt – Patient
De **patiënt** mag morgen naar huis.
The **patient** can go home tomorrow.

1816. Fouten – Mistakes
Je moet leren van je **fouten**.
You have to learn from your **mistakes**.

1817. Eenvoudig – Easily
Ik kan het **eenvoudig** veranderen.
I can change it **easily**.

1818.   Beveiliging – Security
De **beveiliging** is zwak.
The **security** is weak.

1819.   Vliegveld – Airport
La Guardia is een druk **vliegveld**.
La Guardia is a busy **airport**.

1820.   Streek – Region
Die **streek** is erg afgelegen.
That **region** is very deserted.

1821.   Liedje – Song
Dat **liedje** is erg emotioneel.
That **song** is very emotional.

1822.   Gespeeld – Played
Zij heeft jaren gitaar **gespeeld**.
She **played** the guitar for years.

1823.   Ruik – Smell
Ik **ruik** veel kruiden.
I **smell** lots of herbs.

1824.   Vergadering – Meeting
De **vergadering** werd onderbroken.
The **meeting** was interrupted.

1825.   Genade – Mercy
Hij kent geen **genade**.
He knows no **mercy**.

1826.   Tong – Tongue
Zij heeft een lange **tong**.
She has a long **tongue**.

1827. Kust – Coast
De **kust** is veilig.
The **coast** is clear.

1828. Kogels – Bullets
Kogels vlogen in het rond.
Bullets were flying around.

1829. Voedsel – Food
Het **voedsel** was weg.
The **food** was gone.

1830. Schade – Damage
De **schade** bleef beperkt.
The **damage** was limited.

1831. Gezond – Healthy
Veel groenten zijn **gezond**.
Lots of vegetables are **healthy**.

1832. Coach – Coach
De **coach** is streng.
The **coach** is strict.

1833. Ondanks – Despite
Ondanks de verschillen, kunnen ze het goed vinden.
Despite the differences, they get along well.

1834. Geheimen – Secrets
Ze delen al hun **geheimen**.
They share all their **secrets**.

1835. Waarheen – Where
Waarheen gaat de reis?
Where will the trip go?

1836. Vloer – Floor

Zij veegt de **vloer** met hem aan.

She wipes the **floor** with him.

1837. Erheen – There

Hoe ga je **erheen**?

How will you get **there**?

1838. Eenzaam – Lonely

Ouderen zijn vaak **eenzaam**.

The elderly are often **lonely**.

1839. Vrolijk – Cheerful

Wat een **vrolijk** evenement.

What a **cheerful** event.

1840. Edelachtbare – Your Honor

Mag ik wat vragen, **edelachtbare**?

Can I ask you something, **Your Honor**?

1841. Saai – Boring

Zijn leven is erg **saai**.

His life is very **boring**.

1842. Priester – Priest

De **priester** is te laat.

The **priest** is late.

1843. Woonde – Lived

Waar **woonde** jij eerst?

Where have you **lived** before?

1844. Vermist – Missing

Hij is al drie jaar **vermist**.

He has been **missing** for three years.

1845. Taart – Cake
De **taart** was veganistisch.
The **cake** was vegan.

1846. Achtergelaten – Abandoned
Ze hebben hem **achtergelaten**.
They **abandoned** him.

1847. Telefoontje – Phone Call
Ik miste het **telefoontje**.
I missed the **phone call**.

1848. Ontmoetten – Met
We **ontmoetten** elkaar op het gala.
We **met** each other at the dance.

1849. Eng – Scary
Die man is **eng**.
That man is **scary**.

1850. Hekje – Hashtag
Met een **hekje**, kun je woorden taggen.
With a **hashtag**, you can tag words.

1851. Herinnert – Remembers
Hij **herinnert** zich niets.
He **remembers** nothing.

1852. Studeren – Studying
Studeren is niet voor hem weggelegd.
Studying is not for him.

1853. Droeg – Carried
Hij **droeg** de spullen urenlang.
He **carried** the stuff for hours.

1854. Verstopt – Hides
Zij **verstopt** zich in het pashok.
She **hides** in the fitting room.

1855. Jury – Jury
De **jury** heeft besloten.
The **jury** has decided.

1856. Hoelang – How Long
Hoelang moeten we blijven?
How long do we have to stay?

1857. Laag – Low
Je moet **laag** blijven.
You have to stay **low**.

1858. Gods – God's
Het is **God's** manier.
It's **God's** way.

1859. Claire – Claire
Ik ga met **Claire** samen.
I will go with **Claire**.

1860. Papier – Paper
Op **papier**, klinkt het goed.
On **paper**, it sounds good.

1861. Chef – Chef
De **chef** heeft veel prijzen gewonnen.
The **chef** won many prices.

1862. Waardoor – Causing
Dat is **waardoor** het probleem komt.
That is **causing** the problem.

1863. Maandag – Monday

Op **maandag**, ben ik chagrijnig.

On **Monday**, I am moody.

1864. Noorden – North

In het **Noorden**, spreken mensen met een accent.

In the **North**, people speak with an accent.

1865. Vernietigd – Destroyed

Het centrum werd **vernietigd**.

The center got **destroyed**.

1866. Politick – Politics

In de **politiek**, is elke dag anders.

In **politics**, every day is different.

1867. Park – Park

Kronenburg **Park** is in Nijmegen.

Kronenburg **Park** is in Nijmegen.

1868. Korte – Short

Zij draagt een **korte** rok.

She is wearing a **short** skirt.

1869. Ah – Ah

Ah, wat jammer.

Ah, what a pity.

1870. Kwestie – Matter

Het is een **kwestie** van tijd.

It's a **matter** of time.

1871. Slaapkamer – Bedroom

De **slaapkamer** is helemaal nieuw.

The **bedroom** is brand new.

1872.   Lieg – Lie

Waarom **lieg** je altijd?

Why do you always **lie**?

1873.   Leert – Learns

Zij **leert** enorm snel.

She **learns** incredibly fast.

1874.   Gewend – Used To

Ik ben **gewend** aan luxe.

I'm **used to** luxury.

1875.   Kate – Kate

De roddelpers zit altijd achter **Kate** aan.

The tabloids are always following **Kate**.

1876.   Pot – Jar

Ik kocht een **pot** augurken.

I bought a **jar** of pickles.

1877.   Nat – Wet

De verf is nog **nat**.

The paint is still **wet**.

1878.   Maatje – Buddy

Zij is mijn beste **maatje**.

She is my best **buddy**.

1879.   Groeten – Regards

Doe hem de **groeten**.

Give him my **regards**.

1880.   Verdomd – Damn

Wat een **verdomd** goed nummer.

What a **damn** good song.

1881.   **Naakt – Naked**

Ik loop altijd **naakt** in huis rond.

I always walk around **naked** in the house.

1882.   **Andy – Andy**

Andy zwemt in de rivier.

Andy is swimming in the river.

1883.   **Vanmiddag – This Afternoon**

We gaan **vanmiddag** barbecueën.

We're going to have a barbecue **this afternoon**.

1884.   **Genieten – Enjoy**

Je moet van je vrij dag **genieten**.

You have to **enjoy** your day off.

1885.   **Wegens – Due To**

Wegens onvoorziene omstandigheden, is het afgelast.

Due to unforeseen circumstances, it's canceled.

1886.   **Hiervoor – For This**

Hiervoor blijf ik niet thuis.

I will not stay home **for this**.

1887.   **Makkelijker – Easier**

Alles wordt **makkelijker**.

Everything gets **easier**.

1888.   **Badkamer – Bathroom**

De **badkamer** is gerenoveerd.

The **bathroom** has been renovated.

1889.   **Verbrand – Burned**

Ik heb mijn hand **verbrand**.

I **burned** my hand.

1890. Project – Project

Het **project** is ingeleverd.

The **project** has been handed in.

1891. Miljoenen – Millions

Er wonen **miljoenen** mensen in Houston.

Millions of people live in Houston.

1892. Hielp – Helped

Hij **hielp** me elke dag.

He **helped** me every day.

1893. Nachtmerrie – Nightmare

De **nachtmerrie** is nog niet voorbij.

The **nightmare** isn't over yet.

1894. Genezen – Heal

Het zal langzaam **genezen**.

It will **heal** slowly.

1895. Vasthouden – Hold On

Je moet die positieve gedachten **vasthouden**.

You have to **hold on** to these positive vibes.

1896. Dader – Perpetrator

De **dader** is nog steeds niet gearresteerd.

The **perpetrator** still hasn't been arrested.

1897. Aannemen – Take

Kun je een boodschap **aannemen**?

Can you **take** a message?

1898. Dave – Dave

Dave heeft rood haar.

Dave has red hair.

1899. Bomen – Trees
Alle **bomen** staan in bloei.
All **trees** are in bloom.

1900. Verloor – Lost
Ik **verloor** iedere keer.
I **lost** every time.

1901. Ontslag – Resignation
Zij heeft haar **ontslag** ingediend.
She gave her **resignation**.

1902. Aankomen – Arrive
Hij zal om acht uur **aankomen**.
He will **arrive** at eight o'clock.

1903. Beslissen – Decide
Je moet het zelf **beslissen**.
You have to **decide** for yourself.

1904. Buren – Neighbors
De **buren** hebben geklaagd.
The **neighbors** have complained.

1905. Piloot – Pilot
De **piloot** vliegt drie keer per week.
The **pilot** flies three times a week.

1906. Arthur – Arthur
Arthur is vrijgezel.
Arthur is single.

1907. Whisky – Whiskey
Dat merk **whisky** drink ik het liefst.
I like to drink that brand of **whiskey** the most.

1908. Knappe – Handsome

Wat een **knappe** verschijning.

What a **handsome** appearance.

1909. Netjes – Neat

Haar slaapkamer is erg **netjes**.

Her bedroom is very **neat**.

1910. Kast – Closet

Je moet je **kast** opruimen.

You have to clean up your **closet**.

1911. Gevangenen – Prisoners

De **gevangenen** mogen een keer per dag naar buiten.

The **prisoners** are allowed to go outside once a day.

1912. Goden – Gods

De **goden** zullen bepalen.

The **gods** will decide.

1913. Rijke – Rich

Er wonen veel **rijke** mensen in die buurt.

Many **rich** people live in that neighborhood.

1914. Dief – Thief

Als een **dief** in de nacht.

Like a **thief** in the night.

1915. Joey – Joey

Joey houdt van lasagna.

Joey loves lasagna.

1916. Bron – Source

Zijn **bron** is geheim.

His **source** is secret.

1917. Europa – Europe
België ligt in **Europa**.
Belgium is located in **Europe**.

1918. Stroom – Power
De **stroom** is afgesloten.
The **power** was cut off.

1919. Opgeven – Give Up
Je kan nu niet **opgeven**.
You can't **give up** now.

1920. Hemelsnaam – Heaven's sake
Wat denken jullie in **hemelsnaam**?
For **heaven's sake**, what are you guys thinking?

1921. Geesten – Ghosts
We zullen de **geesten** verjagen.
We will scare away the **ghosts**.

1922. Bereikt – Achieved
Hij heeft zijn dromen **bereikt**.
He **achieved** his dreams.

1923. Mexico – Mexico
Puerto Vallarta is een badplaats in **Mexico**.
Puerto Vallarta is a seaside resort in **Mexico**.

1924. Chauffeur – Driver
De **chauffeur** opent de deur.
The **driver** opens the door.

1925. Toeval – Coincidence
Het kan geen **toeval** zijn.
It can't be a **coincidence**.

1926. Machine – Machine
Al zijn werk is overgenomen door die **machine**.
All his work had been taken over by that **machine**.

1927. Punten – Points
Hij had de meeste **punten**.
He had the most **points**.

1928. Pete – Pete
Pete werkt voor een nieuwszender.
Pete works for a news channel.

1929. Westen – West
In het **westen** is ligt Zuid-Holland.
South Holland is located in the **west**.

1930. Leraar – Teacher
De **leraar** laat het ons morgen weten.
The **teacher** will let us know tomorrow.

1931. Storm – Storm
Een **storm** aan de kust is heel normaal.
A **storm** on the coast is very normal.

1932. Walter – Walter
Walter zat op dezelfde school als ik.
Walter went to the same school as me.

1933. Gekend – Known
Leuk je **gekend** te hebben.
Nice to have **known** you.

1934. Knieën – Knees
Ik heb slechte **knieën**.
I have bad **knees**.

1935. Charles – Charles

Charles Groenhuijsen doet verslag vanuit de Verenigde Staten.

Charles Groenhuijsen reports from the United States.

1936. Boerderij – Farm

De kippen lopen rond op de **boerderij**.

The chickens walk around on the **farm**.

1937. Lucy – Lucy

Hoe laat is **Lucy** hier?

How late will **Lucy** be here?

1938. Jerry – Jerry

Ik heb vaak ruzie met **Jerry**.

I often fight with **Jerry**.

1939. Schreeuwen – Screaming

Iedereen moet stoppen met **schreeuwen**.

Everyone should stop **screaming**.

1940. Afspraakje – Date

Ons eerste **afspraakje** is vanavond.

Our first **date** is tonight.

1941. Vrees – Fear

Ik **vrees** het ergste.

I **fear** the worst.

1942. Gozer – Dude

Hey, **gozer**, wat doe je?

Hey, **dude**, what are you doing?

1943. Gekeken – Watched

Ik heb net naar Netflix **gekeken**.

I just **watched** Netflix.

1944. Overkomt – Happens
Mij **overkomt** niets.
Nothing **happens** to me.

1945. Menselijk – Human
Het is gewoon **menselijk** zo te denken.
It's only **human** to think like that.

1946. Eieren – Eggs
Met pasen, zoeken we **eieren**.
During Easter, we search for **eggs**.

1947. Cadeau – Present
Een luchtje is een leuk **cadeau**.
Cologne is a nice **present**.

1948. Klap – Punch
Geef een **klap**!
Throw a **punch**!

1949. Hersens – Brains
Hij heeft een goed stel **hersens**.
He has a good set of **brains**.

1950. Stof – Dust
Overal ligt **stof**.
The **dust** is everywhere.

1951. Lisa – Lisa
Lisa plaatst een bericht op Twitter.
Lisa posts a message on Twitter.

1952. Lelijk – Ugly
Wat een **lelijk** beeld.
What an **ugly** statue.

1953. Smaak – Taste
De **smaak** gaat niet uit je mond.
The **taste** doesn't leave your mouth.

1954. Zojuist – Just
Wat heb je **zojuist** gedaan?
What did you **just** do?

1955. Signaal – Signal
Ik heb hier geen **signaal**.
I don't have a **signal** over here.

1956. Garage – Garage
Mijn auto staat in de **garage**.
My car is in the **garage**.

1957. Stelletje – Couple
Het **stelletje** is al twee jaar samen.
The **couple** has been together for two years.

1958. Ongelofelijk – Incredible
Dat sprookje is **ongelofelijk**.
That fairy tale is **incredible**.

1959. Vlieg – Fly
Ik **vlieg** met KLM.
I **fly** with KLM.

1960. Kerstmis – Christmas
Kerstmis is bij ons thuis.
Christmas is at our house.

1961. Drinkt – Drinks
Hij **drinkt** dagelijks.
He **drinks** on a daily basis.

1962.   Lef – Guts
Die gast heeft **lef**.
That guy has some **guts**.

1963.   Vijftien – Fifteen
Ik haalde mijn diploma toen ik **vijftien** was.
I got my diploma when I was **fifteen**.

1964.   Grijp – Grab
Grijp het met beide handen vast.
Grab it with both hands.

1965.   Verslagen – Defeated
Ze hebben de tegenstander **verslagen**.
They have **defeated** the opponent.

1966.   Terugkomt – Returns
Ik weet niet zeker of hij **terugkomt**.
I'm not sure if he **returns**.

1967.   Interesse – Interested
Ik heb **interesse** in twee kaartjes.
I'm **interested** in two tickets.

1968.   Gave – Gift
Tekenen is zijn **gave**.
Drawing is his **gift**.

1969.   Virus – Virus
Het **virus** verspreid zich snel.
The **virus** is spreading quickly.

1970.   Vinger – Finger
Ik heb een gebroken **vinger**.
I have a broken **finger**.

1971. Huur – Rent
Mijn **huur** is weer verhoogd.
My **rent** was increased again.

1972. Groen – Green
Mijn hele inrichting is **groen**.
My entire interior is **green**.

1973. Doorheen – Through
Zij zal zich er **doorheen** vechten.
She will fight **through** it.

1974. Wed – Bet
Wed jij weleens op internet?
Do you **bet** online sometimes?

1975. Wensen – Wish
We **wensen** je veel sterkte.
We **wish** you a lot of strength.

1976. Vanochtend – This Morning
Ik ben **vanochtend** vergeten in te checken.
I forgot to check in **this morning**.

1977. Jongeman – Young Man
Deze **jongeman** heeft manieren.
This **young man** has manners.

1978. Rechten – Rights
Lees hem zijn **rechten** voor.
Read him his **rights**.

1979. Schrikken – Scared
Zij liet me **schrikken**.
She **scared** me.

1980. Kelly – Kelly

Ik luister altijd naar **Kelly**.

I always listen to **Kelly**.

1981. Gouverneur – Governor

De **gouverneur** krijgt een tweede termijn.

The **governor** will get a second term.

1982. Schattig – Cute

Zij ziet er **schattig** uit.

She looks **cute**.

1983. Blijkt – Turns Out

Het **blijkt** dat hij het niet wist.

It **turns out** that he didn't know.

1984. Zuiden – South

Noord-Brabant ligt in het **zuiden**.

North Brabant is located in the **south**.

1985. Orders – Orders

Hij neemt geen **orders** aan.

He doesn't take any **orders**.

1986. Nogmaals – Again

Probeer het **nogmaals**.

Try it **again**.

1987. Lekkere – Tasty

Wat een **lekkere** snack.

What a **tasty** snack.

1988. Opgewonden – Turned on

Hij raakte **opgewonden** van het optreden.

The performance had him **turned on**.

1989. Menselijk - Human
Verdrietig zijn is **menselijk**.
Being sad is **human**.

1990. Aap - Monkey
De **aap** leeft in Artis.
The **monkey** lives in Artis.

1991. Verdien - Earn
Wat **verdien** je per maand?
What do you **earn** per month?

1992. Medelijden - Pity
Je moet hem niet uit **medelijden** helpen.
You shouldn't help him out of **pity**.

1993. Gevangene - Prisoner
De **gevangene** probeerde te ontsnappen.
The **prisoner** tried to escape.

1994. Kilo - Kilo
Ik koop een **kilo** aardappels.
I'm buying a **kilo** of potatoes.

1995. Daarheen - There
We gaan samen **daarheen**.
We will go **there** together.

1996. Californië - California
San Francisco is gelegen in **Californië**.
San Francisco is situated in **California**.

1997. Logische - Logical
Het is een **logische** verklaring.
It's a **logical** explanation.

1998. Kaartje – Ticket

Het **kaartje** is verkocht.

The **ticket** is sold.

1999. Voorlopig – Time Being

Hij komt **voorlopig** niet werken.

He will not come to work for the **time being**.

Chapter 9

2000. Verdedigen – Defend
Ik zal haar **verdedigen**.
I will **defend** her.

2001. Medische – Medical
Hij kon niet mee vanwege **medische** redenen.
He couldn't join due to **medical** reasons.

2002. Julia – Julia
Julia is een mooie naam.
Julia is a beautiful name.

2003. Bovendien – Moreover
Bovendien, bleek het al geregeld te zijn.
Moreover, it was already taken care of.

2004. Achterlaten – Leave Behind
Ik zal de meeste spullen **achterlaten**.
I will **leave behind** most of the stuff.

2005. Aangevallen – Attacked

Hij werd door een krokodil **aangevallen**.

He was **attacked** by the crocodile.

2006. Matt – Matt

Matt Damon heeft een ster op de Hollywood Walk of Fame.

Matt Damon has a star on the Hollywood Walk of Fame.

2007. Hang – Hanging

Ik **hang** de was op.

I'm **hanging** up the laundry.

2008. Documenten – Documents

Er zijn veel **documenten** die ontbreken.

Lots of **documents** are missing.

2009. Besluit – Decision

Het **besluit** staat vast.

The **decision** is final.

2010. Makker – Buddy

Lars is mijn **makker**.

Lars is my **buddy**.

2011. Raden – Guess

Je moet **raden**.

You have to **guess**.

2012. Opzoeken – Look Up

Ik ga het nummer **opzoeken**.

I will **look up** the number.

2013. Opgesloten – Locked Up

Hij zit de rest van zijn leven **opgesloten**.

He is **locked up** for the rest of his life.

2014. Ontzettend – Very
Zij is **ontzettend** aardig.
She is **very** nice.

2015. Zwijg – Be Silent
Zwijg als het graf.
Be silent as the grave.

2016. Horloge – Watch
Mijn **horloge** loopt achter.
My **watch** is running slow.

2017. Aanraken – Touch
Je mag me niet **aanraken**.
You can't **touch** me.

2018. Verhuizen – Move Out
We gaan morgen **verhuizen**.
We will **move out** tomorrow.

2019. Verantwoordelijkheid – Responsibility
Je kunt de **verantwoordelijkheid** niet ontlopen.
You can't walk away from the **responsibility**.

2020. Wellicht – Perhaps
Wellicht kun je het nog veranderen.
Perhaps you can still change it.

2021. Normale – Normal
In **normale** omstandigheden, zal dit niet gebeurd zijn.
In **normal** circumstances, this wouldn't have happened.

2022. Adam – Adam
Adam en Eva.
Adam and Eve.

2023. Telt – Counts
Dat is alles wat **telt**.
That is everything that **counts**.

2024. Plicht – Duty
Zij heeft haar **plicht** volbracht.
She fulfilled her **duty**.

2025. Dier – Animal
Wat is jouw favoriete **dier**?
What is your favorite **animal**?

2026. Toestand – Condition
Hij verkeert in slechte **toestand**.
He is in bad **condition**.

2027. Gedag – Goodbye
Zeg hem **gedag**.
Say **goodbye** to him.

2028. Voorstel – Proposal
Accepteer je het **voorstel**?
Will you accept the **proposal**?

2029. Groener – Greener
Het gras is **groener** aan de overkant.
The grass is **greener** on the other side.

2030. Vermoordde – Murdered
Zij **vermoordde** meerdere mensen.
She **murdered** multiple people.

2031. Station – Station
Het **station** is tien-minuten lopen.
The **station** is a ten-minute walk.

2032. Mogen – May
We **mogen** het hopen.
We **may** hope so.

2033. Robert – Robert
Robert is mijn compagnon.
Robert is my companion.

2034. Pillen – Pills
Ik slik de **pillen** elke dag.
I swallow the **pills** every day.

2035. Gaande – Going On
Er is veel **gaande**.
There is a lot **going on**.

2036. Huizen – Houses
De **huizen** staan dicht op elkaar.
The **houses** are close to each other.

2037. Wassen – Washing
Kleding **wassen** doe ik bij de wasserette.
Washing clothes is what I do at the laundromat.

2038. Scheelt – Saves
Kopen in die winkel **scheelt** veel geld.
Buying in that store **saves** lots of money.

2039. Brieven – Letters
Ik heb al je **brieven** bewaard.
I kept all your **letters**.

2040. Stenen – Stones
De **stenen** zijn enorm zwaar.
The **stones** are really heavy.

2041. Herken – Recognize

Ik **herken** haar niet meer.

I don't **recognize** her anymore.

2042. Gescheiden – Separated

Zij leven al jaren **gescheiden**.

They have been living **separated** for years.

2043. Carl – Carl

Ik ken **Carl** van de kerk.

I know **Carl** from church.

2044. Leefde – Lived

Hij **leefde** voor de sport.

He **lived** for sports.

2045. Franse – French

Franse wijn is de beste.

French wine is the best.

2046. Jeugd – Youth

De **jeugd** moet vaker naar buiten gaan.

The **youth** has to go outside more often.

2047. Sigaret – Cigarette

Steek die **sigaret** aan.

Light up that **cigarette**.

2048. Schrijver – Writer

De **schrijver** heeft al drie boeken geschreven.

The **writer** already wrote three books.

2049. Omgeving – Environment

Zij groeide op in een slechte **omgeving**.

She grew up in a bad **environment**.

2050.   Cliënt – Client
Zijn **cliënt** was niet tevreden.
His **client** was not satisfied.

2051.   Tegelijk – Same Time
We moeten het **tegelijk** doen.
We have to do it at the **same time**.

2052.   Elf – Eleven
Er zitten **elf** spelers in het team.
There are **eleven** players on the team.

2053.   Gegevens – Data
Met de **gegevens** kun je een hoop te weten komen.
You'll get to know a lot with the **data**.

2054.   Manager – Manager
Ik word volgend jaar **manager**.
I will become **manager** next year.

2055.   Woestijn – Desert
De Sahara **Woestijn** is de grootste ter wereld.
The Sahara **Desert** is the biggest in the world.

2056.   Herinneringen – Memories
We hebben mooie **herinneringen** samen.
We have beautiful **memories** together.

2057.   Geheugen – Memory
Ik ga mijn **geheugen** opfrissen.
I'm going to freshen up my **memory**.

2058.   Ontvoerd – Kidnapped
Uiteindelijk, werd er niemand **ontvoerd**.
In the end, no one got **kidnapped**.

2059. Opgepakt – Arrested

De hele groep werd **opgepakt**.

The whole group got **arrested**.

2060. Ophangen – Hang Up

Je kunt niet zomaar **ophangen**.

You can't just **hang up**.

2061. Oké – Okay

Oké, wacht hier even.

Okay, wait here for a while.

2062. Kist – Box

De **kist** zit vol oude foto's.

The **box** is full of old pictures.

2063. Artikel – Article

Het **artikel** werd alom bekritiseerd.

The **article** was widely criticized.

2064. Bevelen – Command

Hij volgt alle **bevelen** op.

He follows up on every **command**.

2065. Behandelen – Treat

Ze moeten hem voor die aandoening **behandelen**.

They have to **treat** him for that condition.

2066. Officieel – Official

Ze hebben hun relatie **officieel** gemaakt.

They made their relationship **official**.

2067. Bescherming – Protection

Ik draag een masker ter **bescherming**.

I wear a mask for **protection**.

2068. Kasteel – Castle
Alle prinsen wonen in een **kasteel**.
All the princes live in a **castle**.

2069. Voorbeeld – Example
Hij geeft een goed **voorbeeld**.
He gives a good **example**.

2070. Duitse – German
De **Duitse** taal lijkt op de Nederlandse.
The **German** language is similar to the Dutch one.

2071. Stront – Shit
Het ruikt hier naar **stront**.
It smells like **shit** in here.

2072. Kerstman – Santa Claus
Ik speel elk jaar **kerstman** tijdens de feestdagen.
I play **Santa Claus** every year during the holidays.

2073. Dwars – Bother
Zitten ze je **dwars**?
Do they **bother** you?

2074. Ontdekken – Discover
Ze gaan het gebied **ontdekken**.
They are going to **discover** the area.

2075. Waardeer – Appreciate
Ik **waardeer** je medewerking.
I **appreciate** your cooperation.

2076. Spiegel – Mirror
Kijk in de **spiegel**.
Look in the **mirror**.

2077. Waarschuwen – Warn

Je moet hem **waarschuwen**.

You have to **warn** him.

2078. Prettig – Pleasant

De ontmoeting was **prettig**.

The encounter was **pleasant**.

2079. Tellen – Count

Als ik niet kan slapen, ga ik schaapjes **tellen**.

When I can't sleep, I **count** sheep.

2080. Jochie – Kid

Wat een vriendelijk **jochie**.

What a friendly **kid**.

2081. Omstandigheden – Circumstances

De **omstandigheden** zijn ideaal.

The **circumstances** are perfect.

2082. Keizer – Emperor

De **keizer** woont in een paleis.

The **emperor** lives in a palace.

2083. Dubbele – Double

Graag een **dubbele** whisky.

A **double** whiskey, please.

2084. Redenen – Reasons

Er zijn zoveel **redenen** om te gaan.

There are so many **reasons** to go.

2085. Bord – Plate

Leg het op mijn **bord**.

Put it on my **plate**.

2086. Lichten – Lights

De **lichten** springen op groen.

The **lights** are turning green.

2087. Keel – Throat

Ik schraap mijn **keel**.

I clear my **throat**.

2088. Amy – Amy

Amy Winehouse was mijn favoriete zangeres.

Amy Winehouse was my favorite singer.

2089. Verdieping – Floor

Mijn kantoor zit op de derde **verdieping**.

My office is on the third **floor**.

2090. Gereed – Ready

Maak je koffer **gereed**.

Get your suitcase **ready**.

2091. Dichter – Closer

Je moet **dichter** bij het stuur gaan zitten.

You have to sit **closer** to the wheel.

2092. Helen – Heal

Het zal langzaam **helen**.

It will **heal** slowly.

2093. Pauze – Break

In mijn **pauze**, maak ik graag kruiswoordpuzzels.

During my **break**, I like to make crossword puzzles.

2094. Gepleegd – Committed

Hij heeft een misdaad **gepleegd**.

He **committed** a felony.

2095. Vliegt - Flies

De luchtvaartmaatschappij **vliegt** elke dag van Amsterdam naar Madrid.

The airline **flies** from Amsterdam to Madrid every day.

2096. Kyle - Kyle

Kyle is mijn jongste broertje.

Kyle is my youngest brother.

2097. Testen - Test

De **testen** kunnen het bewijzen.

The **tests** can prove it.

2098. Melden - Report

Ze moeten deze overtreding **melden**.

They have to **report** this violation.

2099. Commissaris - Commissioner

Hij is gepromoveerd tot **commissaris**.

He is promoted to **commissioner**.

2100. Terrein - Terrain

Het is onbegaanbaar **terrein**.

The **terrain** is unrideable.

2101. Brian - Brian

Met **Brian** ga ik vaak mountainbiken.

I often go mountain biking with **Brian**.

2102. Bedoeld - Intended

Dit was niet zo **bedoeld**.

This was not **intended** this way.

2103. Verzet - Resistance

Het **verzet** is gebroken.

The **resistance** is broken.

2104.   Ellende – Misery

De **ellende** houdt aan.

The **misery** continues.

2105.   Video – Video

Ik kan de **video** niet laden.

I can't load the **video**.

2106.   Verzoek – Request

Het **verzoek** is afgewezen.

The **request** is denied.

2107.   Natuur – Nature

Er is veel **natuur** in Nederland.

There is a lot of **nature** in the Netherlands.

2108.   Aanbieden – Offer

Ik wil hem graag een korting **aanbieden**.

I would like to **offer** him a discount.

2109.   Geintje – Joke

Het was maar een **geintje**.

It was just a **joke**.

2110.   Briefje – Note

Het **briefje** raakte kwijt.

The **note** got lost.

2111.   Vijftig – Fifty

Vijftig Tinten Grijs.

Fifty Shades of Grey.

2112.   Morgan – Morgan

Piers **Morgan** is een talkshowhost.

Piers **Morgan** is a talk show host.

2113.   Aanbod – Offer

Het is een **aanbod** dat zij niet af kon slaan.

It's an **offer** that she couldn't refuse.

2114.   Leo – Leo

Leo zat naast mij bij de cursus.

Leo sat next to me during the training.

2115.   Leugens – Lies

Ik ben de **leugens** zat.

I'm sick of the **lies**.

2116.   Smerige – Dirty

Ze spelen **smerige** spelletjes.

They play **dirty** games.

2117.   Heks – Witch

Zij is een echte **heks**.

She is a real **witch**.

2118.   Behandeld – Treated

Hij werd **behandeld** voor de aandoening.

He was **treated** for the condition.

2119.   Hekel – Dislike

Ik heb een **hekel** aan bevelen.

I **dislike** getting orders.

2120.   Sla – Lettuce

Er hoort **sla** bij dat gerecht.

You have to add **lettuce** to that dish.

2121.   Moeilijke – Hard
Het zijn **moeilijke** omstandigheden.
The conditions are **hard**.

2122.   Aanwezig – Present
Iedereen is **aanwezig**.
Everyone is **present**.

2123.   Borst – Chest
Ik heb jeuk op mijn **borst**.
I have an itch on my **chest**.

2124.   Trok – Pulled
Ik **trok** de kar achter me aan.
I **pulled** the cart behind me.

2125.   Meedoen – Participate
Meedoen is belangrijker dan winnen.
To **participate** is more important than to win.

2126.   Koers – Rate
De **koers** van de Amerikaanse Dollar stijgt.
The **rate** of the American Dollar is going up.

2127.   Gebouwd – Built
De parkeergarage werd **gebouwd**.
The parking garage was **built**.

2128.   Vals – False
De verklaring was **vals**.
The statement was **false**.

2129.   Wandelen – Walk
We gaan een stukje **wandelen**.
We will go for a **walk**.

2130.   Wedden – Betting
Online kun je op sporten **wedden**.
Online you can do **betting** on sports.

2131.   Opgenomen – Included
Alle feiten werden **opgenomen** in het rapport.
All facts were **included** in the report.

2132.   Verdriet – Sadness
Hij straalt veel **verdriet** uit.
He shows signs of **sadness**.

2133.   Sliep – Slept
Hij **sliep** naast mij.
He **slept** next to me.

2134.   Regen – Rain
De **regen** duurt al vier dagen lang.
The **rain** has been going on for four days.

2135.   Gas – Gas
De prijs van het **gas** daalt.
The price of **gas** is going down.

2136.   Verstoppen – Hide
Iedereen moet zich **verstoppen**.
Everyone has to **hide**.

2137.   Leugen – Lie
Die **leugen** is ongekend.
That **lie** is outrageous.

2138.   Geldt – Applies
Deze maatregel **geldt** voor iedereen.
This measure **applies** to everyone.

**2139.	Race – Race**
De **race** was nooit spannend.
The **race** was never close.

**2140.	Rosé – Rose**
Rosé is heerlijk verfrissend.
Rosé is deliciously refreshing.

**2141.	Verderop – Further**
We gaan een stukje **verderop** staan.
We will go stand a little **further** down.

**2142.	WC – Toilet**
De **WC** zat verstopt.
The **toilet** was clogged.

**2143.	Touw – Rope**
Het **touw** brak.
The **rope** broke.

**2144.	Bezoeken – Visit**
We gaan een museum **bezoeken**.
We will **visit** a museum.

**2145.	Veroorzaakt – Causes**
Het **veroorzaakt** ziektes en kwalen.
It **causes** diseases and ailments.

**2146.	Burgers – Citizens**
Alle **burgers** kwamen in opstand.
All **citizens** rebelled.

**2147.	Toegeven – Admit**
Ik kan niet anders dan het **toegeven**.
I can't do anything other than **admit** it.

2148. Minstens – At Least

Je moet **minstens** twee scheppen meel toevoegen.

You have to add **at least** two scoops of flour.

2149. Graven – Dig

We moesten uren **graven**.

We had to **dig** for hours.

2150. Haten – Hate

Haten is nooit goed.

To **hate** is never good.

2151. Dienen – Serve

Om te **dienen** en te beschermen.

To **serve** and protect.

2152. Daarin – In There

Ik heb **daarin** gezeten.

I sat **in there**.

2153. Chuck – Chuck

Bij **Chuck**, voel ik mij veilig.

With **Chuck**, I feel safe.

2154. Buik – Belly

Mijn **buik** wordt steeds groter.

My **belly** keeps growing.

2155. Amerikanen – Americans

De meeste **Amerikanen** wonen in Californië.

Most **Americans** live in California.

2156. Handel – Trade

De **handel** kreeg een flinke klap.

The **trade** took a beating.

2157.   Verkoopt – Sells
Zij **verkoopt** al haar handel.
She **sells** all her merchandise.

2158.   Muren – Walls
De **muren** komen op me af.
The **walls** are coming at me.

2159.   Kampioen – Champions
Wij zijn de **kampioen**.
We are the **champions**.

2160.   Vervangen – Replace
We kunnen hem niet **vervangen**.
We can't **replace** him.

2161.   Slimme – Smart
Je moet een **slimme** methode vinden.
You have to find a **smart** method.

2162.   Ren – Run
Ik **ren** harder dan iedereen.
I **run** faster than everyone.

2163.   Overtuigd – Convinced
Hij heeft me **overtuigd** die investering te doen.
He **convinced** me to do that investment.

2164.   Beelden – Footage
De **beelden** zijn gewist.
The **footage** is deleted.

2165.   Ramp – Disaster
De **ramp** kon niet voorkomen worden.
The **disaster** couldn't be avoided.

2166. Onthouden – Remember

Je moet alle sommen **onthouden**.

You have to **remember** all sums.

2167. Vormen – Shaping

We **vormen** een nieuwe gemeenschap.

We are **shaping** a new community.

2168. Simon – Simon

Simon is een wereldgozer.

Simon is an amazing guy.

2169. Beroep – Profession

Mijn **beroep** is timmerman.

My **profession** is carpenter.

2170. Redelijk – Reasonable

De prijs is **redelijk**.

The price is **reasonable**.

2171. Minister – Minister

Zij is de **minister** van justitie.

She is the **minister** of justice.

2172. Rechtbank – Court

De **rechtbank** zat helemaal vol voor de rechtszaak.

The **court** was completely full for the court case.

2173. Theorie – Theory

De **theorie** is erg gecompliceerd.

The **theory** is very complicated.

2174. Ted – Ted

Met **Ted**, is het altijd lachen.

With **Ted**, it's always fun.

2175.   Roger – Roger

Met **Roger** kan ik erg goed opschieten.

I get along well with **Roger**.

2176.   Groeien – Grow

Ik ga de planten laten **groeien**.

I will let the plants **grow**.

2177.   Schepen – Ships

Alle **schepen** komen de haven binnen.

All **ships** are entering the harbor.

2178.   Waarde – Value

De **waarde** van de aandelen blijft dalen.

The **value** of the stocks keeps decreasing.

2179.   Vierde – Fourth

Romano zit in de **vierde** klas.

Romano is in **fourth** grade.

2180.   Spring – Jump

Ik **spring** over de horde.

I **jump** over the hurdle.

2181.   Ruiken – Smell

Je kunt het vlees hier al **ruiken**.

You can already **smell** the meat here.

2182.   Texas – Texas

Austin is de hoofdstad van **Texas**.

Austin is the capital of **Texas**.

2183.   Maakten – Made

We **maakten** een opvallende entree.

We **made** a striking entrance.

2184.   Daarbij – Thereby
Daarbij, wil ik duidelijk zijn.
Thereby, I want to be clear.

2185.   Kevin – Kevin
Kevin Hart maakt me altijd aan het lachen.
Kevin Hart always makes me laugh.

2186.   Doelwit – Target
Wat is het **doelwit**?
What is the **target**?

2187.   Hierin – In Here
Wat heb je **hierin** gestopt?
What did you put **in here**?

2188.   Aangezien – Since
Aangezien jij niet komt, ga ik ook niet.
Since you are not coming, I won't go either.

2189.   Jason – Jason
Ik speel graag Pokemon Go met **Jason**.
I like to play Pokemon Go with **Jason**.

2190.   Militaire – Military
Hij heeft een hoop geleerd in **militaire** dienst.
He learned a lot in **military** service.

2191.   Joden – Jews
Er komen veel **joden** naar de synagoge.
Lots of **Jews** come to the synagogue.

2192.   Jesse – Jesse
Ik kan **Jesse** op gitaar spelen.
I can play **Jesse** on the guitar.

2193. Stonden – Stood
We **stonden** in de rij.
We **stood** in line.

2194. Schoft – Bastard
Hij is een echte **schoft**.
He is a real **bastard**.

2195. Beer – Bear
De **beer** is gevaarlijk.
The **bear** is dangerous.

2196. Plegen – Commit
Ze **plegen** op deze manier overtreding.
They will **commit** a crime this way.

2197. Ongerust – Worried
Ik was zo **ongerust**.
I was really **worried**.

2198. Leest – Reads
Zij **leest** veel lifestyle bladen.
She **reads** lots of lifestyle magazines.

2199. Wild – Wild
We leven in het **wild**.
We live in the **wild**.

2200. Amper – Barely
Ik kan het **amper** geloven.
I can **barely** believe it.

2201. Spelletjes – Games
We spelen graag **spelletjes** als Fortnite.
We like playing **games** like Fortnite.

2202. Ernaar – To It
Ik kom **ernaar** toe.
I will come **to it**.

2203. Bewaren – Keep
Je moet de doos **bewaren**.
You have to **keep** the box.

2204. Troepen – Troops
De **troepen** marcheerden de grens over.
The **troops** marched across the border.

2205. Wegkomt – Get Away
Ik weet niet of hij ermee **wegkomt**.
I don't know if he will **get away** with it.

2206. Verband – Bandage
Het **verband** zit los.
The **bandage** is loose.

2207. Scheiden – Separate
Je moet het afval **scheiden**.
You have to **separate** the trash.

2208. Gezellig – Cozy
De woonkamer is **gezellig** ingericht.
The living room is decorated in a very **cozy** manner.

2209. Getekend – Drawn
Hij heeft de horizon **getekend**.
He has **drawn** the horizon.

2210. Frans – French
Brie is **Frans**.
Brie is **French**.

2211.   Feiten – Facts
De **feiten** liegen niet.
The **facts** don't lie.

2212.   Olie – Oil
Olie wordt steeds duurder.
Oil keeps getting more expensive.

2213.   Hartstikke – Very
Dat is **hartstikke** gevaarlijk.
That is **very** dangerous.

2214.   Gezondheid – Health
Gezondheid staat voorop.
Health comes first.

2215.   Genie – Genius
Die man is een **genie**.
That man is a **genius**.

2216.   Controleer – Check
Controleer het alsjeblieft even.
Please **check** it.

2217.   Waardeloos – Worthless
Dit sieraad is **waardeloos**.
This piece of jewelry is **worthless**.

2218.   Daardoor – Therefore
Daardoor, zijn de regels compleet veranderd.
Therefore, the rules have completely changed.

2219.   Wijze – Way
Op die **wijze** gaat het beter.
It works better that **way**.

2220.   Ambulance – Ambulance

De **ambulance** kwam pas na een uur.

The **ambulance** took an hour to arrive.

2221.   Eeuw – Century

Een **eeuw** duurt honderd jaar.

A **century** takes one hundred years.

2222.   Cheque – Cheque

De **cheque** viel in de brievenbus.

The **cheque** came in the mail.

2223.   Uiteraard – Of Course

Uiteraard kun je dat zelf doen.

Of course you can do that yourself.

2224.   Poort – Gate

Er zit een grote **poort** voor onze oprijlaan.

There is a big **gate** in front of our driveway.

2225.   Loog – Lied

Hij **loog** over alles.

He **lied** about everything.

2226.   Verkracht – Raped

De verdachte beweerde niemand te hebben **verkracht**.

The suspect claimed not to have **raped** anyone.

2227.   Pensioen – Retirement

Zijn **pensioen** komt steeds dichterbij.

His **retirement** keeps getting closer.

2228.   Oor – Ear

Mijn **oor** is ontstoken.

My **ear** is infected.

2229. Genaamd – Named

Een stad **genaamd** Breda.

A city **named** Breda.

2230. Optreden – Performance

Het **optreden** werd vroegtijdig afgebroken.

The **performance** was cut short.

2231. Oefenen – Practice

Het is veel **oefenen** om de banjo te leren.

It takes a lot of **practice** to learn to play the banjo.

2232. Niveau – Level

Het **niveau** van de competitie is immens hoog.

The **level** of the league is incredibly high.

2233. Walgelijk – Disgusting

Dat nieuws is **walgelijk**.

That news is **disgusting**.

2234. Martin – Martin

Martin begrijpt mij niet.

Martin doesn't understand me.

2235. Lunchen – Having Lunch

We zijn samen aan het **lunchen**.

We are **having lunch** together.

2236. Woede – Anger

Hij kon zijn **woede** niet beheersen.

He couldn't control his **anger**.

2237. Accepteren – Accept

Je moet de voorwaarden **accepteren**.

You have to **accept** the conditions.

2238.   Zwijgen – Keep Silent

Het is beter om te **zwijgen**.

It's better to keep **silent**.

2239.   Tel – Count

Ik ben de **tel** kwijt.

I lost **count**.

2240.   Verloofde – Fiancé

Mijn **verloofde** en ik gaan volgende maand trouwen.

My **fiancé** and I are getting married next month.

2241.   Zielig – Sad

Het is een **zielig** verhaal.

It's a **sad** story.

2242.   Valse – False

Met zijn **valse** paspoort werd hij opgepakt.

He was arrested with his **false** passport.

2243.   Lieten – Let

Ze **lieten** hem zijn gang gaan.

They **let** him do what he wanted.

2244.   Kocht – Bought

Ik **kocht** het spel drie jaar geleden.

I **bought** the game three years ago.

2245.   Gewaarschuwd – Warned

Iedereen had hem **gewaarschuwd**.

Everyone had **warned** him.

2246.   Uh – Uh

Uh, wat bedoel je?

Uh, what do you mean?

2247. Varken – Pig
Dat **varken** is erg groot.
That **pig** is very big.

2248. Ryan – Ryan
Ryan is mijn teamgenoot.
Ryan is my teammate.

2249. Eenheid – Unit
Ze werken als een **eenheid**.
They work as a **unit**.

Chapter 10

2250. Brave – Good

Die Labrador is een **brave** hond.

That Labrador is a **good** dog.

2251. Amen – Amen

Zeg **amen**.

Say **amen**.

2252. Vriendschap – Friendship

Onze **vriendschap** is voor altijd.

Our **friendship** is forever.

2253. Julie – Julie

Julie houdt van rode rozen.

Julie loves red roses.

2254. Stijl – Style

Zijn **stijl** is tijdloos.

His **style** is timeless.

2255.　　Onthoud – Remember
Ik **onthoud** altijd alles.
I always **remember** everything.

2256.　　Durft – Dare
Dat **durft** hij niet!
He wouldn't **dare**!

2257.　　Benzine – Gasoline
Benzine is erg duur in Nederland.
Gasoline is very expensive in the Netherlands.

2258.　　Duurde – Lasted
De toespraak **duurde** oneindig lang.
The speech **lasted** forever.

2259.　　Opgelost – Solved
Het is al **opgelost**.
It's already **solved**.

2260.　　Sigaretten – Cigarettes
Er zitten twintig **sigaretten** in een pakje.
There are twenty **cigarettes** in a pack.

2261.　　Idioten – Idiots
Die **idioten** denken niet aan de consequenties.
Those **idiots** don't think about the consequences.

2262.　　Plus – Plus
Dat is zeker een **plus**.
That is a **plus** for sure.

2263.　　Verbonden – Connected
Via Skype, zijn we constant **verbonden**.
Via Skype, we are constantly **connected**.

2264.   Tunnel – Tunnel

De **tunnel** leidt naar de andere kant van de berg.

The **tunnel** leads to the other side of the mountain.

2265.   Bril – Glasses

Die **bril** staat Nigel goed.

Those **glasses** look good on Nigel.

2266.   Beroemd – Famous

Madonna is al lang **beroemd**.

Madonna has been **famous** for a long time.

2267.   Tieten – Boobs

Alle **tieten** zijn anders.

All **boobs** are different.

2268.   Lig – Lie

Terwijl ik op bed **lig**.

While I **lie** down on the bed.

2269.   Smeek – Beg

Ik **smeek** je mij te vergeven.

I **beg** you to forgive me.

2270.   Pizza – Pizza

Pizza komt uit Napels.

Pizza is from Naples.

2271.   Namelijk – Namely

Ik heb twee huisdieren, **namelijk** een kat en een hond.

I have two pets, **namely** a cat and a dog.

2272.   Duitsland – Germany

Duitsland heeft meer dan 80 miljoen inwoners.

Germany has over 80 million citizens.

2273. Smerig – Nasty

Die cocktail is erg **smerig**.

That cocktail is very **nasty**.

2274. Reputatie – Reputation

Nederland heeft een goede **reputatie** betreffende watermanagement.

The Netherlands has a good **reputation** regarding water management.

2275. Belangrijker – More Important

Het is **belangrijker** om op tijd te zijn.

It's **more important** to be on time.

2276. Vogels – Birds

De **vogels** fluiten.

The **birds** are singing.

2277. Sara – Sara

Sara heeft een nieuwe rok.

Sara has a new skirt.

2278. Sneeuw – Snow

In Aspen, ligt veel **sneeuw**.

In Aspen, there is a lot of **snow**.

2279. Mankeert – Is Wrong

Wat **mankeert** je vader?

What **is wrong** with your dad?

2280. Ademen – Breathing

Je moet blijven **ademen**.

You have to keep **breathing**.

2281. Scène – Scene

Een **scène** schoppen.

Causing a **scene**.

2282. Snelheid – Speed

Hij overtrad de limiet qua **snelheid**.

He violated the **speed** limit.

2283. Daaraan – Thereto

Alles **daaraan** gerelateerd.

Everything related **thereto**.

2284. Breekt – Breaks

Zij **breekt** alle records.

She **breaks** all the records.

2285. Stopte – Stopped

Ik **stopte** jaren geleden met fastfood.

I **stopped** eating fast food years ago.

2286. Sprong – Jumped

Hij **sprong** uit het raam.

He **jumped** out of the window.

2287. Bleek – Turned Out

Het **bleek** vals alarm.

It **turned out** to be a false alarm.

2288. Verslag – Report

Het **verslag** had een schokkende uitkomst.

The **report** had a shocking outcome.

2289. Gedeelte – Part

Het eerste **gedeelte** is het beste.

The first **part** is the best.

2290. Moordenaars – Killers

De **moordenaars** zijn nog altijd voortvluchtig.

The **killers** are still on the loose.

2291. Hoefde – Necessary

Het **hoefde** niet meer.

It was no longer **necessary**.

2292. Diner – Dinner

Het **diner** was heerlijk.

The **dinner** was delicious.

2293. Vuil – Dirty

Danny speelt een **vuil** spel.

Danny plays a **dirty** game.

2294. Waarschuw – Warn

Waarschuw je hem voor het gevaar?

Do you **warn** him about the danger?

2295. Onderwerp – Subject

Ze verandert steeds het **onderwerp**.

She keeps changing the **subject**.

2296. Kleed – Carpet

Het **kleed** is geïnspireerd door moderne kunst.

The **carpet** is inspired by modern art.

2297. Jenny – Jenny

Jenny heeft geen rijbewijs.

Jenny doesn't have a driver's license.

2298. Jacht – Hunt

De **jacht** is geopend.

The **hunt** is on.

2299. Beweegt – Moves

Hij **beweegt** als een echte danser.

He **moves** like a real dancer.

2300. Reactie – Response

Die **reactie** was onnodig.

That **response** was uncalled for.

2301. Mogelijkheid – Possibility

Er is een **mogelijkheid**.

There is a **possibility**.

2302. Goedenacht – Good Night

Goedenacht en slaap lekker.

Good night and sleep tight.

2303. Pop – Doll

De **pop** is haar enige speelgoed.

The **doll** is her only toy.

2304. Phil – Phil

Ik werk graag met **Phil**.

I like working with **Phil**.

2305. Linda – Linda

Linda is de naam van een populair Nederlands tijdschrift.

Linda is the name of a popular Dutch magazine.

2306. Klok – Clock

De **klok** tikt.

The **clock** is ticking.

2307. Kerstfeest – Christmas

Vrolijk **Kerstfeest**!

Merry **Christmas**!

2308.   Vergist – Mistaken
Jammer, genoeg heeft hij zich **vergist**.
Sadly, he was **mistaken**.

2309.   Dekking – Coverage
Zij heeft een goede **dekking** op haar verzekering.
She has good **coverage** on her insurance.

2310.   Lippen – Lips
Ik heb droge **lippen**.
I have dry **lips**.

2311.   Geliefde – Lover
Zij is mijn **geliefde**.
She is my **lover**.

2312.   Excuus – Excuse
Dat is geen **excuus**.
That's not an **excuse**.

2313.   Voldoende – Enough
Ik heb **voldoende** gezien.
I have seen **enough**.

2314.   Eric – Eric
Eric twijfelt over zijn toekomst.
Eric is having doubts about his future.

2315.   Tweeën – Twos
In mijn pincode zitten veel **tweeën**.
My pincode has many **twos**.

2316.   Teleurgesteld – Disappointed
Het resultaat heeft me **teleurgesteld**.
The results **disappointed** me.

2317.   Las – Read
Ik **las** soms wel tien boeken per week.
I used to **read** up to ten books a week.

2318.   Afgesloten – Closed
De promenade is **afgesloten**.
The boardwalk is **closed**.

2319.   Lichamen – Bodies
De **lichamen** werden geborgen.
The **bodies** were recovered.

2320.   Diamanten – Diamonds
De **diamanten** maken mijn outfit af.
The **diamonds** complete my outfit.

2321.   Haalde – Got
Ik **haalde** net boodschappen.
I just **got** groceries.

2322.   Graden – Degrees
Het kan hier tot wel veertig **graden** warm worden.
It can get up to forty **degrees** in here.

2323.   Onszelf – Ourselves
We moeten **onszelf** belonen.
We have to reward **ourselves**.

2324.   Elizabeth – Elizabeth
Mijn tweede naam is **Elizabeth**.
My second name is **Elizabeth**.

2325.   Noch – Neither
Noch Tessa **noch** Burt hadden het gezien.
Neither Tessa nor Burt had seen it.

2326.　　　Gevochten – Fought

Ze hebben hard **gevochten** voor hun rechten.

They **fought** hard for their rights.

2327.　　　Besef – Realization

Het **besef** kwam later pas.

The **realization** did not come until later.

2328.　　　Allerlei – All Kinds Of

We zien **allerlei** dingen hier.

We encounter **all kinds of** things here.

2329.　　　Victor – Victor

Ik ga met **Victor** naar Kroatië.

I'm going to Croatia with **Victor**.

2330.　　　Stinkt – Stinks

Het **stinkt** hier naar riool.

It **stinks** like sewer in here.

2331.　　　Lijf – Body

Zij heeft een goddelijk **lijf**.

She has a divine **body**.

2332.　　　Cijfers – Numbers

De **cijfers** liegen niet.

The **numbers** don't lie.

2333.　　　Volkomen – Completely

Het is **volkomen** onaanvaardbaar.

It is **completely** unacceptable.

2334.　　　Broertje – Little Brother

Mijn **broertje** is beter in paintball dan ik.

My **little brother** is better at paintball than me.

2335. Winnaar – Winner
De **winnaar** krijgt alles.
The **winner** takes it all.

2336. Roept – Calls
Zij **roept** op tot een boycot.
She **calls** for a boycott.

2337. Hout – Wood
Mijn hut is van **hout**.
My cabin is made from **wood**.

2338. Maag – Stomach
Mijn **maag** draaide ervan om.
It made my **stomach** turn.

2339. Verandering – Change
Elke **verandering** is positief.
Every **change** is positive.

2340. Geur – Smell
De **geur** is niet te verdragen.
The **smell** is impossible to handle.

2341. Smeerlap – Pig
Ik kan niet in een ruimte zijn met die **smeerlap**.
I can't be in the same room with that **pig**.

2342. Doodt – Kills
Die bacterie **doodt** alles.
That bacteria **kills** everything.

2343. Voort – On
We borduren **voort** op de successen.
We build **on** those successes.

2344.   Tim – Tim
Tim werkt in de autofabriek.
Tim works in the car factory.

2345.   Emily – Emily
Ik kan **Emily** niet uitstaan.
I can't stand **Emily**.

2346.   Zicht – Sight
Mijn **zicht** verslechtert langzaam.
My **sight** is slowly getting worse.

2347.   Omlaag – Down
Je moet **omlaag** kijken.
You have to look **down**.

2348.   Meerdere – Multiple
Zij spreekt **meerdere** talen.
She speaks **multiple** languages.

2349.   Schande – Disgrace
Het was een grote **schande**.
It was a big **disgrace**.

2350.   Geheel – Whole
Zij functioneren als een **geheel**.
They function as a **whole**.

2351.   Collega – Colleague
Die **collega** heeft altijd een goed humeur.
That **colleague** is always in a good mood.

2352.   Sean – Sean
Ik ga bij **Sean** logeren.
I will go stay with **Sean**.

2353.   Omgaan – Hang Out

Het is altijd gezellig wanneer we met elkaar **omgaan**.

It's always fun when we **hang out**.

2354.   Kloppen – Knock

Je moet **kloppen** want de bel doet het niet.

You have to **knock** because the doorbell doesn't work.

2355.   Puur – Pure

Ik eet chocolade het liefst **puur**.

I like to eat **pure** chocolate.

2356.   Lossen – Unload

The truck gaat alle goederen **lossen**.

The truck will **unload** all the goods.

2357.   Achteren – Behind

Zij komt van **achteren** op me af.

She approaches me from **behind**.

2358.   Wetenschap – Science

Ik ben altijd gefascineerd geweest door **wetenschap**.

I have always been fascinated by **science**.

2359.   Uniform – Uniform

Nick gaat naar school in **uniform**.

Nick goes to school in **uniform**.

2360.   Russische – Russian

Hij heeft een **Russische** vader.

He has a **Russian** dad.

2361.   Fantastische – Fantastic

Wat een **fantastische** prestatie.

What a **fantastic** performance.

2362.   Zette – Put
Ik **zette** hem op zijn plek.
I **put** him in his place.

2363.   's Avonds – At Night
's Avonds, gaat de zon onder.
At night, the sun goes down.

2364.   Donderdag – Thursday
Op **donderdag**, ga ik squashen.
On **Thursday**, I play squash.

2365.   Roy – Roy
Roy is mijn neef.
Roy is my cousin.

2366.   Grotere – Bigger
Stella heeft steeds **grotere** doelen.
Stella constantly has **bigger** goals.

2367.   Hof – Court
Het **hof** zal uitspraak doen.
The **court** will rule.

2368.   Dringend – Urgent
Die e-mail is **dringend**.
That e-mail is **urgent**.

2369.   Zwembad – Pool
Eindhoven heeft een tropisch **zwembad**.
Eindhoven has a tropical **pool**.

2370.   Verstandig – Wise
Zij maakt **verstandige** keuzes.
She makes **wise** decisions.

2371. Plotseling – Suddenly

Hij is **plotseling** overleden.

He **suddenly** passed away.

2372. Herhaal – Repeat

Herhaal de zin nog eens.

Repeat the sentence again.

2373. Verdediging – Defense

Zijn **verdediging** was niet erg sterk.

His **defense** was not very strong.

2374. Job – Job

Job is een mafkees.

Job is a weirdo.

2375. Overwinning – Victory

De **overwinning** werd veiliggesteld.

The **victory** was secured.

2376. Bijbel – Bible

Hij leest voor uit de **bijbel**.

He reads from the **bible**.

2377. Karen – Karen

Met **Karen** werkte ik fijn samen.

I worked well with **Karen**.

2378. Alice – Alice

Alice eet graag drop.

Alice likes to eat licorice.

2379. Zelfde – Same

Dit was een **zelfde** soort verhaal.

This was the **same** kind of story.

2380. Zekere – Sure
Het is een **zekere** zaak.
It's a **sure** case.

2381. Nicht – Niece
Mijn **nicht** heeft een dochter.
My **niece** has a daughter.

2382. Weggaat – Leave
Ik wil niet dat je **weggaat.**
I don't want you to **leave.**

2383. Vingerafdrukken – Fingerprints
Zijn **vingerafdrukken** zaten overal.
His **fingerprints** were everywhere.

2384. Romantisch – Romantic
Het is een **romantische** setting.
It's a **romantic** setting.

2385. Neerschieten – Shoot
In Call of Duty, moet ik wel eens iemand **neerschieten.**
In Call of Duty, I sometimes have to **shoot** someone.

2386. Smeris – Cop
Die **smeris** is niet te vertrouwen.
That **cop** can't be trusted.

2387. Begreep – Understood
Niemand **begreep** de werkinstructie.
No one **understood** the work manual.

2388. Vrijen – Make Love
Met hem **vrijen** is geweldig.
To **make love** to him is amazing.

2389.   Zacht – Soft
Hij heeft een **zacht** karakter.
He has a **soft** personality.

2390.   Letten – Pay Attention
Ik moet goed op haar **letten**.
I have to **pay attention** to her.

2391.   Kaas – Cheese
Goudse **kaas** is wereldwijd populair.
Gouda **cheese** is popular all over the world.

2392.   Zing – Sing
Ik **zing** elke dag onder de douche.
I **sing** every day in the shower.

2393.   Wezens – Creatures
Het zijn weerzinwekkende **wezens**.
They are repulsive **creatures**.

2394.   Pakte – Grabbed
Ik **pakte** elke kans met beide handen aan.
I **grabbed** every opportunity with both hands.

2395.   Hufter – Asshole
Die **hufter** raakte bijna mijn auto.
That **asshole** almost hit my car.

2396.   Hek – Fence
Ik ga het **hek** openen.
I am going to open the **fence**.

2397.   Des Te – All The More
Des te knapper was die prestatie.
The performance was all **the more** admirable.

2398. **Bewakers** – Guards
De **bewakers** moeten over stalen zenuwen beschikken.
The **guards** need to have nerves of steel.

2399. **Honderden** – Hundreds
We mogen niet met **honderden** tegelijk naar binnen.
We can't enter with **hundreds** at a time.

2400. **Dwaas** – Fool
Die **dwaas** is niet serieus te nemen.
That **fool** can't be taken seriously.

2401. **Beters** – Better
Heb je niets **beters**? You don't have anything **better**?

2402. **Belofte** – Promise
Hij brak elke **belofte**.
He broke every **promise**.

2403. **Rat** – Rat
We hebben een **rat** in de groep.
We have a **rat** in the group.

2404. **Bedenk** – Come Up With
Bedenk je dit ter plaatse?
Did you **come up with** this on the spot?

2405. **Meegaan** – Join
Je moet met ons **meegaan**.
You have to **join** us.

2406. **Gewild** – In Demand
De koptelefoons zijn **gewild**.
The headphones are **in demand**.

2407. Branden – Burning

Het bos bleef maar **branden**.

The forest kept on **burning**.

2408. Middag – Afternoon

Ik ga een dutje doen in de **middag**.

I will take a nap in the **afternoon**.

2409. Stoor – Disturb

Waarom **stoor** je me?

Why do you **disturb** me?

2410. Partij – Party

Ik ga op die **partij** stemmen.

I will vote for that **party**.

2411. Weggegaan – Left

Zij is zonder iets te zeggen **weggegaan**.

She **left** without saying anything.

2412. Achterin – In The Back

Ga jij maar **achterin** zitten.

You go sit **in the back**.

2413. Televisie – Television

De **televisie** staat te hard.

The **television** is too loud.

2414. Poging – Try

De tweede **poging** was raak.

The second **try** was a score.

2415. Eh – Eh

Eh, ik weet het niet.

Eh, I don't know.

**2416.	Bekeken – Watched**
Zij heeft veel series **bekeken** op Videoland.
She has **watched** many shows on Videoland.

**2417.	Jeff – Jeff**
Jeff was mijn manager in de bakkerij.
Jeff was my manager in the bakery.

**2418.	Christus – Christ**
Zij gelooft in jezus **Christus**.
She believes in Jesus **Christ**.

**2419.	Merken – Brands**
Ik ben gek op Italiaanse mode **merken**.
I love Italian fashion **brands**.

**2420.	Kleding – Clothes**
Hij draagt traditionele Nederlandse **kleding**.
He's wearing traditional Dutch **clothes**.

**2421.	Verwachtte – Expected**
Ik **verwachtte** al problemen.
I already **expected** problems.

**2422.	Aangekomen – Arrived**
De passagiers zijn op Eindhoven Airport **aangekomen**.
The passengers have **arrived** at Eindhoven Airport.

**2423.	Gepland – Planned**
Ons eerste kind was niet **gepland**.
Our first child was not **planned**.

**2424.	Doorlopen – Move Along**
Graag allemaal **doorlopen**.
Please **move along** everyone.

2425. Donkere – Dark

Er hangen **donkere** wolken boven de heuvels.

There are **dark** clouds above the hills.

2426. Maagd – Virgin

Hij is nog **maagd**.

He is still a **virgin**.

2427. Komende – Upcoming

In de **komende** week, moet ik mijn project inleveren.

In the **upcoming** week, I have to hand in my project.

2428. Eindigen – End

Het feest zal onmiddellijk **eindigen**.

The party will **end** immediately.

2429. Winter – Winter

De **winter** duurt erg lang in Ontario.

Winter is very long in Ontario.

2430. Duwen – Push

Je mag me niet **duwen**.

You're not allowed to **push** me.

2431. Wijzen – Point

Naar welke richting zal het kompas **wijzen**?

To which direction will the compass **point**?

2432. Hoogheid – Highness

Koninklijke **hoogheid**.

Royal **highness**.

2433. Frankie – Frankie

Mijn papegaai heet **Frankie**.

My parrot is named **Frankie**.

2434. Maggie – Maggie
Maggie is klein.
Maggie is short.

2435. Vlakbij – Nearby
Zij woont **vlakbij** Leeuwarden.
She lives **nearby** Leeuwarden.

2436. Lewis – Lewis
Lewis Hamilton is de wereldkampioen Formule 1.
Lewis Hamilton is the world champion Formula 1.

2437. Gesteld – Asked
Je hebt hem wat **gevraagd**?
You **asked** him what?

2438. Schoten – Shots
Schoten werden afgevuurd.
Shots got fired.

2439. Douche – Shower
Ik begin elke dag met een hete **douche**.
I start every day with a hot **shower**.

2440. Overtuigen – Convince
Het is niet makkelijk hem te **overtuigen**.
It's not easy to **convince** him.

2441. Dominee – Reverend
De **dominee** sprak de kerkgangers toe.
The **reverend** spoke to the churchgoers.

2442. Studenten – Students
De **studenten** wonen op de campus.
The **students** live on the campus.

2443. Bezorgen – Delivering
Franklin is iedere avond pizza's aan het **bezorgen**.
Franklin is **delivering** pizzas every night.

2444. Aanklacht – Charge
De **aanklacht** is gruwelijk.
The **charge** is horrific.

2445. Vertrok – Left
Hij **vertrok** op jonge leeftijd.
He **left** at a young age.

2446. Locatie – Location
Haar **locatie** is geheim.
Her **location** is a secret.

2447. Voorgoed – Forever
Ik blijf **voorgoed** vrijgezel.
I will stay single **forever**.

2448. Shirt – Shirt
Mijn **shirt** is donkerblauw.
My **shirt** is navy blue.

2449. Scott – Scott
Scott werkt in de sportschool.
Scott works in the gym.

2450. Mammie – Mommy
Hij heeft altijd zijn **mammie** nodig.
He always needs his **mommy**.

2451. Stelde – Asked
Hij **stelde** een vraag.
He **asked** a question.

2452. Stal – Stole
Ik **stal** van mijn baas.
I **stole** from my boss.

2453. Personeel – Staff
Al het **personeel** kreeg een weekend vrij.
The entire **staff** got a weekend off.

2454. Ontspannen – Relaxed
De sfeer is **ontspannen**.
The vibe is **relaxed**.

2455. Vieze – Dirty
Hij schrijft **vieze** songteksten.
He writes **dirty** lyrics.

2456. Storen – Interrupt
Je kan me vandaag niet **storen**.
You can't **interrupt** me today.

2457. Eventjes – A Moment
Geef me **eventjes**.
Give me **a moment**.

2458. Daarop – To That
Ik had **daarop** niet het juiste antwoord.
I didn't have the right answer **to that**.

2459. Vak – Field
In wat voor **vak** ben je actief?
In what kind of **field** are you active?

2460. Susan – Susan
Susan gaat in Leiden studeren.
Susan will go study in Leiden.

2461. Dinsdag – Tuesday
De stad is dood op een **dinsdag**.
The city is dead on a **Tuesday**.

2462. Amanda – Amanda
Voor **Amanda** heb ik altijd een plekje vrij.
I always reserve a spot for **Amanda**.

2463. Zijne – His
Zijne Majesteit de Koning
His Majesty the King.

2464. Gedroomd – Dreamed
Hij heeft over deze situatie **gedroomd**.
He **dreamed** about this situation.

2465. Teruggaan – Going Back
Ik denk niet aan **teruggaan** naar hem.
I don't consider **going back** to him.

2466. Momenteel – Currently
Ik zit **momenteel** krap bij kas.
I'm **currently** short on cash.

2467. Hieruit – From This
Wat kun je **hieruit** opmaken?
What can you make **from this**?

2468. Engelse – English
In Nederland, krijgen kinderen al op jonge leeftijd **Engelse** les.
In the Netherlands, kids start getting **English** lessons from a young age.

2469.   Rijd – Drive
Ik **rijd** zonder gordel.
I **drive** without a seat belt.

2470.   Gegooid – Thrown
Zij werd uit de trein **gegooid**.
She was **thrown** off the train.

2471.   Kanker – Cancer
Het medicijn tegen **kanker** wordt getest.
The medicine against **cancer** is being tested.

2472.   Helikopter – Helicopter
De **helikopter** is verongelukt.
The **helicopter** crashed.

2473.   Dek – Deck
Op het **dek** waait het hard.
It's very windy on **deck**.

2474.   Bijzonders – Special
Dit ontwerp is niets **bijzonders**.
This design is nothing **special**.

2475.   Onschuldige – Innocent
Onschuldige mensen zitten vast.
Innocent people are locked up.

2476.   Eindigt – Ends
Hij **eindigt** vroeger dan verwacht.
He **ends** sooner than expected.

2477.   Bied – Bid
Ik **bied** niet meer dan 5 euro.
I won't **bid** more than 5 euro.

2478.   Waarschuwing – Warning

De **waarschuwing** kwam te laat.

The **warning** came too late.

2479.   Mogelijkheden – Possibilities

De **mogelijkheden** zijn eindeloos.

The **possibilities** are endless.

2480.   Volgend – Next

Volgend jaar gaan we nog meer bereiken.

Next year we will achieve even more.

2481.   Suiker – Sugar

Ik drink altijd koffie met **suiker**.

I always drink coffee with **sugar**.

2482.   Ronde – Round

De laatste **ronde** is het zwaarst.

The last **round** is the hardest.

2483.   Wijf – Female

Het is een raar **wijf**.

It's a strange **female**.

2484.   Koopt – Buys

Zij **koopt** alles wat ze ziet.

She **buys** everything she sees.

2485.   Vergat – Forgot

Ik **vergat** me in te schrijven.

I **forgot** to subscribe.

2486.   Verdacht – Suspicious

Die jongen gedraagt zich **verdacht**.

That boy is acting **suspicious**.

2487.   Marine – Navy

Rens zat jaren bij de **marine**.

Rens was in the **navy** for years.

2488.   Fiets – Bicycle

Mijn **fiets** heeft zeven versnellingen.

My **bike** has seven gears.

2489.   Verdween – Disappeared

Zij **verdween** acht jaar geleden.

She **disappeared** eight years ago.

2490.   Won – Won

Zij **won** een gouden medaille op de Olympische spelen.

She **won** a gold medal at the Olympics.

2491.   Win – Win

Ik **win** nooit wat in het casino.

I never **win** anything at the casino.

2492.   Gevaarlijke – Dangerous

In Detroit zijn **gevaarlijke** wijken.

Detroit has **dangerous** neighborhoods.

2493.   Daarover – About That

Daarover moeten we het later hebben.

We have to talk **about that** later.

2494.   Thomas – Thomas

Voor **Thomas** maak ik een uitzondering.

I will make an exception for **Thomas**.

2495.   Pen – Pen

Mijn **pen** schrijft in het groen.

My **pen** writes in green.

2496. **Kamers – Rooms**
Het hotel heeft genoeg beschikbare **kamers**.
The hotel has enough available **rooms**.

2497. **Gedraag – Behave**
Gedraag je!
Behave yourself!

2498. **Winst – Profit**
De **winst** wordt onder iedereen verdeeld.
The **profit** will be split among everyone.

2499. **Broeders – Brothers**
Zij voelen zich echte **broeders**.
They are like real **brothers**.

Chapter 11

2500. Doodde - Killed
Hij **doodde** een bij.
He **killed** a bee.

2501. Slang - Snake
Die **slang** leeft in Arizona.
That **snake** lives in Arizona.

2502. Ontspan - Relax
Ik **ontspan** graag in de sauna.
I like to **relax** in the sauna.

2503. Materiaal - Material
Het **materiaal** is gecensureerd.
The **material** is censored.

2504. Aangenomen - Hired
Zij werd na haar eerste sollicitatie **aangenomen**.
She got **hired** after her first application.

2505. Theater – Theater

Het **theater** was helemaal uitverkocht.

The **theater** was completely sold out.

2506. Terry – Terry

Terry houdt van mediteren.

Terry loves to meditate.

2507. Dapper – Brave

Die reddingsoperatie was erg **dapper**.

That rescue was very **brave**.

2508. Banden – Ties

Zij hebben nauwe **banden** met politici.

They have close **ties** with politicians.

2509. Schilderij – Painting

Dat **schilderij** van Herman Brood is een echte klassieker.

That Herman Brood **painting** is a true classic.

2510. Lege – Empty

Er zijn veel **lege** schappen in de supermarkt.

There are lots of **empty** shelves in the supermarket.

2511. Iedereen – Everyone

Iedereen kwam bijeen op het ice.

Everyone came together on the ice.

2512. Flauw – Lame

Die mop is echt **flauw**.

That joke is really **lame**.

2513. Amerikaan – American

Als **Amerikaan**, kun je naar veel plaatsen reizen.

As an **American**, you can travel to many places.

2514. Verrast – Surprised
Zij werd **verrast** door zijn kennis.
She was **surprised** by his knowledge.

2515. Pakje – Package
Mijn **pakje** werd onderschept door de douane.
My **package** was intercepted by customs.

2516. Verdiende – Deserved
Het is zijn **verdiende** loon.
He got what he **deserved**.

2517. Herkennen – Recognize
Ik zou hem nauwelijks **herkennen**.
I would barely **recognize** him.

2518. Proost – Cheers
Proost op het leven!
Cheers to life!

2519. Duitsers – Germans
Veel **Duitsers** komen graag naar de Nederlandse stranden.
Many **Germans** like to come to the Dutch beaches.

2520. Doodgaan – Die
Je kunt aan die ziekte niet **doodgaan**.
You can't **die** from that disease.

2521. Beloning – Reward
Ze loven een **beloning** uit voor de vermiste kat.
They are offering a **reward** for the missing cat.

2522. Voorbereid – Prepared
Ik heb mijn spreekbeurt goed **voorbereid**.
I **prepared** my presentation well.

2523. Verdwaald – Lost

Hij raakte **verdwaald** op het eiland.

He got **lost** on the island.

2524. Veranderde – Changed

Zijn gezichtsuitdrukking **veranderde**.

His facial expression **changed**.

2525. Mannetje – Male

Er zit tussen de olifanten een **mannetje** in de dierentuin.

There is a **male** among the elephants in the zoo.

2526. Verklaren – Declare

Je moet **verklaren** dat je geen illegale spullen importeert.

You have to **declare** that you are not importing any illegal items.

2527. Overval – Robbery

De gewapende **overval** ging mis.

The armed **robbery** went wrong.

2528. Lacht – Smiles

Iedereen **lacht** samen.

Everyone **smiles** together.

2529. Bevrijden – Free

We gaan de mensen uit de escape room **bevrijden**.

We will **free** the people from the escape room.

2530. Super – Great

Jouw werk is **super**.

Your work is **great**.

2531. Lied – Song

Dat **lied** werd een enorme hit.

That **song** became a huge hit.

2532. Volledige – Complete
Het is een **volledige** omschrijving.
It's a **complete** description.

2533. Middernacht – Midnight
Om **middernacht**, zeggen we proost.
At **midnight**, we say cheers.

2534. Centrum – Center
New York wordt ook wel het **centrum** van het universum genoemd.
New York is also referred to as the **center** of the universe.

2535. Briljant – Brilliant
Haar filosofie is **briljant**.
Her philosophy is **brilliant**.

2536. Rotzak – Rascal
Die **rotzak** zorgt altijd voor ellende.
That **rascal** always creates misery.

2537. Meekomen – Come Along
Wil je **meekomen** met ons?
Do you want to **come along** with us?

2538. Danken – Thank
We willen iedereen **danken** voor hun komst.
We want to **thank** everyone for coming.

2539. Afrika – Africa
Afrika is de plaats voor een safari.
Africa is the spot for a safari.

2540.   Bovenop – On Top

Er zit een antenne **bovenop** het huis.

There is an antenna **on top** of the house.

2541.   Verrader – Traitor

Ik heb geen medelijden met die **verrader**.

I don't feel sorry for that **traitor**.

2542.   Klonk – Sounded

Dat **klonk** afgrijselijk.

That **sounded** terrible.

2543.   Hielden – Kept

Ze **hielden** zich aan hun belofte.

They **kept** their promise.

2544.   Bruid – Bride

Wat een prachtige **bruid**.

What a beautiful **bride**.

2545.   Voer – Feed

Ik **voer** elke week de eenden.

I **feed** the ducks every week.

2546.   Pest – Bully

Ik snap niet waarom je hem **pest**.

I don't understand why you **bully** him.

2547.   Miami – Miami

Ocean Drive is een boulevard in **Miami**.

Ocean Drive is a boulevard in **Miami**.

2548.   Eisen – Demands

De stakers hadden ongepaste **eisen**.

The strikers had inappropriate **demands**.

2549. Achterna – Chasing
Ze zaten ons **achterna**.
They were **chasing** us.

2550. Brak – Broke
De kabel **brak**.
The cable **broke**.

2551. Voordeel – Benefit
Je kunt **voordeel** halen uit die aanbieding.
You can **benefit** from that offer.

2552. Schaam – Ashamed
Ik **schaam** me nergens voor.
I'm not **ashamed** of anything.

2553. Vuren – Firing
Ze **vuren** schoten af.
They are **firing** shots.

2554. Constant – Constantly
Ik ben **constant** gestrest.
I'm **constantly** stressed.

2555. Richt – Aim
Je moet eerst diep inademen voordat je **richt**.
You have to take a deep breath before you **aim**.

2556. Iemands – Someone's
Is dit **iemands** tas?
Is this **someone's** bag?

2557. Ho – Whoa
Ho, pas op!
Whoa, be careful!

2558. Acteur – Actor
Ik probeer succes te hebben als **acteur**.
I'm trying to make it as an **actor**.

2559. Kranten – Newspapers
De **kranten** stonden er vol mee.
It was all over the **newspapers**.

2560. Warme – Warm
Warme zomerdagen zijn genieten.
Warm summer days are enjoyable.

2561. Schaduw – Shadow
In de **schaduw**, is het minder warm.
In the **shadow**, it's less warm.

2562. Richten – Aiming
Je bent slecht in **richten**.
You are bad at **aiming**.

2563. Kruis – Cross
Er hangt een **kruis** om mijn nek.
There is a **cross** around my neck.

2564. Advocaten – Lawyers
De **advocaten** werkten jaren aan de zaak.
The **lawyers** worked on the case for years.

2565. Vampier – Vampire
Ik ben bang voor die **vampier**.
I'm afraid of that **vampire**.

2566. Duisternis – Darkness
De **duisternis** is eng.
The **darkness** is scary.

2567.   Scherp – Sharp
Het is een **scherp** voorwerp.
It's a **sharp** object.

2568.   Invloed – Influence
Zij heeft een grote **invloed** op mij.
She has a big **influence** on me.

2569.   Gelopen – Went
Het is anders **gelopen** dan verwacht.
It **went** different than expected.

2570.   Veilige – Safe
Het is een **veilige** omgeving.
It's a **safe** environment.

2571.   Zegen – Blessing
Zijn komst is een **zegen**.
His arrival is a **blessing**.

2572.   Kreng – Bitch
Dat **kreng** luistert nooit.
That **bitch** never listens.

2573.   Hut – Hut
Hij zit altijd in zijn **hut**.
He always sits in his **hut**.

2574.   Fabriek – Factory
De **fabriek** zal worden gesloten.
The **factory** will be closed.

2575.   Spannend – Exciting
De voorstelling was erg **spannend**.
The play was very **exciting**.

2576. Neen – No

Neen, dat mag niet.

No, that is not allowed.

2577. Gij – Thou

Gij zult niet stelen.

Thou shall not steal.

2578. Bezwaar – Objection

Het **bezwaar** werd afgewezen.

The **objection** was rejected.

2579. Gooide – Threw

Zij **gooide** het verste van iedereen.

She **threw** the farthest from everyone.

2580. Vertrouwt – Trusts

Zij **vertrouwt** op mij.

She **trusts** me.

2581. Gelukkige – Happy

Ik wens je veel **gelukkige** jaren.

I wish you many **happy** years.

2582. Mars – Mars

Mannen komen van **Mars**.

Men are from **Mars**.

2583. Leden – Members

Alle **leden** kregen een medaille.

All **members** got a medal.

2584. Jeetje – Oh Dear

Jeetje, waarom zeg je dat?

Oh dear, why are you saying that?

**2585.	Gerechtigheid – Justice**
Gerechtigheid is geschied.
Justice has been served.

**2586.	Snijden – Cut**
We snijden de worst aan.
We will cut the sausage.

**2587.	Assistent – Assistant**
Mijn assistent gaat het regelen.
My assistant will take care of it.

**2588.	Gemeenschap – Community**
De gemeenschap is erg hecht.
The community is very tight.

**2589.	Nieuwsgierig – Curious**
De kat is nieuwsgierig.
The cat is curious.

**2590.	Koninkrijk – Kingdom**
Het Koninkrijk der Nederlanden.
The Kingdom of the Netherlands.

**2591.	Kaartjes – Tickets**
De kaartjes kosten vijftig euro.
The tickets are fifty euro.

**2592.	Wegen – Ways**
Onze wegen scheidden hier.
Our ways will part here.

**2593.	Uitzien – Look**
Je moet er altijd goed uitzien.
You always have to look good.

2594. Lafaard – Coward
Ik vind hem een **lafaard**.
I think he's a **coward**.

2595. Camera's – Cameras
De **camera's** draaien.
The **cameras** are rolling.

2596. Breek – Break
Breek het brood.
Break the bread.

2597. Smaakt – Tastes
Die hamburger **smaakt** geweldig.
That burger **tastes** fantastic.

2598. Politieke – Political
Het is een **politieke** show.
It's a **political** show.

2599. Komst – Arrival
Haar **komst** werd met enthousiasme ontvangen.
Her **arrival** sparked a lot of enthusiasm.

2600. Seizoen – Season
Zijn **seizoen** is voorbij.
His **season** is over.

2601. Gunst – Favor
Ik deed hem een **gunst**.
I did him a **favor**.

2602. Angela – Angela
Angela Merkel spreekt de mensen toe.
Angela Merkel addresses the people.

2603. Vriendinnen – Girlfriends

We zijn een groep van tien **vriendinnen**.

We are a group of ten **girlfriends**.

2604. Veroordeeld – Convicted

De crimineel werd **veroordeeld** tot vier jaar in de gevangenis.

The criminal was **convicted** to four years in prison.

2605. Training – Training

De **training** was erg informatief.

The **training** was very informative.

2606. Patiënten – Patients

Alle **patiënten** werden overgeplaatst.

All **patients** were transferred.

2607. Opeten – Eat Up

We zullen alles **opeten**.

We will **eat up** everything.

2608. Geschikt – Suited

Zij is **geschikt** voor de klus.

She is **suited** for the job.

2609. Britse – British

Het **Britse** koningshuis is vaak in het nieuws.

The **British** royal family is often in the news.

2610. Proef – Trial

Je kunt een gratis **proef** van drie maanden doen.

You can do a free **trial** for three months.

2611. Overheid – Government

Het vertrouwen in de **overheid** is gedaald.

The confidence in the **government** has decreased.

2612. Bewaker – Guard

De **bewaker** werd omgekocht.

The **guard** was bribed.

2613. Iemand – Someone

Ken jij **iemand** die dat kan.

Do you know **someone** who can do that?

2614. Lee – Lee

Bruce **Lee** speelt in veel vechtfilms.

Bruce **Lee** plays in a lot of fight movies.

2615. Hal – Hallway

Iedereen is aan het wachten in de **hal**.

Everyone is waiting in the **hallway**.

2616. Bemanning – Crew

De **bemanning** krijgt een bonus.

The **crew** will get a bonus.

2617. Gevoelig – Sensitive

Hij is erg **gevoelig** voor fel licht.

He is very **sensitive** to bright light.

2618. Diegene – That One

Diegene die iets weet moet zich melden.

The one who knows something has to come forward.

2619. Route – Route

Zij moest de **route** veranderen.

She had to change the **route**.

2620. Wolf – Wolf

De **wolf** huilt in de nacht.

The **wolf** cries at night.

2621.   Model – Model

Het berekende **model** klopt precies.

The calculated **model** is exactly right.

2622.   Gezorgd – Taken Care Of

Zij zei dat ze ervoor **gezorgd** heeft en dat het goed komt.

She said that she has **taken care of** it and it will be alright.

2623.   Bepalen – Decide

Jij moet **bepalen**.

You have to **decide**.

2624.   Tranen – Tears

De **tranen** vloeien over haar wangen.

The **tears** are flowing down her cheeks.

2625.   Legt – Puts

Hij **legt** alles in de kast.

He **puts** everything in the closet.

2626.   Detective – Detective

De **detective** gaat de zaak uitzoeken.

The **detective** will investigate the case.

2627.   Borrel – A Drink

Zullen we een **borrel** drinken?

Shall we have **a drink**?

2628.   Kansen – Opportunities

Hij laat teveel **kansen** aan zich voorbij gaan.

He lets too many **opportunities** pass him by.

2629.   Helder – Clear

Het water in de rivier is erg **helder**.

The water in the river is very **clear**.

2630.   Pech – Bad Luck
Het was gewoon **pech**.
It was just **bad luck**.

2631.   Zenuwachtig – Nervous
Ik ben nergens **zenuwachtig** voor.
I don't get **nervous** about anything.

2632.   Lading – Load
De **lading** ging verloren.
The **load** was lost.

2633.   Sport – Sport
Welke **sport** kijk jij het liefst?
Which **sport** do you like to watch?

2634.   Heleboel – A Lot
Ik zie een **heleboel** vliegen.
I see **a lot** of flies.

2635.   Feesten – Parties
Ik ga naar alle **feesten**.
I go to all **parties**.

2636.   Daarbinnen – In There
Is het gevaarlijk **daarbinnen**?
Is it dangerous **in there**?

2637.   Onderzocht – Investigated
De zaak wordt nader **onderzocht**.
The case will be further **investigated**.

2638.   Doctor – Doctor
Ik wil de film *Doctor Sleep* graag zien.
I would like to see the movie *Doctor Sleep*.

2639.   Braaf – Well Behaved
Het is een erg **braaf** kind.
It's a very **well-behaved** kid.

2640.   Verdwijnt – Disappears
Hij **verdwijnt** om later weer tevoorschijn te komen.
He **disappears** to come back again later.

2641.   Huiswerk – Homework
Ik haat **huiswerk**.
I hate **homework**.

2642.   Houding – Attitude
Zijn **houding** bevalt me niet.
I don't like his **attitude**.

2643.   Privé – Privately
We gaan die zaak **privé** behandelen.
We will discuss that matter **privately**.

2644.   Besloot – Decided
Ik **besloot** alleen.
I **decided** myself.

2645.   Vanzelf – Itself
Het komt **vanzelf** goed.
It will work **itself** out.

2646.   Onbekende – Unknown
Zij is een **onbekende** in het dorp.
She is **unknown** in the village.

2647.   Nationale – National
Ieder land heeft een **nationale** vlag.
Every country has a **national** flag.

2648. Zand – Sand
Het **zand** op Tenerife is zwart.
The **sand** on Tenerife is black.

2649. Verdwijn – Disappear
Ik **verdwijn** soms een paar dagen.
Sometimes I **disappear** for a few days.

2650. Seconde – Second
Zij was een **seconde** langzamer.
She was one **second** slower.

2651. Ramen – Windows
De **ramen** zijn beslagen.
The **windows** are fogged.

2652. Monsters – Monsters
Er zitten **monsters** onder mijn bed.
There are **monsters** under my bed.

2653. Hollywood – Hollywood
In de heuvels van **Hollywood**.
In the **Hollywood** Hills.

2654. Sally – Sally
Ik heb **Sally** ten huwelijk gevraagd.
I asked **Sally** to marry me.

2655. Tekst – Text
De **tekst** klopt niet.
The **text** is not correct.

2656. Min – Minus
Vijf **min** drie is twee.
Five **minus** three is two.

2657. Grootvader – Grandfather

Mijn **grootvader** heeft mij veel geleerd.

My **grandfather** taught me a lot.

2658. Gooit – Throws

Hij **gooit** het snelste van allemaal.

He **throws** fastest of everyone.

2659. Collega's – Colleagues

Mijn **collega's** organiseerden een afscheidsfeest.

My **colleagues** organized a goodbye party.

2660. China – China

Er wonen miljarden mensen in **China**.

Billions of people live in **China**.

2661. Behandeling – Treatment

De **behandeling** slaat goed aan.

The **treatment** is working very well.

2662. Grace – Grace

Ik zat met **Grace** op handbal.

I played handball with **Grace**.

2663. Schudden – Shake

Je moet het beslag goed **schudden**.

You have to **shake** the batter really well.

2664. Geboorte – Birth

Bij zijn **geboorte**, woog hij vier kilo.

At **birth**, he weighed four kilos.

2665. Florida – Florida

De bijnaam van **Florida** is Sunshine State.

The nickname of **Florida** is Sunshine State.

2666. Verlegen – Shy
De kinderen zijn erg **verlegen**.
The kids are very **shy**.

2667. Laura – Laura
Ik ben verliefd op **Laura**.
I'm in love with **Laura**.

2668. Klasse – Class
Zij is een **klasse** verschijning.
She is a **class** act.

2669. Koude – Cold
Het wordt een **koude** nacht.
It's going to be a **cold** night.

2670. Aanpakken – Tackle
Hij weet hoe hij dat probleem moet **aanpakken**.
He knows how to **tackle** that problem.

2671. Verliet – Left
Zij **verliet** school toen ze vijftien was.
She **left** school when she was fifteen.

2672. Jay – Jay
Kun jij het aan **Jay** vragen?
Can you ask **Jay**?

2673. Gevoeld – Felt
Ik heb mij nog nooit zo goed **gevoeld**.
I never **felt** so good.

2674. Vies – Dirty
De stad is **vies**.
The city is **dirty**.

2675. Ontmoeting – Meeting

De **ontmoeting** verliep als gepland.

The **meeting** went as planned.

2676. Luke – Luke

Lucky **Luke** is mijn lievelingsstrip.

Lucky **Luke** is my favorite comic strip.

2677. Gary – Gary

Gary is in Friesland.

Gary is in Friesland.

2678. Mensheid – Humanity

Het is een grote stap voor de **mensheid**.

It's a big step for **humanity**.

2679. Klagen – Complaining

Nederlanders zijn gek op **klagen**.

Dutch people love **complaining**.

2680. Beesten – Animals

Ze gedragen zich als **beesten**.

They are behaving like **animals**.

2681. Psychiater – Psychiatrist

Zijn **psychiater** vindt hem een gevaar.

His **psychiatrist** thinks he's dangerous.

2682. Morgenavond – Tomorrow Night

Morgenavond is er een volle maan.

Tomorrow night there will be a full moon.

2683. Handtekening – Signature

Een **handtekening** is vereist.

A **signature** is required.

2684. **Vriendjes – Boyfriends**

Charlotte heeft veel **vriendjes**.

Charlotte has many **boyfriends**.

2685. **Overleefd – Survived**

Hij heeft de aanslag **overleefd**.

He **survived** the attack.

2686. **Caesar – Caesar**

Ik eet een **caesar** salade.

I'm eating a **caesar** salad.

2687. **Bibliotheek – Library**

The Library of Congress is de grootste **bibliotheek** ter wereld.

The Library of Congress is the biggest **library** in the world.

2688. **Geweren – Guns**

Geweren zijn legaal in Oklahoma.

Guns are legal in Oklahoma.

2689. **Mooier – More Beautiful**

Het ene schilderij is nog **mooier** dan het andere.

The one painting is even **more beautiful** than the other.

2690. **Droog – Dry**

De woestijn is **droog**.

The desert is **dry**.

2691. **Daniel – Daniel**

Daniel kijkt veel documentaires.

Daniel watches lots of documentaries.

2692. **Bemoei – Interfere**

Waarom **bemoei** jij je overal mee?

Why do you always **interfere**?

2693.   Truc – Trick
Deze goochelaar kan een **truc**.
This magician can do a **trick**.

2694.   Straten – Streets
De **straten** waren erg druk.
The **streets** were very crowded.

2695.   Oceaan – Ocean
De Atlantische **Oceaan** ligt tussen Europa en Noord-Amerika.
The Atlantic **Ocean** is in between Europe and North America.

2696.   Humor – Humor
Humor is het beste medicijn.
Humor is the best medicine.

2697.   Fantasie – Fantasy
In mijn **fantasie**, kan alles.
In my **fantasy**, anything is possible.

2698.   Borsten – Breasts
De grote **borsten**.
The big **breasts**.

2699.   Podium – Stage
Het is een open **podium**.
It's an open **stage**.

2700.   Graaf – Earl
De **graaf** komt uit het Verenigd Koninkrijk.
The **earl** is from the United Kingdom.

2701.   Gereden – Drove
We zijn door de vallei **gereden**.
We **drove** through the valley.

2702.   Junior – Junior
Hij presteerde goed op **Junior** League niveau.
He performed well at **Junior** League level.

2703.   Velen – Many
Velen geloven in deze manier van leven.
Many believe in this way of life.

2704.   Filmen – Film
We gaan alles **filmen**.
We will **film** everything.

2705.   Afschuwelijk – Awful
Het is een **afschuwelijk** verhaal.
It's an **awful** story.

2706.   Kanten – Sides
Het verhaal heeft vele **kanten**.
The story has many **sides**.

2707.   Bid – Pray
Ik **bid** voor zijn herstel.
I **pray** for his recovery.

2708.   Daarboven – Up There
Is het koud **daarboven**?
Is it cold **up there**?

2709.   Verbaasd – Surprised
Het heeft me **verbaasd**.
It **surprised** me.

2710.   Mogelijke – Possible
Het is een **mogelijke** uitkomst.
It's a **possible** outcome.

2711.   Kennelijk – Apparently
Kennelijk, vindt hij dit normaal.
Apparently, he thinks this is normal.

2712.   Hoorden – Heard
We **hoorden** hem inbreken.
We **heard** him break in.

2713.   Heten – Called
Zo **heten** die dingen.
That's how those things are **called**.

2714.   Bravo – Bravo
Bravo, wat een prestatie!
Bravo, what an achievement!

2715.   Wachtte – Waited
Ik **wachtte** twee uur op hem.
I **waited** two hours for him.

2716.   Gebaseerd – Based
De film is **gebaseerd** op een waargebeurd verhaal.
The movie is **based** on a true story.

2717.   Moeilijker – Harder
Scoren wordt steeds **moeilijker**.
Scoring keeps getting **harder**.

2718.   Los Angeles – Los Angeles
In **Los Angeles** wonen veel sterren.
Many stars live in **Los Angeles**.

2719.   Boodschappen – Groceries
Boodschappen worden steeds duurder.
Groceries keep getting more expensive.

2720.   Beloven – Promise
Je moet het me **beloven**.
You have to **promise** me.

2721.   Alcohol – Alcohol
Er zit veel **alcohol** in dat drankje.
There is a lot of **alcohol** in that drink.

2722.   Tank – Tank
De **tank** reed het oorlogsgebied binnen.
The **tank** drove into the war zone.

2723.   Levende – Living
Er zijn veel **levende** wezens in het park.
There are many **living** creatures in the park.

2724.   Verschuldigd – Owes
Zij is me geld **verschuldigd**.
She **owes** me money.

2725.   Masker – Mask
Hij draagt een **masker** met Halloween.
He wears a **mask** for Halloween.

2726.   Hartaanval – Heart Attack
Die **hartaanval** werd hem fataal.
That **heart attack** killed him.

2727.   Verander – Change
Ik **verander** graag van woonplaats.
I like to **change** my place of residence.

2728.   Uitzicht – View
Dat panoramische **uitzicht** is prachtig.
That panoramic **view** is beautiful.

2729. Toren – Tower
De **toren** kijkt over het dorp uit.
The **tower** overlooks the village.

2730. Josh – Josh
Josh is een Joodse naam.
Josh is a Jewish name.

2731. Hierover – About This
Kun je mij **hierover** meer vertellen?
Can you tell me more **about this**?

2732. Fan – Fan
Ik ben **fan** van Nederlandse muziek.
I'm a **fan** of Dutch music.

2733. Tenslotte – After All
Het is **tenslotte** de eerste poging.
After all, it's the first try.

2734. Ogenblik – Moment
Een **ogenblik**.
One **moment**.

2735. Burger – Citizen
Elke **burger** heeft recht op woonruimte.
Every **citizen** has a right to housing.

2736. Boeten – Pay
Hij zal voor zijn fouten **boeten**.
He will **pay** for his mistakes.

2737. Betty – Betty
"Black **Betty**" is een lied van Ram Jam.
"Black **Betty**" is a song from Ram Jam.

2738.   Tovenaar – Wizard
De **tovenaar** verbaasde iedereen.
The **wizard** surprised everybody.

2739.   Organisatie – Organization
De **organisatie** zet zich in voor arme kinderen.
The **organization** is committed to helping poor kids.

2740.   Namens – Behalf
Deze bloemen zijn **namens** Raymond.
These flowers are on Raymond's **behalf**.

2741.   Ketting – Necklace
Die **ketting** heb ik geërfd.
I inherited that **necklace**.

2742.   Dorst – Thirsty
Ik krijg **dorst** van die hitte.
The heat makes me **thirsty**.

2743.   Dochters – Daughters
Mijn **dochters** zitten op hockey.
My **daughters** play hockey.

2744.   William – William
Prins **William** woont in Londen.
Prince **William** lives in London.

2745.   Rand – Edge
Kijk niet over de **rand**.
Don't look over the **edge**.

2746.   Merk – Brand
Het is een toonaangevend **merk**.
It's a leading **brand**.

**2747.	Kopje – Cup**
Zij wil een **kopje** espresso.
She wants a **cup** of espresso.

**2748.	Roze – Pink**
Een **roze** olifant.
A **pink** elephant.

**2749.	Rommel – Mess**
Het is een **rommel** in die winkel.
It's a **mess** in that store.

Chapter 12

2750. Verraad – Betrayal

Het **verraad** was buiten alle proporties.

The **betrayal** was out of proportion.

2751. Opruimen – Clean Up

Ga je kamer **opruimen**.

Go **clean up** your room.

2752. Erdoor – Because Of

Ik ben **erdoor** veranderd.

I changed **because of** it.

2753. Bijzondere – Special

Koningsdag is een **bijzondere** aangelegenheid.

Koningsdag is a **special** event.

2754. Berichten – Messages

De **berichten** kwamen later aan.

The **messages** arrived later.

2755. Vat – Barrel
Er zit bier in het **vat**.
There is beer in the **barrel**.

2756. Scheiding – Divorce
De **scheiding** viel hem zwaar.
The **divorce** was hard on him.

2757. Voorzitter – Chairman
De **voorzitter** neemt de beslissing.
The **chairman** will make the decision.

2758. Reageren – Respond
De brandweermannen moeten op iedere oproep **reageren**.
The firemen have to **respond** to every call.

2759. Markt – Marked
De Bazaar is een **markt** in Beverwijk.
The Bazaar is a **market** in Beverwijk.

2760. Museum – Museum
Het Van Gogh **Museum** zit in Amsterdam.
The Van Gogh **Museum** is located in Amsterdam.

2761. Plat – Flat
De Aarde is niet **plat**.
The Earth is not **flat**.

2762. Legende – Legend
Hij is een **legende** voor velen.
He is a **legend** to many.

2763. Koos – Chose
Ik **koos** het verkeerde vakje.
I **chose** the wrong box.

2764.   Interessante – Interesting
Wat een **interessante** theorie.
What an **interesting** theory.

2765.   Hank – Hank
Hank is een mannennaam en een plaats in Noord-Brabant.
Hank is a male name and a town in North Brabant.

2766.   Bewaar – Keep
Bewaar het plakboek.
Keep the scrapbook.

2767.   Lelijke – Ugly
Die **lelijke** kunst is niet mijn smaak.
That **ugly** art is not my taste.

2768.   Godzijdank – Thank God
Godzijdank is het voorbij.
Thank God it's over.

2769.   Captain – Captain
Hij drinkt graag **Captain** Morgan.
He likes to drink **Captain** Morgan.

2770.   Ontslaan – Fire
Het bestuur wil de hele afdeling **ontslaan**.
The board wants to **fire** the entire department.

2771.   Groot – Big
De tijger is **groot** voor zijn leeftijd.
The tiger is **big** for his age.

2772.   Loon – Wage
Het **loon** in Texas is lager dan in Oregon.
The **wage** in Texas is lower than in Oregon.

2773.   Goeds – Good
Zij doet veel **goeds** voor de gemeenschap.
She does a lot of **good** for the community.

2774.   Verstaan – Understand
Het is moeilijk om hem te **verstaan**.
It's hard to **understand** him.

2775.   Plekken – Places
Ik ben voor mijn werk naar veel **plekken** gereisd.
I traveled to many **places** for my work.

2776.   Konijn – Rabbit
Konijn is een delicatesse dat vaak met kerst wordt gegeten.
Rabbit is a delicacy that many people eat at Christmas.

2777.   Versta – Understand
Kun je me nogmaals bellen? Want ik **versta** je niet.
Can you call me again? Because I don't **understand** you.

2778.   Woensdag – Wednesday
Woensdag is de derde dag van de week.
Wednesday is the third day of the week.

2779.   Samenwerken – Collaborate
We gaan **samenwerken** aan het project.
We're going to **collaborate** on the project.

2780.   Moedig – Brave
Wat een **moedig** besluit.
What a **brave** decision.

2781.   Moeilijkheden – Trouble
Hij komt altijd in **moeilijkheden**.
He always gets into **trouble**.

2782. Goedemiddag - Good Afternoon

Goedemiddag, mensen.

Good afternoon, people.

2783. Botten - Bones

De archeologen vonden alleen **botten**.

The archaeologists only found **bones**.

2784. Zijde - Side

Ik heb mijn geliefden aan mijn **zijde**.

I have my loved ones by my **side**.

2785. Leveren - Deliver

Zij moeten elke bestelling op tijd **leveren**.

They have to **deliver** every order on time.

2786. Vloek - Curse

Er rust een **vloek** op die plek.

A **curse** rests on that place.

2787. Joch - Kid

Dat **joch** is erg brutaal.

That **kid** is very rude.

2788. Gras - Grass

Het **gras** is altijd groener aan de overkant.

The **grass** is always greener on the other side.

2789. Geschenk - Gift

Het **geschenk** maakte indruk op de gasten.

The **gift** impressed the guests.

2790. Zusje - Sister

Mijn kleine **zusje** is mijn favoriete familielid.

My little **sister** is my favorite family member.

2791. Schone – Clean
Ik ga de **schone** was ophalen.
I'm going to pick up the **clean** laundry.

2792. DNA – DNA
Het zit in mijn **DNA**.
It's in my **DNA**.

2793. Jongetje – Boy
Het kleine **jongetje** is erg slim.
The little **boy** is very smart.

2794. Allang – Long Ago
Zij heeft het **allang** gedaan.
She did it **long ago** already.

2795. Ontdekte – Discovered
Ze **ontdekte** de fraude.
She **discovered** the fraud.

2796. Ogenblikje – Moment
Een **ogenblikje**, alstublieft.
One **moment**, please.

2797. Handelen – Trading
Handelen op de beurs is niet makkelijk.
Trading on the stock exchange is not easy.

2798. Chinees – Chinese
Chinees is een moeilijke taal.
Chinese is a difficult language.

2799. Dylan – Dylan
Bob **Dylan** is een bijzondere artiest.
Bob **Dylan** is a unique artist.

**2800.	Aanwezigheid – Presence**
De **aanwezigheid** van de ambassadeur was essentieel.
The **presence** of the ambassador was essential.

**2801.	Rick – Rick**
Rick is een ster in judo.
Rick is a star at judo.

**2802.	Herinnering – Memory**
De **herinnering** zal altijd blijven.
The **memory** will last forever.

**2803.	Edward – Edward**
Edward gaat kitesurfen.
Edward goes kitesurfing.

**2804.	Doof – Deaf**
Doof zijn is niet makkelijk.
Being **deaf** is not easy.

**2805.	Brigadier – Sergeant**
Hij is al drie jaar **brigadier**.
He has been a **sergeant** now for three years.

**2806.	Bekende – Well Known**
Hij is een **bekende** in zijn woonplaats.
He is **well known** in his town.

**2807.	Schouder – Shoulder**
Een overbelaste **schouder** komt steeds vaker voor.
A frozen **shoulder** happens more and more often.

**2808.	Dean – Dean**
James **Dean** was een gevierd acteur.
James **Dean** was a celebrated actor.

2809. Koe – Cow

Een Nederlandse **koe** produceert goede melk.

A Dutch **cow** produces good milk.

2810. Beroemde – Famous

Er wonen veel **beroemde** mensen in Beverly Hills.

Many **famous** people live in Beverly Hills.

2811. Vet – Fat

Het is onbeleefd om iemand **vet** te noemen.

It's rude to call someone **fat**.

2812. Trappen – Stairs

Er zijn drie **trappen** in dit huis.

There are three **stairs** in this house.

2813. Russen – Russians

Veel **Russen** wonen in Moskou.

Many **Russians** live in Moscow.

2814. Overeenkomst – Agreement

De **overeenkomst** is ondertekend.

The **agreement** is signed.

2815. Trainen – Training

Thuis **trainen** scheelt veel tijd.

Training at home saves a lot of time.

2816. Spion – Spy

Een **spion** werkt vaak in de nacht.

A **spy** often works at night.

2817. Resultaat – Result

Het **resultaat** is niet verrassend.

The **result** is not surprising.

2818. **Beet – Bite**
Een **beet** van die slang is dodelijk.
A **bite** from that snake is deadly.

2819. **Vliegtuigen – Airplanes**
Vliegtuigen van Boeing vind ik de mooiste.
I like **airplanes** from Boeing the most.

2820. **Trouwt – Marries**
Valeria **trouwt** voor de tweede keer.
Valeria **marries** for the second time.

2821. **Starten – Start**
Zij gaat als eerste **starten**.
She will **start** first.

2822. **Praatte – Talked**
Rob **praatte** de hele nacht met me.
Rob **talked** to me all night.

2823. **Patrick – Patrick**
Patrick Kluivert was een goede spits.
Patrick Kluivert was a good striker.

2824. **Jongedame – Young Lady**
Wat een beschaafde **jongedame**.
What a polite **young lady**.

2825. **Steekt – Stabs**
Hij **steekt** iemand neer.
He **stabs** someone.

2826. **Riep – Called**
Ik **riep** hem van ver.
I **called** him from afar.

2827. Realiteit – Reality

De **realiteit** is compleet anders.

The **reality** is completely different.

2828. Bommen – Bombs

De **bommen** zijn onschadelijk gemaakt.

The **bombs** have been defused.

2829. Steunen – Support

We **steunen** veel goede doelen.

We **support** lots of charities.

2830. Snelle – Fast

Hij rijdt in een **snelle** auto.

He drives a **fast** car.

2831. Paspoort – Passport

Een Nederlands **paspoort** is tien jaar geldig.

A Dutch **passport** is valid for ten years.

2832. Seksuele – Sexual

Het model heeft een erg **seksuele** uitstraling.

The model has a very **sexual** appearance.

2833. Opgegeven – Quit

Ze heeft vlak voor de finish **opgegeven**.

She **quit** right before the finish line.

2834. Lust – Desire

Jonge mensen hebben veel **lust**.

Young people have a lot of **desire**.

2835. Overkant – Other Side

Het is stil aan de **overkant**.

It's quiet on the **other side**.

2836. Grazen – Graze

De koeien **grazen** in het gras.

The cows **graze** in the grass.

2837. Gelegd – Laid

De straat is in drie dagen **gelegd**.

The street was **laid** down in three days.

2838. Snelweg – Highway

De Trans-Canada Highway is de langste **snelweg** in het land.

The Trans-Canada Highway is the longest **highway** in the country.

2839. High – High

Veel toeristen worden **high** in Amsterdam.

Many tourists get **high** in Amsterdam.

2840. Dossiers – Files

De **dossiers** zijn kwijtgeraakt.

The **files** got lost.

2841. Levert – Delivers

Hij **levert** dagelijks boodschappen aan huis.

He **delivers** groceries at home every day.

2842. Eeuwige – Eternal

Ik word moe van het **eeuwige** wachten.

I'm tired of the **eternal** wait.

2843. Waag – Dare

Waag het niet!

Don't you **dare**!

2844. Koekjes – Cookies

Ik bak zelf **koekjes**.

I bake my own **cookies**.

2845. Concentreren – Concentrate
Het is moeilijk **concentreren** met al het geluid.
It's hard to **concentrate** with all the noise.

2846. Kalmeer – Calm Down
Zorg dat ik **kalmeer**.
Make me **calm down**.

2847. Slaven – Slaves
Gelukkig zijn er geen **slaven** meer.
Luckily there are no more **slaves**.

2848. Titel – Title
De **titel** is erg aangrijpend.
The **title** is very appealing.

2849. Tevoorschijn – Emerged
Hij kwam uit het niets **tevoorschijn**.
He **emerged** out of nowhere.

2850. Rende – Ran
Ik **rende** tien kilometer.
I **ran** ten kilometers.

2851. Kim – Kim
Kim weet het altijd beter.
Kim always knows better.

2852. Blanken – Whites
Er wonen daar veel **blanken**.
Many **whites** live there.

2853. Ongelukkig – Unhappy
Beiden zijn **ongelukkig** in hun huwelijk.
Both are **unhappy** in their marriage.

2854. Magische – Magical

Wat een **magische** avond.

What a **magical** night.

2855. Heerlijke – Lovely

Wat een **heerlijke** zomerse dag.

What a **lovely** summer day.

2856. Louis – Louis

De naam van de leraar is **Louis**.

The name of the teacher is **Louis**.

2857. Biedt – Offers

Hij **biedt** een lage prijs.

He **offers** a low price.

2858. Ondertussen – Meanwhile

Ik ben **ondertussen** nog steeds niet geslaagd.

Meanwhile, I still didn't pass.

2859. Indrukwekkend – Impressive

Hij heeft een **indrukwekkend** CV.

He has an **impressive** résumé.

2860. Hoogste – Highest

In IJsselstein staat de **hoogste** kerstboom van Europa.

The **highest** Christmas tree in Europe is located in IJsselstein.

2861. Hete – Hot

Juli is een **hete** maand.

July is a **hot** month.

2862. Echter – However

Echter, zijn deze beoordelingen onafhankelijk.

However, these reviews are independent.

2863. Opgegroeid – Grew Up

Wij zijn samen **opgegroeid**.

We **grew up** together.

2864. Leuker – More Fun

Het is **leuker** om samen te werken.

It's **more fun** to work together.

2865. Jones – Jones

Jones is een veel voorkomende familienaam.

Jones is a really common family name.

2866. Vietnam – Vietnam

Vietnam wordt steeds populairder bij reizigers.

Vietnam is getting more and more popular with travelers.

2867. Nep – Fake

Deze producten zijn allemaal **nep**.

The products are all **fake**.

2868. Expert – Expert

Hij is een **expert** in ontwerpen.

He's an **expert** in design.

2869. Cadeautje – Present

Wat een leuk **cadeautje**.

What a lovely **present**.

2870. Wetten – Laws

De **wetten** blijven veranderen.

The **laws** keep changing.

2871. Volgde – Followed

Ik **volgde** hem al jaren.

I already **followed** him for years.

2872. Katie – Katie

Katie Holmes is een beroemde actrice.

Katie Holmes is a famous actress.

2873. Hebbes – Got You

Eindelijk, **hebbes**!

Finally, **got you**!

2874. Geruchten – Rumors

De **geruchten** zijn hardnekkig.

The **rumors** are persistent.

2875. Gemak – Ease

Zij wint met **gemak**.

She wins with **ease**.

2876. Naaien – Sewing

Naaien is een goed tijdverdrijf.

Sewing is a good pastime.

2877. Gewoonlijk – Usual

Zoals **gewoonlijk** ging ik vrijdagavond uit eten.

As **usual**, I went out for dinner on Friday night.

2878. Opleiding – Education

Een goeie **opleiding** is belangrijk voor ons.

A good **education** is important to us.

2879. Waanzin – Madness

Het weekend in Las Vegas was complete **waanzin**.

The weekend in Las Vegas was complete **madness**.

2880. Staart – Tail

De kat heeft een lange **staart**.

The cat has a long **tail**.

2881. Vroegen – Asked

Ze **vroegen** de omstanders om een verklaring.

They **asked** the spectators for a statement.

2882. Bagage – Luggage

Mijn **bagage** was kwijtgeraakt op Miami International Airport.

My **luggage** got lost at Miami International Airport.

2883. Voortaan – From Now On

Ik ga **voortaan** meer ontspannen.

I will relax more **from now on**.

2884. Vijfde – Fifth

Het **vijfde** artikel van de grondwet.

The **fifth** article of the constitution.

2885. Verpesten – Ruin

Laat hem mijn verjaardag niet **verpesten**.

Don't let him **ruin** my birthday.

2886. Attentie – Attention

Attentie aan alle bezoekers.

Attention to all visitors.

2887. Wanhopige – Desperate

Wat een **wanhopige** daad.

What a **desperate** act.

2888. Vers – Fresh

Alle groenten zijn **vers**.

All vegetables are **fresh**.

2889. Gezichten – Faces

Ik zag veel verbaasde **gezichten**.

I saw many surprised **faces**.

2890. Droomde – Dreamed

Gisteren **droomde** hij over vliegende paarden.

Yesterday he **dreamed** of flying horses.

2891. Verdrietig – Sad

Die ellende maakt me erg **verdrietig**.

That misery makes me very **sad**.

2892. Soep – Soup

Ik eet elke dag **soep** voor lunch.

I have **soup** for lunch every day.

2893. Gespannen – Tense

De sfeer is **gespannen**.

The atmosphere is **tense**.

2894. Besteld – Ordered

De tandenborstel werd online **besteld**.

The toothbrush was **ordered** online.

2895. Vlag – Flag

De **vlag** hangt op 4 mei halfstok.

On May 4, the **flag** hangs at half-mast.

2896. Veertig – Forty

Veertig is het nieuwe twintig.

Forty is the new twenty.

2897. Justitie – Law

Leon heeft problemen met **justitie**.

Leon has trouble with the **law**.

2898. Jungle – Jungle

De Mexicaanse **jungle** is prachtig.

The Mexican **jungle** is beautiful.

2899. Zekerheid – Security

Financiële **zekerheid** is fijn.

Financial **security** is nice.

2900. Verontschuldigen – Apologize

Ik wil mij voor het incident **verontschuldigen**.

I want to **apologize** for the incident.

2901. Telkens – Every Time

Zij komt **telkens** met de fiets.

She travels by bicycle **every time**.

2902. Slechter – Worse

Na die griep, voelde zij zich steeds **slechter**.

After that flu, she continued to feel **worse**.

2903. Jamie – Jamie

Jamie verzamelt postzegels.

Jamie collects stamps.

2904. Slaaf – Slave

Hij werkt als een **slaaf**.

He works like a **slave**.

2905. Leit – Lead

Leid de weg.

Lead the way.

2906. Meende – Meant

Ik **meende** alles wat ik zei.

I **meant** everything I said.

2907. Dwingen – Force

Je kunt me niet **dwingen**.

You can't **force** me.

2908. Donna – Donna

Donna werkt als barista.

Donna works as a barista.

2909. Stak – Reached Out

Zij **stak** haar hand uit.

She **reached out** her hand.

2910. NS – NS

De **NS** regelt het passagiersvervoer over de spoorwegen in Nederland.

The **NS** takes care of the passenger railway traffic in the Netherlands.

2911. Molly – Molly

Molly is gestopt met de middelbare school.

Molly dropped out of high school.

2912. Crimineel – Criminal

Hij heeft een **crimineel** verleden.

He has a **criminal** past.

2913. Boston – Boston

Ik kijk graag naar de **Boston** Red Sox.

I like watching the **Boston** Red Sox.

2914. Blazen – Blowing

De wind was hard aan het **blazen**.

The wind was **blowing** hard.

2915. Verbaasd – Surprised

Jada was **verbaasd** door alle aandacht.

Jada was **surprised** by all the attention.

2916.   Speelgoed – Toy

Het **speelgoed** is alleen voor kleine kinderen.

The **toys** are only for little kids.

2917.   Weglopen – Run Away

Karin will van huis **weglopen**.

Karin wants to **run away** from home.

2918.   Nul – Zero

Ik heb **nul** vertrouwen.

I have **zero** confidence.

2919.   Ingewikkeld – Complicated

De relatie is **ingewikkeld**.

The relationship is **complicated**.

2920.   Herstellen – Recover

Zij moet **herstellen** van de blessure.

She has to **recover** from the injury.

2921.   Groots – Grand

Iedereen kreeg een **groots** onthaal na de missie.

Everyone received a **grand** welcome after the mission.

2922.   Diana – Diana

Prinses **Diana** was erg populair.

Princess **Diana** was very popular.

2923.   Apparaat – Device

Een mobiel **apparaat** is makkelijk te gebruiken.

A mobile **device** is easy to use.

2924.   Uitnodiging – Invitation

De **uitnodiging** kwam per post.

The **invitation** came via the mail.

2925.   Meegebracht – Brought

Ik heb snoep **meegebracht**.

I **brought** candy.

2926.   Gevolgen – Effects

De **gevolgen** van de aardbeving zijn catastrofaal.

The **effects** of the earthquake are catastrophic.

2927.   Aangeraakt – Touched

Ik heb alle meubels **aangeraakt**.

I **touched** all the furniture.

2928.   Uitgaan – Going Out

Ik denk dat we **uitgaan** naar een café.

I think we are **going out** to a bar.

2929.   Ratten – Rats

Er zitten veel **ratten** in het riool.

There are lots of **rats** in the sewer.

2930.   Hoofdpijn – Headache

Marieke heeft **hoofdpijn**.

Marieke has a **headache**.

2931.   Golf – Golf

Golf spelen is mijn favoriete bezigheid.

Playing **golf** is my favorite activity.

2932.   Betaalde – Paid

Ik **betaalde** elke maand huur.

I **paid** rent every month.

2933.   Triest – Sad

Wat een **triest** verhaal.

What a **sad** story.

2934.　　Simpele – Simple
Ze hebben vaak **simpele** lessen.
They often have **simple** classes.

2935.　　Illegaal – Illegal
Zijn werk is **illegaal**.
His work is **illegal**.

2936.　　Krankzinnig – Insane
Dat gevecht was **krankzinnig**!
That fight was **insane**!

2937.　　Halt – Stop
Halt, politie!
Stop, police!

2938.　　Beleefd – Polite
Beleefd zijn is gratis.
Being **polite** is free.

2939.　　April – April
Op 1 **april**, mag je mensen voor de gek houden.
On **April** 1, you're allowed to fool people.

2940.　　Partners – Partners
Ze zijn **partners** op het advocatenkantoor.
They are **partners** at the law firm.

2941.　　Aanwijzingen – Directions
De **aanwijzingen** kloppen niet.
The **directions** are not right.

2942.　　Vaste – Fixed
Hij betaalt een **vaste** rente.
He pays a **fixed** interest rate.

2943. Grot – Cave

De **grot** in Costa Rica was adembenemend.

The **cave** in Costa Rica was breathtaking.

2944. Flinke – Solid

Hij heeft een **flinke** basis.

He has a **solid** basis.

2945. Vleugels – Wings

Spreid je **vleugels** uit.

Spread your **wings**.

2946. Geopend – Opened

De winkels zijn gisteren **geopend**.

The stores **opened** yesterday.

2947. Bedreiging – Threat

De ziekte vormt een serieuze **bedreiging**.

The disease forms a serious **threat**.

2948. Terroristen – Terrorists**

Terroristen zijn erg gevaarlijk.

Terrorists are very dangerous.

2949. Plassen – Puddles

De **plassen** liggen overal.

The **puddles** are everywhere.

2950. Applaus – Applause

Het **applaus** van het publiek was fantastisch.

The **applause** of the audience was fantastic.

2951. Varen – Sailing

We **varen** graag op de Vinkeveense Plassen.

We like **sailing** on the Vinkeveense Plassen.

2952.   Stemming – Mood
Ik ben niet in de **stemming**.
I'm not in the **mood**.

2953.   Busje – Van
Een Volkswagen **busje** is ideaal voor backpackers.
A Volkswagen **van** is perfect for backpackers.

2954.   Betrapt – Caught
Hij werd op heterdaad **betrapt**.
He was **caught** red-handed.

2955.   Anne – Anne
Ik neem **Anne** mee naar de film.
I will take **Anne** to the movies.

2956.   Snij – Cut
Snij jij de wortelen?
Will you **cut** the carrots?

2957.   Momenten – Moments
Mooie **momenten** moeten we delen.
We have to share nice **moments**.

2958.   Jackie – Jackie
Waar heeft **Jackie** het over?
What is **Jackie** talking about?

2959.   Bezet – Occupied
De badkamer is **bezet**.
The bathroom is **occupied**.

2960.   Verdachten – Suspects
Alle **verdachten** werden ingerekend.
All **suspects** were arrested.

2961. Overheen – Over it
Ik kom er nooit meer **overheen**.
I will never get **over it**.

2962. Maal – Times
Drie **maal** vier is twaalf.
Three **times** four is twelve.

2963. Gewicht – Weight
Hij is zijn **gewicht** in goud waard.
He is worth his **weight** in gold.

2964. Explosie – Explosion
De **explosie** was schokkend.
The **explosion** was shocking.

2965. Verplaatsen – Move
We **verplaatsen** de aanhanger.
We will **move** the trailer.

2966. Proeven – Taste
Wil je het brood **proeven**?
Would you like to **taste** the bread?

2967. Beantwoorden – Answer
Ik moet het nu **beantwoorden**.
I have to **answer** it right now.

2968. Centrale – Power Station
Er is storing in de **centrale**.
There is an outage at the **power station**.

2969. Karakter – Character
Zij heeft een wispelturig **karakter**.
She has a capricious **character**.

2970. Vrachtwagen – Truck

De **vrachtwagen** zat vol met verboden middelen.

The **truck** was full of forbidden substances.

2971. Tape – Tape

De **tape** heeft gevoelige informatie.

The **tape** has sensitive information.

2972. Internet – Internet

Mijn **internet** is erg snel.

My **internet** is really fast.

2973. Aantrekkelijke – Attractive

Het klinkt als een **aantrekkelijke** optie.

It sounds like an **attractive** option.

2974. Lagen – Layers

De beveiliging heeft verschillende **lagen**.

The security has different **layers**.

2975. Student – Student

Als **student**, heb je meestal weinig geld.

As a **student**, you usually don't have much money.

2976. Lokale – Local

Lokale ondernemingen zijn het hart van de gemeenschap.

Local businesses are the heart of the community.

2977. Jarig – Birthday

Mijn zus is morgen **jarig**.

It's my sister's **birthday** tomorrow.

2978. Clark – Clark

Alain **Clark** zingt prachtige nummers.

Alain **Clark** sings beautiful songs.

2979. Oosten – East

Ik ga in het **Oosten** studeren.

I will go study in the **East**.

2980. Kwart – Quarter

Het laatste **kwart** was een echte thriller.

The last **quarter** was a real thriller.

2981. Goeiemorgen – Good Morning

Goeiemorgen, zal ik ontbijt maken?

Good morning, shall I make breakfast?

2982. Beweeg – Move

Beweeg het pijltje.

Move the cursor.

2983. Afhandelen – Handle

Kun jij dit **afhandelen**?

Can you **handle** this?

2984. Studio – Studio

We huren de **studio** twee dagen.

We are renting the **studio** for two days.

2985. Spanje – Spain

Valencia is mijn favoriete stad in **Spanje**.

Valencia is my favorite city in **Spain**.

2986. Lawaai – Noise

Het **lawaai** wordt steeds erger.

The **noise** keeps getting worse.

2987. Haven – Harbor

De **haven** ligt vol boten.

The **harbor** is full of boats.

2988.   Dubbel – Double
Met twee, zijn we **dubbel** zo sterk.
With two, we will **double** our strength.

2989.   Onlangs – Recently
Ik zag hem **onlangs** op straat.
I **recently** saw him on the street.

2990.   Bijt – Bite
Bijt in de appel.
Bite in the apple.

2991.   Baby's – Babies
De **baby's** werden tegelijk geboren.
The **babies** were born at the same time.

2992.   Aanslag – Attack
De **aanslag** is mislukt.
The **attack** has failed.

2993.   Verwijderd – Removed
Ik heb hem van mijn website **verwijderd**.
I **removed** him from my website.

2994.   Revolutie – Revolution
De **revolutie** gaat beginnen.
The **revolution** is about to begin.

2995.   Draak – Dragon
De **draak** is een belangrijk symbool in China.
The **dragon** is an important symbol in China.

2996.   Café – Bar
Het **café** zit stampvol.
The **bar** is packed.

2997. **Besefte – Realized**

Ik **besefte** het later pas.

I only **realized** it later.

2998. **Gedraagt – Behaves**

Hij **gedraagt** zich onzeker.

He **behaves** insecure.

2999. **Overgeven – Surrender**

Iedereen moest zich **overgeven**.

Everyone had to **surrender**.

3000. **Dagboek – Diary**

Het **dagboek** van mijn zus staat vol geheimen.

The **diary** of my sister is full of secrets.

3001. **Oudere – Older**

Er zijn goede voorzieningen voor **oudere** mensen.

There are good facilities for **older** people.

Conclusion

Congratulations! You now know over 3,000 Dutch words in context. You probably learned many new things, and as mentioned in the introduction, there are lots of similarities between Dutch and English. Hopefully, this has helped you to connect some dots and figure out a thing or two about how Dutch works.

As well as common Dutch words, you also learned the names of people, cities, sights, museums, and other things. So, it is not just the Dutch language that's fascinating, but the culture, too!

This book should have helped achieve your goal of getting a better understanding of Dutch. Learning a new language is far from easy. However, if all the words and sentences in this guide made you feel like you were starting to understand what Dutch is all about, then you are well on your way to learning the language in full.

There is always a lot more to learn. Having a solid foundation, like over 3,000 Dutch words in context, will definitely help you with that, as understanding the basics is the perfect stepping stone to increase your knowledge in other areas.

If you enjoyed learning the 3,000 Dutch words in context, feel free to check out any other titles from the series for even more amazing language vocabulary learning experiences.

Tot ziens en bedankt! (Goodbye and thank you!)

www.ingramcontent.com/pod-product-compliance
Lightning Source LLC
Chambersburg PA
CBHW070045230426
43661CB00005B/763